••• **Títulos relacionados**

IFCD0210 DESARROLLO DE APLICACIONES CON TECNOLOGÍAS WEB

[DISPONIBLE CERTIFICADO COMPLETO]

Solicítalos en:
- Librería
- www.paraninfo.es
- Solicitudes nacionales +34 914 463 350
- Solicitudes fuera de España +34 913 308 907, +34 913 308 919

Desarrollo de aplicaciones web en el entorno servidor UF1844

José Luis Berenguel Gómez

© 2024 Ediciones Paraninfo, S. A.
© 2024 José Luis Berenguel Gómez

Maquetación: Ediciones Nobel
Impresión: Liberdigital (Casarrubuelos, Madrid)
ISBN: 978-84-283-6387-7
Depósito legal: M-16234-2024

Impreso en España

Autor

José Luis Berenguel Gómez (http://www.joseberenguel.com) es doctor en Informática por la Universidad de Almería y miembro del grupo de investigación TIC-146 Supercomputación-Algoritmos (http://www.hpca.ual.es). Su trabajo principal es el de profesor de Secundaria desde hace más de veinte años. Ha impartido docencia en los ciclos formativos de grado superior de DAW, DAM y ASIR, en los módulos de Programación, Entornos de Desarrollo, Desarrollo Web en Entorno Servidor, Despliegue de Aplicaciones Web y Seguridad y Alta Disponibilidad, así como en el módulo Hacking ético en el Máster de FP de Ciberseguridad en entornos de las Tecnologías de la Información. Además de la informática, sus otras pasiones son el deporte y la naturaleza.

Dedicatoria

A Lorena, por mucho tiempo que pase, te seguiré recordando.

Índice

Introducción normativa

La Ley Orgánica 3/2022, de 31 de marzo, de ordenación e integración de la Formación Profesional, contiene una disposición derogatoria única que afecta a la regulación de los certificados de profesionalidad, ahora denominados **Certificados Profesionales**. La referida normativa deroga la Ley Orgánica 5/2002, de 19 de junio, de las Cualificaciones y de la Formación Profesional, y abre un escenario de cambios que se irán implementando progresivamente.

La Ley Orgánica 3/2022, de 31 de marzo, de ordenación e integración de la Formación Profesional implica que toda la formación es acumulable. La oferta formativa se estructura de forma escalonada, siendo los Certificados Profesionales un nivel intermedio (Grado C) de una escala que va desde el Grado A hasta el E.

En los artículos 35 a 38 de la Ley 3/2022 se describe en qué consisten estos Certificados Profesionales: su oferta, formación asociada, estructura, duración, acceso, titulación y validez. Posteriormente, esta normativa se completa con lo dispuesto en el Real Decreto 659/2023, de 18 de julio, que desarrolla la ordenación del sistema de Formación Profesional. Concretamente en los artículos 67 a 81 es donde se hace referencia a la oferta formativa de Grado C, correspondiente a los Certificados Profesionales.

Están agrupados en 26 familias profesionales con características comunes del sector. En la actualidad hay más de medio millar de Certificados Profesionales incluidos en el Repertorio Nacional. Esta cifra no deja de crecer. Además, cada certificado está específicamente regulado por un real decreto.

Un Certificado Profesional corresponde al Grado C de la oferta del Sistema de Formación Profesional. Es un documento oficial, con validez en todo el territorio nacional y debe constar en el Catálogo Nacional de Ofertas de Formación Profesional, que certifica la capacitación para el desarrollo de una actividad profesional.

Debe detallar los módulos profesionales superados y los estándares de competencia profesional asociados a él e incluidos en el **Catálogo Nacional de Estándares de Competencias Profesionales**, así como su correspondencia con el Marco Español de Cualificaciones.

Despliegan su validez en un doble ámbito, laboral y académico:

- En el contexto laboral tienen validez profesional, porque acreditan las competencias en una determinada profesión. Para poder trabajar en algunas profesiones, se exigen determinadas cualificaciones, y los certificados sirven para acreditarlas.

- Asimismo, tienen validez académica, puesto que permiten continuar un itinerario formativo siempre que se cumplan los requisitos de acceso para cursar la titulación deseada. De tal modo que, los Certificados Profesionales que sean parte de un Grado D permitirán la matrícula modular para completar los módulos establecidos en el currículo y obtener el correspondiente título de técnico básico, técnico o técnico superior con validez en todo el territorio nacional.

Para obtener un Certificado Profesional (Grado C) es preciso cumplir con los requisitos de acceso para realizar la formación.

Estructura de los Certificados Profesionales

I. Identificación: denominación, familia y área profesional a la que pertenecen; nivel de cualificación profesional (1, 2 o 3); cualificación profesional de referencia; entorno profesional y módulos formativos que esté previsto cursar junto con la duración de cada uno de ellos.

II. Perfil profesional: incluye las competencias profesionales requeridas en el mercado laboral. En todas ellas se concretan las realizaciones profesionales y los criterios de realización.

III. Formación: describe los módulos formativos que esté previsto cursar para adquirir las competencias requeridas. En cada uno de ellos se indican las capacidades que se pretende alcanzar y la duración del módulo de prácticas no laborales —PNL—, para el que cabe solicitar exención si se cumplen determinados requisitos.

IV. Prescripciones de las personas formadoras.

V. Requisitos mínimos de espacios, instalaciones y equipamiento.

Los Certificados Profesionales se identifican con una denominación concreta y un código alfanumérico propio, y sirven para acreditar una determinada cualificación profesional. Cada certificado está asociado a una relación de unidades de competencia que, a su vez, se vinculan con una serie de módulos formativos específicos. Algunos módulos están integrados por unidades formativas y tanto unos como otras son, en ocasiones, transversales, lo que significa que se trata de contenidos incluidos en más de un Certificado Profesional.

Los Certificados Profesionales se articulan en tres niveles de competencia profesional (1, 2 y 3) conforme a lo dispuesto en el que será el Catálogo Nacional de Estándares de Competencias Profesionales, anteriormente Catálogo Nacional de Cualificaciones Profesionales (CNCP), según los criterios establecidos de conocimientos, iniciativa, autonomía y complejidad de las tareas, en cada una de las ofertas de Formación Profesional.

La oferta formativa dirigida a la obtención de los Certificados Profesionales tiene carácter modular para favorecer la acreditación parcial acumulable de la formación recibida y posibilitar así el avance en el itinerario de Formación Profesional para cualquiera que sea la situación laboral de cada persona en cada momento.

En definitiva, el Grado C constituye la oferta, parcial y acumulable, del sistema de Formación Profesional, de varios módulos profesionales del catálogo modular de Formación Profesional por razón de su significado en el mercado laboral y conducente a la obtención de un Certificado Profesional.

Las ofertas de Grado C de Formación Profesional tendrán por objeto módulos profesionales incluidos previamente en el catálogo modular de formación profesional y asociados al Catálogo Nacional de Estándares de Competencias Profesionales.

Finalidad de los Certificados Profesionales

- Contribuir a la ordenación de un Sistema de Formación Profesional al servicio de un régimen de formación y acompañamiento profesionales que sea capaz de responder con flexibilidad a los intereses, expectativas y aspiraciones de cualificación profesional de las personas a lo largo de su vida.

- Combinar escuela y empresa situando a la persona en el centro del sistema.

- Facilitar el aprendizaje permanente de toda la ciudadanía mediante una formación abierta, flexible y accesible, estructurada de forma modular, a través de la oferta formativa asociada al certificado.

- Acreditar las cualificaciones profesionales o las unidades de competencia recogidas en estas, independientemente de su vía de adquisición, bien sea través de la vía formativa, o mediante la experiencia laboral o vías no formales de formación.

- Favorecer, tanto a nivel nacional como europeo, la transparencia del mercado de trabajo.

- Contribuir a la calidad de la oferta de Formación Profesional.

Este libro

El presente libro desarrolla la Unidad Formativa denominada *Desarrollo de aplicaciones web en el entorno servidor,* UF1844.

Dicha unidad formativa está asociada a la Unidad de Competencia UC0492_3, forma parte del Módulo Formativo MF0492_3 *Programación web en el entorno servidor* perteneciente a la Cualificación Profesional de referencia IFC154_3, de nivel 3, incluida en el Certificado Profesional denominado *Desarrollo de aplicaciones con tecnologías web,* dentro de la familia profesional: Informática y Comunicaciones.

Según el Real Decreto 1531/2011, de 31 de octubre, modificado por el RD 628/2013, de 2 de agosto, los contenidos que en esta obra se recogen se corresponden con una duración de 90 horas.

Tanto la estructura como el desarrollo del libro se ajustan al citado real decreto y más concretamente a los contenidos de la Unidad Formativa que le da título *Desarrollo de aplicaciones web en el entorno servidor,* UF1844.

Contenidos

1. El proceso del desarrollo de *software*
    *   Modelos del ciclo de vida del *software.*
        — En cascada *(waterfall).*
        — Iterativo.
        — Incremental.
        — En V.
        — Basado en componentes (CBSE).
        — Desarrollo rápido (RAD).
        — Ventajas e inconvenientes. Pautas para la selección de la metodología más adecuada.
    *   Análisis y especificación de requisitos.
        — Tipos de requisitos.
        — Modelos para el análisis de requisitos.
        — Documentación de requisitos.
        — Validación de requisitos.
        — Gestión de requisitos.

- Diseño.
  - — Modelos para el diseño de sistemas.
  - — Diagramas de diseño. El estándar UML.
  - — Documentación.
- Implementación. Conceptos generales de desarrollo de *software*.
  - — Principios básicos del desarrollo de *software*.
  - — Técnicas de desarrollo de *software*.
- Validación y verificación de sistemas.
  - — Planificación.
  - — Métodos formales de verificación.
  - — Métodos automatizados de análisis.
- Pruebas de *software*.
  - — Tipos.
  - — Pruebas funcionales (BBT).
  - — Pruebas estructurales (WBT).
  - — Comparativa. Pautas de utilización.
  - — Diseño de pruebas.
  - — Ámbitos de aplicación.
  - — Pruebas de sistemas.
  - — Pruebas de componentes.
  - — Automatización de pruebas. Herramientas.
  - — Estándares sobre pruebas de *software*.
- Calidad del *software*.
  - — Principios de calidad del *software*.
  - — Métricas y calidad del *software*.
  - — Concepto de métrica y su importancia en la medición de la calidad.
  - — Principales métricas en las fases del ciclo de vida *software*.
  - — Estándares para la descripción de los factores de calidad.
  - — ISO 9126.
  - — Otros estándares. Comparativa.

- Herramientas de uso común para el desarrollo de *software*.
  — Editores orientados a lenguajes de programación.
  — Compiladores y enlazadores.
  — Generadores de programas.
  — Depuradores.
  — De prueba y validación de *software*.
  — Optimizadores de código.
  — Empaquetadores.
  — Generadores de documentación de *software*.
  — Gestores y repositorios de paquetes. Versionado y control de dependencias.
  — De distribución de *software*.
  — Gestores de actualización de *software*.
  — De control de versiones.
  — Entornos integrados de desarrollo (IDE) de uso común.
- Gestión de proyectos de desarrollo de *software*.
  — Planificación de proyectos.
  — Control de proyectos.
  — Ejecución de proyectos.
  — Herramientas de uso común para la gestión de proyectos.

2. La orientación a objetos
- Principios de la orientación a objetos. Comparación con la programación estructurada.
  — Ocultación de información *(information hiding)*.
  — El tipo abstracto de datos (ADT). Encapsulado de datos.
  — Paso de mensajes.
- Clases de objetos.
  — Atributos, variables de estado y variables de clase.
  — Métodos. Requisitos e invariantes.
  — Gestión de excepciones.
  — Agregación de clases.

- Objetos.
  - Creación y destrucción de objetos.
  - Llamada a métodos de un objeto.
  - Visibilidad y uso de las variables de estado.
  - Referencias a objetos.
  - Persistencia de objetos.
  - Optimización de memoria y recolección de basura *(garbage collection)*.
- Herencia.
  - Concepto de herencia. Superclases y subclases.
  - Herencia múltiple.
  - Clases abstractas.
  - Tipos de herencia.
  - Polimorfismo y enlace dinámico *(dynamic binding)*.
  - Directrices para el uso correcto de la herencia.
- Modularidad.
  - Librerías de clases. Ámbito de utilización de nombres.
  - Ventajas de la utilización de modulos o paquetes.
- Genericidad y sobrecarga.
  - Concepto de genericidad.
  - Concepto de sobrecarga. Tipos de sobrecarga.
  - Comparación entre genericidad y sobrecarga.
- Desarrollo orientado a objetos.
  - Lenguajes de desarrollo orientado a objetos de uso común.
  - Herramientas de desarrollo.
- Lenguajes de modelización en el desarrollo orientado a objetos.
  - Uso del lenguaje unificado de modelado (UML) en el desarrollo orientado a objetos.
  - Diagramas para la modelización de sistemas orientados a objetos.

3. **Arquitecturas web**
- Concepto de arquitectura web.
- El modelo de capas.
- Plataformas para el desarrollo en las capas servidor.

- Herramientas de desarrollo orientadas a servidor de aplicaciones web.
  — Tipos de herramientas.
  — Extensibilidad. Instalación de módulos.
  — Técnicas de configuración de los entornos de desarrollo, preproducción y producción.
  — Funcionalidades de depuración.

4. **Lenguajes de programación de aplicaciones web en el lado servidor**
   - Características de los lenguajes de programación web en servidor.
   - Tipos y características de los lenguajes de uso común.
     — Interpretados orientados a servidor.
     — Lenguajes de cliente interpretados en servidor.
     — Lenguajes compilados.
   - Criterios en la elección de un lenguaje de programación web en servidor. Ventajas e inconvenientes.
   - Características generales.
     — Tipos de datos.
     — Clases.
     — Operadores básicos. Manipulación de cadenas de caracteres.
     — Estructuras de control. Bucles y condicionales.
     — Módulos o paquetes.
     — Herencia.
     — Gestión de bibliotecas *(libraries)*.
   - Gestión de la configuración.
     — Configuración de descriptores.
     — Configuración de ficheros.
   - Gestión de la seguridad.
     — Conceptos de identificación, autenticación y autorización.
     — Técnicas para la gestión de sesiones.
   - Gestión de errores.
     — Técnicas de recuperación de errores.
     — Programación de excepciones.

- Transacciones y persistencia.
  - Acceso a bases de datos. Conectores.
  - Estándares para el acceso a bases de datos.
  - Gestión de la configuración de acceso a bases de datos.
  - Acceso a directorios y otras fuentes de datos.
  - Programación de transacciones.
- Componentes en servidor. Ventajas e inconvenientes en el uso de contenedores de componentes.
  - Modelos de desarrollo. El modelo vista controlador.
  - Modelo: programación de acceso a datos.
  - Vista: desarrollo de aplicaciones en cliente. Eventos e interfaz de usuario.
  - Programación del controlador.
  - Documentación del *software*. Inclusión en código fuente. Generadores de documentación.

■ Nota del Editor

En Ediciones Paraninfo estamos comprometidos con la calidad de la formación e intentamos que nuestros materiales respondan fielmente y con rigor a las necesidades de todos cuantos confían en nuestro sello editorial.

Tratamos de dar respuesta a los currículos de las unidades formativas y de los módulos que integran los distintos Certificados Profesionales, equilibrando la parte teórica con la práctica para que los procesos de aprendizaje se conviertan en experiencias gratificantes, tanto para docentes como para las personas inmersas en los procesos formativos.

Nuestros objetivos son contribuir de forma decisiva a afianzar aprendizajes, ayudar a adquirir destrezas que tengan significado para el empleo y conseguir potenciar el desarrollo personal.

Para lograrlo contamos con excelentes autores, expertos en las materias que abordan, en la mayoría de los casos docentes de dichas especialidades con dilatada experiencia tanto profesional como académica, porque buscamos perfiles familiarizados con los contextos laborales concretos a los que se refieren nuestros manuales.

Confiamos en poder serte de ayuda y esperamos tus impresiones acerca de nuestro trabajo. Sean positivas o negativas, serán muy bien recibidas y, sin duda, nos ayudarán a seguir mejorando y trabajando con ilusión para continuar siendo un referente en formación para el empleo.

Agradecemos tu confianza en nuestros manuales. Todo nuestro equipo queda a tu total disposición. Puedes contactar con nosotros en esta dirección de correo electrónico:

info@paraninfo.es

1. El proceso de desarrollo de *software*

Introducción

El proceso de desarrollo de *software* es una parte de la ingeniería del *software* encargada de describir los pasos que hay que realizar para desarrollar *software* de calidad. Esto incluye la planificación, desarrollo y seguimiento del proyecto, el aseguramiento de la calidad empleando estándares de la industria y las pruebas de *software*, así como el uso de herramientas informáticas que automaticen y apoyen estas y otras tareas presentes en el desarrollo de *software*.

Contenido

1.1. Modelos del ciclo de vida del *software*

Durante el desarrollo de un proyecto de *software* se pueden diferenciar distintas **fases** que según se organicen dan lugar a diferentes modelos del ciclo de vida. El número y nombre de estas fases varía según el autor, pero las más habituales son:

- **Comunicación**. Es una actividad clave en el proceso de desarrollo. El diálogo con el cliente ayuda a comprender el problema en profundidad, así como a establecer los requisitos que ha de tener el *software*. Se la conoce también como **fase de análisis** o **análisis de requisitos**.

- **Planificación**. Consiste en elaborar el llamado plan del proyecto, una planificación detallada con las actividades que se van a realizar, el coste del proyecto, los posibles riesgos que pueden surgir, los artefactos o documentos que se tendrán que elaborar, los hitos del proyecto, etc.

- **Modelado**. En esta fase se diseña el *software* a través de técnicas y herramientas de modelado. Un modelo permite entender mejor los requisitos del *software* sin necesidad de construir la aplicación. Esta fase también es conocida como **fase de diseño**.

- **Construcción**. Esta fase engloba la implementación o escritura del código del programa y las pruebas que verifiquen que el código no contiene errores. Por tanto, esta fase englobaría la **fase de codificación** y la **fase de pruebas**, que algunos modelos y/o autores muestran separadas.

- **Despliegue** o mantenimiento. El *software* terminado, total o parcialmente, es entregado al cliente para que lo evalúe. Esta fase también incluye las actividades de soporte, actualización y mantenimiento del *software*.

Cada una de estas cinco fases se organizan de modo diferente en el proceso de desarrollo, lo que da lugar a los distintos **modelos de desarrollo del ciclo de vida del *software*.** A lo largo de las siguientes subsecciones se describirán los más relevantes.

1.1.1. En cascada (*waterfall*)

El modelo en cascada es conocido también como **modelo de desarrollo clásico**. Este modelo coloca las actividades estructurales una a continuación de la otra siguiendo un flujo descendente en el proceso. La Ilustración 1.1 representa visualmente que el retroceso a las fases previas requiere de un enorme coste y esfuerzo. Por ejemplo, un error de planificación que se detecta en la fase de construcción supone un incremento del coste del proyecto, ya que habría que volver atrás dos fases en el desarrollo.

Para evitar este riesgo, antes de continuar hacia la siguiente fase, el modelo establece medidas de revisión exhaustivas donde se debe determinar si el proyecto se encuentra en situación de avanzar.

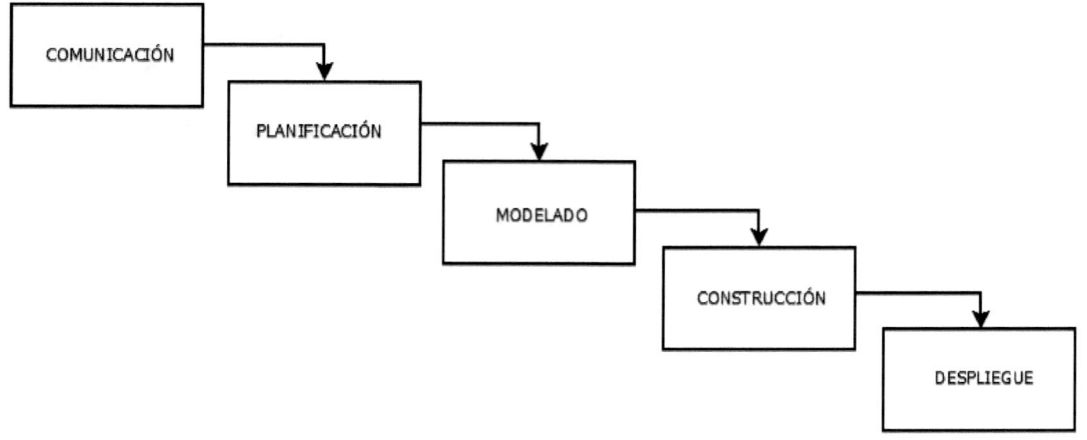

Ilustración 1.1. Modelo de desarrollo en cascada o clásico.

1.1.2. Iterativo

El modelo iterativo también se conoce con el nombre de **modelo evolutivo**, dado que el *software* cambia y mejora en cada una de las iteraciones que se realizan.

Se suele utilizar en proyectos donde no se conocen a fondo todos los requisitos o no está clara alguna funcionalidad futura. El **modelo basado en prototipos** y el **modelo en espiral** se pueden clasificar dentro del modelo evolutivo:

- **Prototipos**. Consiste en la generación de prototipos del producto final que hará visibles los aspectos del producto al cliente. El cliente evalúa el prototipo que sirve de realimentación para el equipo de desarrollo, el cual planifica y diseña una iteración para generar un nuevo prototipo. El proceso se repite hasta que los requisitos están totalmente claros.

- **Espiral**. Mezcla los paradigmas del modelo clásico y el modelo basado en prototipos. Cada iteración dentro de la espiral realiza las fases del modelo clásico, pero en cada una de las iteraciones se pueden desarrollar prototipos para identificar las necesidades del cliente e incorporar nueva funcionalidad en las iteraciones siguientes.

1.1.3. Incremental

Una delgada línea separa el modelo iterativo estudiado en la sección anterior del modelo incremental, de hecho, algunos autores también denominan al modelo incremental como **modelo iterativo incremental**.

Este modelo de desarrollo **subdivide los requisitos del proyecto en diferentes incrementos o entregas** para lo que es necesario que estén **bien definidos desde el principio**. El *software* construido en el primer incremento tendrá una funcionalidad limitada que se irá aumentando en las sucesivas entregas.

El flujo de las actividades de este modelo es similar al modelo en cascada y cada incremento puede desarrollarse en paralelo, es decir, el desarrollo del incremento N+1 puede comenzar sin que el incremento anterior N haya concluido.

La diferencia fundamental entre este modelo y el iterativo es que en el modelo incremental todos los requisitos están definidos desde el principio, mientras que el modelo iterativo prevé el descubrimiento de nuevos requisitos a lo largo del desarrollo. La Ilustración 1.2 representa gráficamente este modelo.

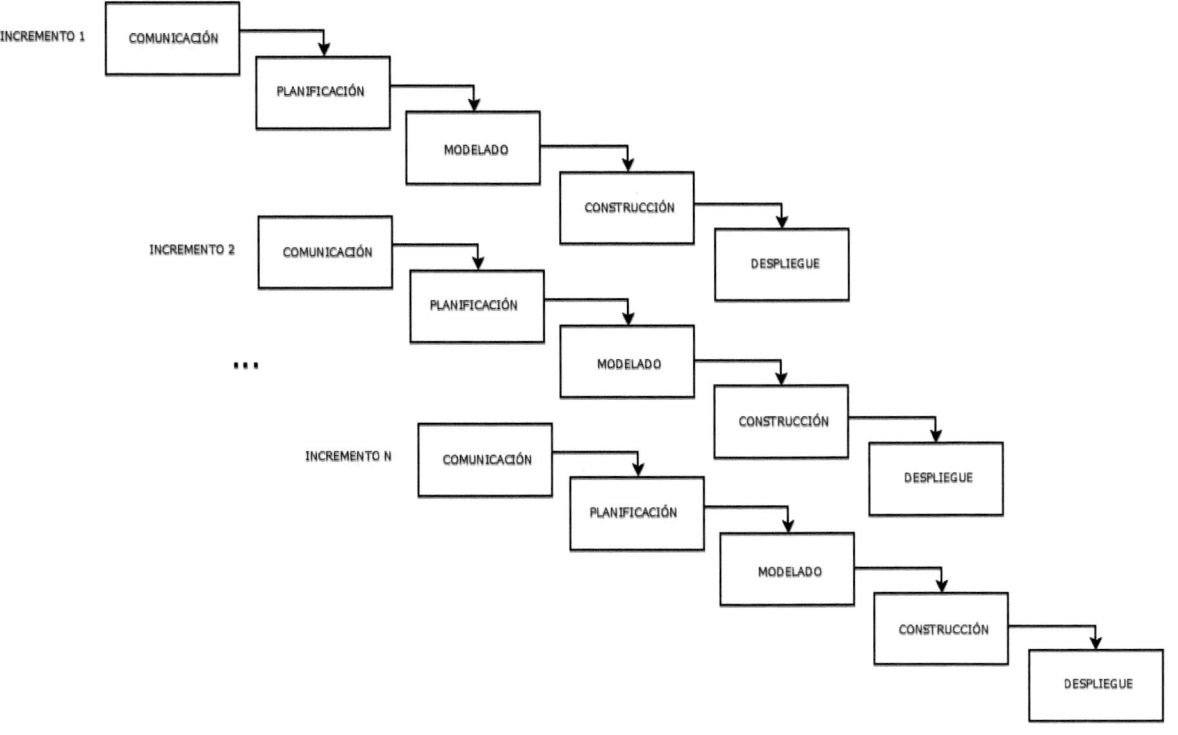

Ilustración 1.2. Modelo de desarrollo incremental.

1.1.4. En V

El modelo en V es una modificación del modelo en cascada en donde el flujo de las actividades estructurales sigue un camino en forma de uve, representado visualmente en la Ilustración 1.3.

El *software* ejecutable se sitúa en el vértice de la V, el lado izquierdo está formado por actividades de identificación de necesidades y requisitos mientras que el lado derecho se encarga de verificar los componentes y asegurar la calidad. Si algún error se detecta a medida que se asciende por las fases del modelo en V, habría que retroceder a fases anteriores para corregir el error.

Este modelo trata de reducir los costes de retroceder a fases anteriores que tiene el modelo clásico.

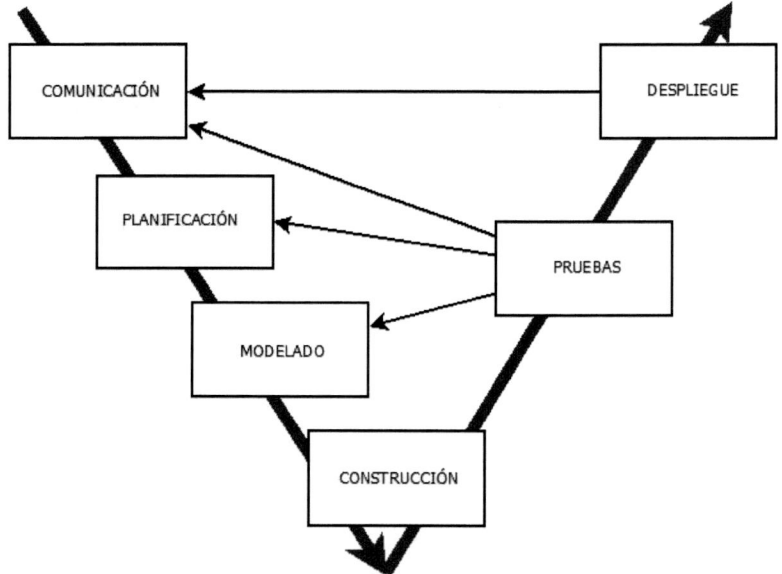

Ilustración 1.3. Modelo de desarrollo en V.

1.1.5. Basado en componentes (CBSE)

El modelo basado en componentes (*Component-Based Software Engineering*) se basa en la construcción de *software* reutilizando componentes prefabricados, bien por el propio equipo de desarrollo en proyectos anteriores, bien comprando o adquiriendo los componentes a terceros.

Además de que posee características de los modelos evolutivos, el modelo de desarrollo basado en componentes incorpora una serie de fases propias del ciclo de vida que consisten en investigar e identificar los componentes necesarios y disponibles para desarrollar el proyecto, la integración de estos componentes en la arquitectura del *software* y las pruebas de integración necesarias.

 Lectura recomendada

Artículo de Julio Casal que explica el modelo de desarrollo basado en componentes y su analogía con la evolución de las ciudades actuales.

https://msdn.microsoft.com/es-es/library/bb972268.aspx

La programación orientada a objetos usa este enfoque para diseñar componentes independientes y reutilizables entre sí. Algunas tecnologías que utilizan el enfoque propuesto por este modelo son *Jakarta Enterprise Beans*, anteriormente *Enterprise JavaBeans* (EJB), **objetos COM** (*Component Object Model*) de Microsoft o los **componentes CORBA** (*Common Object Request Broker Architecture*) empleados en modelos de componentes distribuidos. Este modelo también se ha extendido a la web con el uso de componentes web (*web components*).

1.1.6. Desarrollo rápido (RAD)

La **metodología RAD** (*Rapid Application Development*) fue creada por James Martin en los años ochenta en IBM y culminó con la publicación de su libro *Rapid Application Development,* en 1991.

Este modelo pone menos énfasis en las fases de comunicación y planificación, y más énfasis en la fase de construcción. El proceso comienza con el diseño rápido de prototipos con la idea de que los requisitos del *software* serán descubiertos a medida que se avanza en el proyecto.

La metodología incide bastante en la flexibilidad y adaptabilidad del proceso de desarrollo a diferencia de la rigidez del modelo clásico o en cascada.

Algunas aproximaciones al modelo RAD incluyen los **modelos de desarrollo ágiles**. La metodología de desarrollo ágil surgió en 2001 cuando diecisiete desarrolladores firmaron el manifiesto por el desarrollo ágil de *software* y establecieron doce principios básicos que guiaban esta metodología. Algunas de las implementaciones más utilizadas del modelo ágil son la **programación extrema** (*extreme programming*), la **metodología Scrum** y la **metodología Kanban**:

- **Programación extrema** (http://www.extremeprogramming.org/). Creada por Kent Beck en los años noventa, pone el foco en la mejora de la calidad del *software* e introduce elementos como la programación por parejas, la revisión y prueba del código de forma continua, y la simplicidad del código sin añadir características que no son necesarias en ese momento.

- **Metodología Scrum** (https://www.scrum.org). En el proceso de desarrollo de *software* basado en Scrum, se definen iteraciones regulares cada dos, tres o cuatro semanas llamadas *Sprint*. Al principio de cada *Sprint*, se establecen los objetivos que se deben conseguir al final del mismo, esto se conoce como **Sprint backlog**. Cuando finaliza el *Sprint*, se obtiene una entrega parcial utilizable por el cliente. Deben realizarse reuniones diarias de corta duración para tratar la marcha del *Sprint*.

- **Metodología Kanban** (https://kanbanguides.org/). Esta metodología pone el foco en el flujo de trabajo para optimizar el resultado. Esta optimización tiene en cuenta los recursos disponibles en cada momento limitando los procesos que se llevan a cabo al mismo tiempo. Para controlar este flujo se emplea la **pizarra Kanban** (*Kanban Board*).

Lectura recomendada

Web del Manifiesto Ágil firmado por sus creados y sus doce principios básicos.
http://www.agilemanifesto.org/iso/es/

1.1.7. Ventajas e inconvenientes. Pautas para la selección de la metodología más adecuada

Los modelos descritos en las secciones anteriores raramente se aplican de manera estricta, por lo que lo usual es encontrar hibridaciones entre ellos. Cada empresa o equipo de desarrollo los adapta a sus características propias, a las del cliente y a las necesidades del proyecto.

A modo de resumen, se destacan las ventajas e inconvenientes de los modelos estudiados:

- El **modelo en cascada** tiene la ventaja de seguir un proceso lineal y bien estructurado, por lo que suele ser recomendable en proyectos donde los requisitos están bien definidos y no hay peligro de que aumenten o se modifiquen en el camino. Tiene algunas desventajas serias, como la dificultad de avanzar a una nueva fase o el peligro que supone encontrar un error en fases avanzadas.

- El **modelo en V** no tiene diferencias fundamentales con el modelo en cascada. Si bien este modelo contempla medidas para hacer frente a posibles errores en fases avanzadas, los riesgos son similares.

- El **modelo incremental** tiene la ventaja de descomponer el *software* en diferentes entregas, lo que facilita la labor de desarrollo y prueba, si bien para utilizar este modelo es necesario tener bien definidos de ante mano todos los requisitos, lo que a menudo es imposible.

- El **modelo iterativo o evolutivo** parte de la hipótesis de que el análisis de requisitos estará incompleto y de que nuevos requisitos aparecerán en mitad del desarrollo. Lo que supone un riesgo para los modelos anteriores, es una ventaja para este modelo. Su principal desventaja es que requiere de bastante experiencia manejando riesgos para lograr el éxito.

- El **modelo basado en componentes**. Este modelo saca partido de la reutilización del código, incrementando la productividad y disminuyendo costes. Además, es más difícil introducir nuevos errores si los componentes ya han sido probados en numerosos proyectos o por diferentes equipos.

- El **modelo RAD** comparte las características del modelo evolutivo, ya que algunos autores lo clasifican dentro de este. Este modelo pone el énfasis en las tareas de desarrollo por encima de las fases de análisis y diseño. Se ha de tener bastante experiencia para emplearlo. Además, se pueden finalizar más proyectos en menos tiempo, lo que maximiza la rentabilidad del equipo.

Para seleccionar una metodología se deben analizar, al menos, las siguientes cuestiones:

- ¿El tamaño del proyecto hace que se pueda abordar en su conjunto?

- ¿El cliente tiene claras sus necesidades?

- ¿Existe un diálogo eficaz con el cliente o hay dificultades en la comunicación?

- ¿El equipo de desarrollo está formado, en su mayor parte, por personal con poca experiencia?

- ¿El equipo de desarrollo a cargo del proyecto tiene experiencia previa en proyectos similares?

- ¿Los plazos establecidos para la finalización del proyecto son razonables?

- ¿La empresa dispone de recursos suficientes para desarrollar el proyecto?

1.2. Análisis y especificación de requisitos

El descubrimiento de los requisitos de un proyecto es una de las tareas más difíciles de la ingeniería del *software*. Esto se debe a que el cliente no sabe lo que necesita o lo que necesita cambia conforme avanza el proyecto. El descubrimiento de los requisitos comienza en la fase de comunicación y continúa hasta la fase de modelado.

Al conjunto de técnicas y actividades que tienen como objetivo descubrir y entender los requisitos de un proyecto se le llama **ingeniería de requisitos**. Las técnicas principales para descubrir requisitos consisten en:

- Identificar a todos los **actores** involucrados en el proyecto para así conocer sus necesidades en el mismo.

- Elaborar y documentar los **casos de uso** del sistema.

- Organizar **talleres y entrevistas** con el cliente y los actores.

- Desarrollar **prototipos** para que los evalúen los actores involucrados en el sistema.

1.2.1. Tipos de requisitos

La clasificación más habitual de requisitos es dividirlos en:

- **Requisitos de usuario**. Descripciones en lenguaje natural de las necesidades del sistema. Solo son útiles en la fase inicial de comunicación con el cliente.

- **Requisitos de sistema**. Descripción formal que detalla el funcionamiento del *software* que dará soporte al requisito.

- **Requisitos funcionales**. Definición de los servicios que el sistema debe proporcionar y cómo debe reaccionar ante los diferentes escenarios que puedan presentarse.

- **Requisitos no funcionales**. Restricciones que deba tener el sistema en cuanto a rendimiento, seguridad, accesibilidad, etc.

La Tabla 1.1 muestra distintos ejemplos de requisitos funcionales y no funcionales que pueden aparecer en la especificación de una aplicación.

Tabla 1.1. Ejemplos de requisitos funcionales y no funcionales.

Requisitos funcionales	Requisitos no funcionales
Un usuario autenticado puede crear nuevos contactos.	La aplicación debe requerir un espacio en disco máximo de 1 GB.
El usuario puede seleccionar determinados contactos.	La capacidad mínima de memoria para que el sistema funcione es de 2 GB.
El usuario puede eliminar un contacto, o varios contactos de una selección.	Se usará un SGBD para el almacenamiento de los datos.

El usuario puede ver una lista de todos los contactos.	La aplicación debe funcionar en plataformas Windows, Linux y Mac.
El administrador puede bloquear usuarios.	El tiempo de respuesta debe ser inferior a dos segundos.

Otra clasificación es la propuesta por Grady y Caswell, conocida como **FURPS+** por el acrónimo en inglés de los tipos de requisitos que propone este modelo:

- **Funcional** (*Functionality*): características, compatibilidad, portabilidad y seguridad.

- **Facilidad de uso** (*Usability*): factores humanos, ayuda, documentación.

- **Fiabilidad** (*Reliability*): frecuencia de fallos, recuperación ante fallos.

- **Rendimiento** (*Performance*): tiempos de respuesta, productividad, uso de recursos, escalabilidad.

- **Soporte** (*Supportability*): adaptabilidad, facilidad de mantenimiento, internacionalización.

- **+**: indica requisitos adicionales como de implementación, de interfaz, legales, etc.

1.2.2. Modelos para el análisis de requisitos

Existen, principalmente, dos modelos para el análisis de requisitos: los **casos de uso** y los **diagramas de flujo de datos** (DFD o *Data Flow Diagram*).

Casos de uso

Un caso de uso es una historia que narra el uso del *software* desde el punto de vista del usuario final. La escritura de un caso de uso comienza identificando a los **actores** involucrados. Los actores son las personas u otros dispositivos que hacen uso del sistema. Un **escenario** es una secuencia específica de acciones entre los actores y el sistema, por ejemplo, el escenario de éxito de compra de entradas o el escenario de fallo en la transacción de pago con tarjeta de crédito.

La idea de utilizar los casos de uso para describir requisitos funcionales fue introducida por Ivar Jacobson en 1986, uno de los creadores de UML. Alistair Cockburn, en su libro *Writing Effective Use Cases* de 2001, estableció las bases de qué es un caso de uso y cómo debe escribirse.

Lectura recomendada

Enlace a la versión digital del borrador del libro *Writing Effective Use Cases:*
https://www-public.imtbs-tsp.eu/~gibson/Teaching/Teaching-ReadingMaterial/
Cockburn00.pdf

Existen diferentes formas de escribir un caso de uso: de forma narrativa, ajustándose a un modelo o de manera gráfica. El siguiente ejemplo documenta un caso de uso utilizando una plantilla extraída del libro *UML y patrones*, de Craig Larman:

Caso de uso UC1: Procesar venta

Actor principal: Cajero

Personal involucrado e intereses:

- Cajero: quiere entradas precisas, rápidas y sin errores de pago, ya que las pérdidas se deducen de su salario.
- Vendedor: quiere que las comisiones de las ventas estén actualizadas.
- Compañía: quiere registrar las transacciones con precisión y satisfacer los intereses de los clientes. Quiere asegurar que se registran los pagos aceptados por el servicio de autorización de pagos. Quiere cierta tolerancia a fallos que permita capturar las ventas incluso si los componentes del servidor (ej.: validación remota de crédito) no están disponibles. Quiere actualización automática y rápida de la contabilidad y el inventario.
- Agencia Tributaria: quiere recopilar los impuestos de cada venta.
- Servicio de autorización de pagos: quiere recibir peticiones de autorización digital con el formato y protocolo correctos. Quiere registrar de manera precisa las cuentas por cobrar de la tienda.

Precondiciones: el cajero se identifica y autentica.

Garantías de éxito (poscondiciones): se registra la venta. El impuesto se calcula de manera correcta. Se actualizan la contabilidad y el inventario. Se registran las comisiones. Se genera el recibo. Se registran las autorizaciones de pago aprobadas.

Escenario principal de éxito o flujo básico:

1. El Cliente llega a un TPV con mercancías o productos que comprar.
2. El Cajero comienza una nueva venta.
3. El Cajero introduce el identificador del artículo.
4. El Sistema registra la línea de la venta y presenta la descripción del artículo, precio y suma parcial. El precio se calcula a partir de un conjunto de reglas de precios.

El Cajero repite los pasos 3-4 hasta que se indique.

5. El Sistema presenta el total con los impuestos calculados.
6. El Cajero le dice al Cliente el total y pide que le pague.
7. El Cliente paga y el Sistema gestiona el pago.
8. El Sistema registra la venta completa y envía la información de la venta y el pago al sistema de Contabilidad externo (para la contabilidad y las comisiones) y al sistema de inventario (para actualizar el inventario).
9. El Sistema presenta el recibo.
10. El Cliente se va con el recibo y los productos.

Flujos alternativos:

3a.   Identificador no válido:

1. El Sistema señala el error y rechaza la entrada.

3b.   Hay muchos artículos de la misma categoría y tener en cuenta una única identidad del artículo no es importante (ej.: seis cartones de leche):

1. El Cajero puede introducir el identificador de la categoría del artículo y la cantidad.

3-6a. El Cliente le pide al Cajero que elimine un artículo de la compra:

1. El Cajero introduce el identificador del artículo para eliminarlo de la compra.

2. El Sistema muestra la suma parcial actualizada.

3-6b. El Cliente le pide al Cajero que cancele la venta:

1. El Cajero cancela la venta en el Sistema.

3-6c. El Cajero detiene la venta:

1. El Sistema registra la venta para que esté disponible su recuperación en cualquier TPV.

4a.   El Sistema genera el precio de un artículo que no es el deseado:

1. El Cajero introduce el precio alternativo.

2. El Sistema presenta el precio nuevo.

5a.   El Sistema encuentra algún fallo para comunicarse con el servicio externo del sistema de cálculo de impuestos:

1. El Sistema reinicia el servicio en el TPV y continúa.

   a) El Sistema detecta que el servicio no se reinicia.

   1. El Sistema señala el error.

   2. El Cajero podría calcular e introducir manualmente el impuesto o cancelar la venta.

5b.   El Cliente dice que le son aplicables descuentos (ej.: empleado, cliente preferente):

1. El Cajero señala la petición de descuento.

2. El Cajero introduce la identificación del Cliente.

3. El Sistema presenta el descuento total, basado en las reglas de descuento.

5c.   El Cliente dice que tiene crédito en su cuenta para aplicar a la venta:

1. El Cajero señala la petición de crédito.

2. El Cajero introduce la identificación del Cliente.

3. El Sistema aplica el crédito hasta que el precio = 0, y reduce el crédito que queda.

6a.   El Cliente dice que su intención era pagar en efectivo, pero que no tiene suficiente:

1. a) El Cliente utiliza un método de pago alternativo.

1. b) El Cliente le dice al Cajero que cancele la venta. El Cajero cancela la venta en el Sistema.

7a.   Pago en efectivo:

1. El Cajero introduce la cantidad de dinero en efectivo entregada.

2. El Sistema muestra la cantidad de dinero a devolver y abre el cajón de caja.

3. El Cajero deposita el dinero entregado y devuelve el cambio al Cliente.

4. El Sistema registra el pago en efectivo.

7b. Pago a crédito:

1. El Cliente introduce la información de su cuenta de crédito.
2. El Sistema envía la petición de autorización del pago al sistema externo de autorización de pagos y solicita la autorización del pago.
   a) El Sistema detecta un fallo en la colaboración con el sistema externo:
      1. El Sistema señala el error al Cajero.
      2. El Cajero le pide al Cliente un modo de pago alternativo.
3. El Sistema recibe la aprobación del pago y lo notifica al Cajero.
   a) El Sistema recibe la denegación del pago:
      1. El Sistema señala la denegación al Cajero.
      2. El Cajero le pide al Cliente un modo de pago alternativo.
4. El Sistema registra el pago a crédito, que incluye la aprobación del pago.
5. El Sistema presenta el mecanismo de entrada para la firma del pago a crédito.
6. El Cajero le pide al Cliente que firme el pago a crédito. El Cliente introduce la firma.

7c. Pago con cheque...

7d. Pago a cuenta...

7e. El Cliente presenta cupones...

9a. Hay rebajas en los artículos.

1. El Sistema presenta los formularios de rebaja y los recibos de descuento para cada artículo con una rebaja.

9b. El Cliente solicita un vale regalo (sin precio visible):

1. El Cajero solicita el vale regalo y el Sistema lo proporciona.

Requisitos especiales:

- Interfaz de usuario con pantalla táctil en un gran monitor de pantalla plana. El texto debe ser visible a un metro de distancia.
- Tiempo de respuesta para la autorización de crédito de 30 segundos el 90 % de las veces.
- De algún modo, queremos recuperación robusta cuando falla el acceso a servicios remotos como el sistema de inventario.
- Internacionalización del texto que se muestra.
- Reglas de negocio que se puedan añadir en tiempo de ejecución en los pasos 3 y 7.
- ...

Lista de tecnología y variaciones de datos:

3a. El identificador del artículo se introduce mediante un escáner láser de código de barras (si está presente el código de barras) o a través de teclado.

3b. El identificador del artículo podría ser cualquier esquema de código UPC, EAN, JAN o SKU.

7a. La entrada de información de la cuenta de crédito se lleva a cabo mediante un lector de tarjetas o el teclado.

7b. La firma de los pagos a crédito se captura en un recibo de papel, pero en un espacio de tiempo breve debe implantarse la firma digital.

Frecuencia: muy continuo.

Temas abiertos:

- ¿Cuáles son las variaciones de la ley de impuestos?
- Explorar las cuestiones de recuperación de servicios remotos.
- ¿Cuál es la adaptación que se tiene que hacer para diferentes negocios?
- ¿Un Cajero debe llevarse el dinero de la caja cuando salga del Sistema?
- ¿Puede utilizar el Cliente directamente el lector de tarjetas o tiene que hacerlo el Cajero?

Este ejemplo ilustra cómo los casos de uso pueden documentar muchos detalles de los requisitos. La importancia de cada una de las secciones del caso de uso se explica a continuación:

- **Actor principal:** es el actor que lleva a cabo el objetivo del caso de uso.

- **Personal involucrado e intereses:** el sistema funciona como un contrato entre el personal involucrado. Esta información ofrece un procedimiento para descubrir todos los comportamientos requeridos en el caso de uso.

- **Precondiciones:** lo que siempre debe cumplirse antes de comenzar. Normalmente indican un escenario de otro caso de uso que se ha completado con éxito.

- **Garantías de éxito (poscondiciones):** qué debe cumplirse cuando el caso de uso finaliza con éxito. Deben satisfacer las necesidades de todo el personal involucrado.

- **Escenario principal de éxito:** recoge el camino principal en el que el caso de uso se completa correctamente. Es habitual que no contenga ninguna condición o bifurcación para hacerlo más comprensible.

- **Flujos alternativos:** otros escenarios posibles, tanto de éxito como de fracaso.

- **Requisitos especiales:** recoge los requisitos no funcionales (rendimiento, fiabilidad, facilidad de uso...).

- **Lista de tecnología y variaciones de datos:** recoge variaciones técnicas en el *cómo* se hace algo pero no en el *qué*.

Los casos de uso se pueden representar gráficamente a través de un **diagrama de casos de uso**. Este diagrama forma parte del **lenguaje de modelado unificado** o UML (*Unified Modeling Language*) y es útil para representar los actores del sistema y las relaciones entre los casos de uso, pero en ningún caso debe servir para sustituir la descripción de los casos de uso explicada anteriormente.

Las **relaciones** que se pueden dar entre casos de uso son:

- **Inclusión** (*include*). Un caso de uso puede incluir otro caso de uso, lo que indica que el primero depende del resultado del segundo.

- **Extensión** (*extend*). Un caso de uso es similar a otro pero con ciertas variaciones.

- **Generalización**. La generalización agrupa comportamiento común en un caso de uso general, de modo que los comportamientos diferentes se detallan en casos de uso especializados.

La Ilustración 1.4 muestra una representación simplificada del diagrama de casos de uso en un sistema.

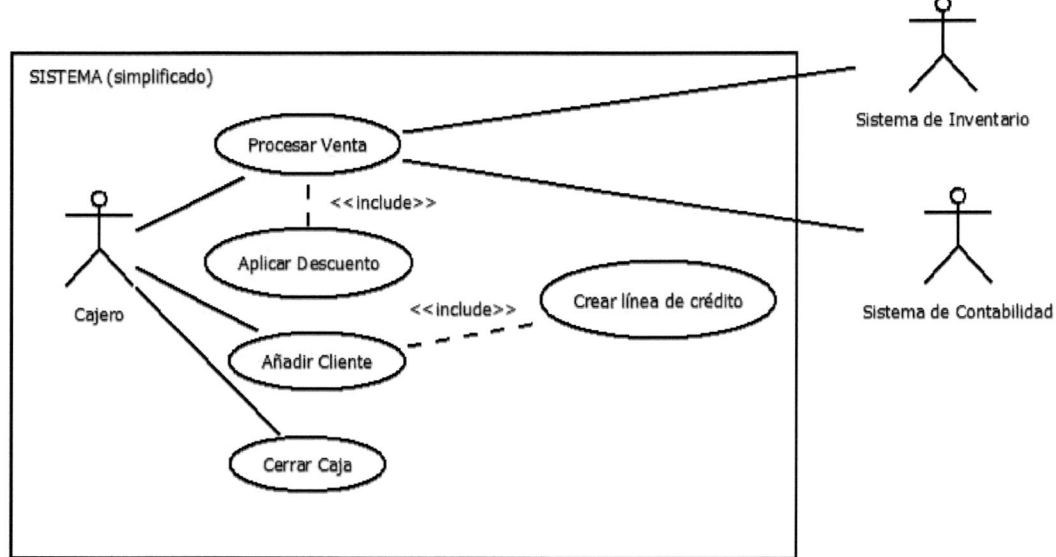

Ilustración 1.4. Representación simplificada de casos de uso de un sistema de TPV.

Diagramas de flujo de datos (DFD)

Un DFD es una representación visual del flujo de información en un sistema. Muestra los flujos de entrada y de salida, así como dónde se procesa y almacena la información.

Los DFD se pueden crear a diferentes niveles, siendo el de nivel 0 el DFD de contexto, que muestra de manera global el funcionamiento del sistema. Un nuevo nivel proporciona más detalle sobre los distintos subsistemas del diagrama de contexto.

1.2.3. Documentación de requisitos

El estándar IEEE 830-1998 establecía recomendaciones prácticas para la especificación de requisitos de *software*, pero fue sustituido por el estándar IEEE 29148-2011, revisado en 2018 (ISO/IEC/IEEE 29148:2018). Este estándar define la construcción de un buen requisito, provee atributos y características de los requisitos y discute la aplicación iterativa y recursiva de los procesos de requisitos a lo largo del ciclo de vida.

Lectura recomendada

Explicación de cómo se organiza la especificación de requisitos según el estándar IEEE 830-1998.

https://www.fdi.ucm.es/profesor/gmendez/docs/is0809/ieee830.pdf

El documento generado con la descripción de todos los requisitos se conoce como **Especificación de Requisitos del Sistema** (ERS) o *System Requirement Specification* (SRS). Una especificación de requisitos bien definida debe reunir las siguientes características:

- **Corrección**. Todos los requisitos de la especificación reflejan una necesidad real.

- **Sin ambigüedad**. Los requisitos solo pueden interpretarse de un modo. Se puede eliminar la ambigüedad del lenguaje natural utilizando métodos formales o descripciones visuales.

- **Completa**. Todos los requisitos deben estar reflejados.

- **Consistente**. Los requisitos no pueden ser contradictorios entre sí.

- **Clasificado**. Los requisitos están clasificados por importancia o por estabilidad.

- **Verificable**. Un requisito es verificable si existe un proceso finito y no costoso que permite demostrar que el sistema lo cumple.

- **Modificable**. Si los cambios pueden hacerse de forma fácil.

- **Trazable**. Si se puede conocer el origen del requisito, así como el componente o módulo del sistema que lo utiliza.

1.2.4. Validación de requisitos

La validación de requisitos es el proceso por el cual se confirma que los requisitos identificados son correctos y consistentes con el sistema que se pretende desarrollar. Los errores en la identificación de requisitos suponen un coste enorme, por lo que este proceso es muy importante.

Algunas técnicas empleadas para la validación de requisitos son la **elaboración de listas de verificación** y la **construcción de prototipos**.

1.2.5. Gestión de requisitos

El proceso de análisis e identificación de requisitos lleva inexorablemente a tener que actualizar y modificar la información de la documentación de requisitos, dado que estos pueden cambiar o se pueden detectar errores.

Para facilitar la gestión de los requisitos, es recomendable emplear herramientas *software* que documentan y automatizan este proceso, de modo que quede constancia de todos los cambios producidos. Estas herramientas pueden ser específicas para la gestión de requisitos o estar integradas en herramientas que gestionan todo el ciclo de vida de un proyecto. Algunos ejemplos son:

- **REM** (*REquirements Management*). Desarrollada por el Dr. Amador Durán en su tesis doctoral: *Un entorno metodológico de ingeniería de requisitos para sistemas de información,* en la Universidad de Sevilla.

- **Enterprise Architect**. Herramienta comercial desarrollada por la empresa Sparx Systems.

- **OSRMT** (*Open Source Requirements Management Tool*). Herramienta *open source* desarrollada en Java que se puede instalar en un equipo de escritorio o utilizar como aplicación web multiusuario.

- **aNimble Platform**. Herramienta *open source* para la gestión integral de requisitos.

Recursos

Enlaces a las herramientas de gestión de requisitos:

REM: http://www.lsi.us.es/descargas/descarga_programas.php?id=3

Enterprise Architect: http://www.sparxsystems.com/products/ea/index.html

OSRMT: https://github.com/osrmt/osrmt

aNimble Platform: http://sourceforge.net/projects/nimble/

1.3. Diseño

El diseño comienza cuando termina el análisis y el descubrimiento de los requisitos. El objetivo de la fase de diseño es crear un modelo consistente con el producto que se va a desarrollar. La calidad final del *software* está condicionada en gran medida por la calidad del modelo de diseño que se produce en esta fase.

1.3.1. Modelos para el diseño de sistemas

Pressman establece que son cuatro los modelos de diseño necesarios para completar esta fase:

- Diseño de datos o clases.
- Diseño de la arquitectura.
- Diseño de la interfaz.
- Diseño en el nivel de componentes.

La Ilustración 1.5 refleja los documentos de la fase de análisis utilizados para crear los documentos de la fase de diseño. Los casos de uso y los diagramas de flujo de datos fueron explicados en la sección «1.2.2. Modelos para el análisis de requisitos», mientras que los diagramas de clases, de estado, de secuencia, de actividad (que incluye a los de canal) y de colaboración (o comunicación) forman parte del estándar UML y serán explicados en la sección «1.3.2. Diagramas de diseño. El estándar UML». En cambio, los paquetes de análisis, los modelos CRC, los diagramas de flujo de control y las narrativas de procesamiento no se abordarán en este libro.

Si desea conocer más a fondo los cuatro modelos de la fase de diseño, se recomienda consultar el libro de Roger S. Pressman *Ingeniería del software, un enfoque práctico*.

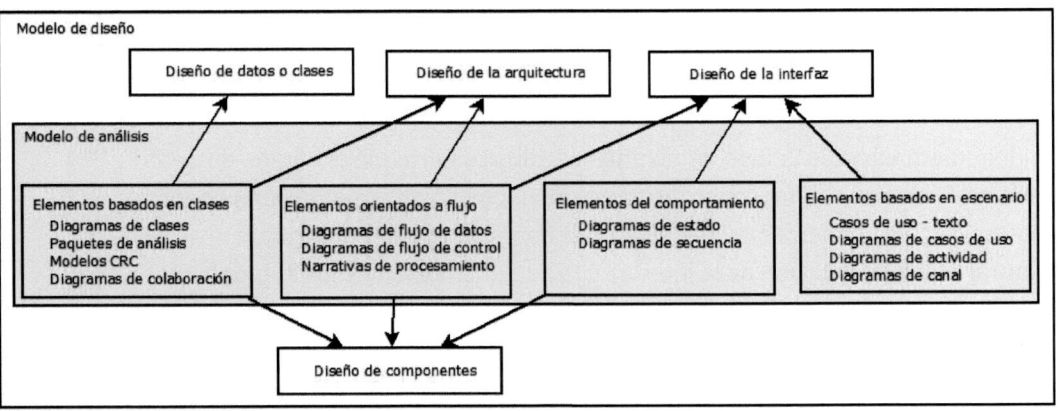

Ilustración 1.5. Transformación del modelo de análisis al modelo de diseño.

1.3.2. Diagramas de diseño. El estándar UML

El **UML** o **lenguaje de modelado unificado** (*Unified Modeling Language*) fue creado por Grady Booch, Ivar Jacobson y James Rumbaugh en 1994 siendo un estándar del OMG (*Object Management Group*). La versión más reciente del estándar es la 2.5.1, publicada en diciembre de 2017. Consta de cuatro partes:

1. La definición de la notación y la semántica.

2. La definición del metamodelo sobre el que se basa el estándar.

3. El lenguaje OCL (*Object Constraint Language*) para definir reglas sobre los elementos del modelo.

4. El modelo de intercambio de diagramas UML, que define cómo intercambiar la distribución entre los distintos diagramas.

En la sección «2.8. Lenguajes de modelización en el desarrollo orientado a objetos» se explica cómo se utiliza el estándar UML para el modelado de *software* orientado a objetos. Si desea ampliar la información sobre el funcionamiento de UML, se recomienda consultar la documentación oficial del estándar o algún libro específico como *UML y patrones*, de Craig Larman, donde se explica el proceso de desarrollo de *software* mediante el **proceso unificado** (*Unified Process*), un modelo de desarrollo de *software* incremental propuesto por los autores de UML en 1999. Además, la web oficial de UML ofrece abundantes recursos y documentación.

Recurso

La página oficial de UML dispone de muchísima información y recursos para estudiar a fondo los diferentes elementos del lenguaje y su especificación.

http://www.uml.org/

1.3.3. Documentación

La documentación de la fase de diseño se utilizará para que el equipo de desarrollo comience con la implementación del proyecto. La documentación generada contendrá: la documentación del diseño de datos, la documentación de la arquitectura, la documentación de la interfaz y la documentación de los componentes.

Es importante conocer que existen herramientas automáticas que pueden generar código fuente a partir de un diagrama de clases bien elaborado. Un ejemplo es la herramienta **Rational Rose** de IBM, una herramienta comercial con un coste bastante elevado. Otra herramienta comercial muy interesante es **Visual Paradigm** que dispone de una licencia gratuita para uso no comercial. Una alternativa *open source* es ***dia2code***, de los creadores del *software* DIA, que es capaz de convertir un diagrama de esta herramienta a código Java, C, PHP, Python y muchos más. Otra opción de *software* libre es **Umbrello**, que soporta un gran número de diagramas UML y de lenguajes. Por último, **ArgoUML** es otra herramienta *open source* desarrollada en Java y que es ampliamente utilizada.

Recursos

Enlaces a las herramientas de modelado UML y generación de código:

Visual Paradigm: https://www.visual-paradigm.com/download/community.jsp

dia2code: http://sourceforge.net/projects/dia2code/

Umbrello: https://uml.sourceforge.io/

ArgoUML: https://argouml-tigris-org.github.io/tigris/argouml/

1.4. Implementación. Conceptos generales de desarrollo de *software*

La implementación es la fase donde se comienza a escribir el código para construir el *software* a partir de los documentos de diseño generados en la fase anterior. Por lo general, el tiempo invertido en esta fase debe ser bastante menor al empleado en las fases de comunicación y diseño, aunque se tiende a pensar lo contrario, ya que existe la tendencia entre muchos programadores de comenzar a escribir un proyecto lo antes posible sin aún tener claros los requisitos.

Esto no tiene por qué estar mal si se sigue un plan y se tiene experiencia en ello; por ejemplo, los modelos ágiles siguen esta metodología. La cuestión fundamental que se ha de plantear es si se entiende lo suficiente el problema para empezar a codificar su solución.

1.4.1. Principios básicos del desarrollo de *software*

Existen diferentes **paradigmas de programación,** o lo que es lo mismo, diferentes enfoques a la hora de resolver un problema mediante la construcción de un programa *software*. Algunos de los más importantes son:

- **La programación imperativa o estructurada.** Consiste en dar instrucciones al ordenador para que realice operaciones sobre datos, que son transformados a lo largo del programa. En este tipo de programación no existe ninguna relación lógica entre los datos y las operaciones que se realizan sobre ellos. Ejemplos de lenguajes imperativos son **C, Cobol, Fortran** y **Pascal.**

- **La programación orientada a objetos.** Los datos y operaciones se agrupan en entidades lógicas llamadas objetos. En un programa orientado a objetos, los objetos se comunican mediante mensajes que se envían unos a otros de un modo similar a como lo hacen los objetos del mundo real. Ejemplos de este tipo de lenguajes son **Smalltalk, Java, Kotlin, C++** y **C#.**

- **La programación declarativa.** Los programas se describen mediante reglas en lugar de instrucciones. Este paradigma es muy utilizado para resolver problemas de inteligencia artificial. Lenguajes de este tipo son **Prolog** y **Lisp**.

En este libro se ha elegido utilizar el lenguaje Java por su sencillez y simplicidad, además de por estar ampliamente extendido y ser **uno de los lenguajes más utilizados en el desarrollo web**.

Los documentos de la fase de diseño deben ofrecer al programador información sobre la estructura del *software*, independientemente del paradigma de programación que se vaya a emplear, pero en este libro se considerará que se emplea el enfoque orientado a objetos.

Tras obtener una representación de los objetos, sus relaciones e interacciones, el programador puede empezar a escribir el código de las clases con sus atributos y métodos, y organizarlas en paquetes (véase la Unidad 2. La orientación a objetos).

A partir de este punto, es necesario dotar a los métodos de cuerpo, de vida. Por ejemplo, una clase *Libro* necesitará de un método que compruebe si su ISBN es correcto antes de crearlo, una solicitud de transferencia bancaria a una cuenta necesitará un método que compruebe si el CCC o IBAN suministrado es válido y el *software* de un juego de ajedrez deberá calcular el siguiente movimiento según el estado del tablero. Este es el nivel de la **algoritmia**, la ciencia que estudia los **algoritmos**.

El término *algoritmo* proviene del matemático persa del siglo IX, Mohammed al-Juarismi, también considerado el padre del álgebra. Euclides, matemático griego del siglo IV antes de Cristo, que inventó un método para encontrar el máximo común divisor de dos números, conocido como **algoritmo de Euclides**, también es considerado uno de los creadores de la algoritmia.

Un algoritmo es un conjunto finito de acciones o secuencia de operaciones que ejecutadas en un determinado orden resuelven un problema. Los pasos o acciones deben estar bien definidos y no ser ambiguos. En el contexto de la informática, el **algoritmo es el conjunto de instrucciones que debe ejecutar un ordenador para solucionar un problema**.

En programación, un algoritmo es más importante que el lenguaje de programación o la computadora. Los lenguajes son las herramientas empleadas para escribir los algoritmos en el código que entiende la máquina, mientras que el algoritmo es la forma en la que el problema será resuelto. **Ser un buen programador significa escribir buenos algoritmos**, lo que requiere de capacidad de abstracción y creatividad.

1.4.2. Técnicas de desarrollo de *software*

El **teorema de Böhm-Jacopini** o **teorema del programa estructurado** establece que cualquier programa que pueda ser resuelto por un ordenador se puede escribir con tan solo tres estructuras lógicas:

1. **Secuencial.** Las instrucciones se ejecutan una a continuación de la otra.

2. **Condicional o selectiva.** Una instrucción puede ejecutarse o no, dependiendo de una expresión lógica.

3. **Iterativa, cíclica o bucle.** Un conjunto de instrucciones se ejecuta repetidamente y una expresión lógica determina cuándo finaliza el bucle.

Por tanto, cualquier descripción algorítmica contendrá al menos alguna de estas estructuras.

En las instrucciones secuenciales distinguimos tres tipos de **instrucciones primitivas**:

- **Entrada de datos.** En esta instrucción se leen datos en el programa, normalmente desde el teclado, y el valor leído se guarda en una variable.

- **Salida de datos.** En esta instrucción se escriben datos del programa, normalmente en la pantalla.

- **Asignación.** Esta instrucción realiza una operación y el valor se guarda en una variable.

Antes de pasar a describir un algoritmo, también debemos conocer el concepto de **variable**. Una variable es un **dato que se aloja en la memoria** del ordenador. Dado que no es posible conocer esta dirección de memoria cuando estamos escribiendo el algoritmo, el nombre de la variable, también llamado **identificador**, es la forma de hacer referencia al lugar donde se almacena el dato. Para los algoritmos que usaremos a continuación, los datos pueden ser de varios tipos:

- **Carácter.** Representan cadenas de caracteres, cuyos valores están encerrados entre comillas dobles. Por ejemplo: "Almería", "Juan", "Mar Mediterráneo".

- **Entero.** Representa números sin decimales (0, -3, 143).

- **Real.** Representa números con decimales (-3.8, 0.44, 1.33).

- **Lógico.** Representa valores de verdadero o falso.

Las variables se pueden combinar por medio de **operadores** formando **expresiones**. Una expresión es una sentencia que se puede evaluar dando como resultado un valor de un tipo determinado (carácter, entero, real o lógico).

En cuanto a los operadores, se distinguen los siguientes tipos:

- **Operadores aritméticos**: suma (+), resta (-), multiplicación (*), división (/), módulo o resto (%).

- **Operadores de comparación o relacionales**: igualdad (==), desigualdad (!=), menor que (<), mayor que (>), menor o igual que (<=), mayor o igual que (>=).

- **Operadores lógicos**: Y o AND (&&), O u OR (||), negación (!).

Se debe tener en cuenta el orden de precedencia de los operadores y la presencia de paréntesis para evaluar la expresión de forma correcta.

Para describir un algoritmo, se suele emplear una representación independiente del lenguaje de programación. Las más usuales son:

- Los **diagramas de flujo**.

- Los **diagramas de Nassi-Shneiderman**.

- El **pseudocódigo**.

A continuación, se explica cada uno de estos métodos de representación de algoritmos. Una herramienta muy empleada para aprender a programar diseñando algoritmos es **PSeINT** (*PSeudocode INTerpreter*), que permite utilizar los tres tipos de representaciones que se han mencionado anteriormente. Se recomienda descargarla e instalarla para probar los ejemplos y realizar los ejercicios que se plantean al final de la unidad.

 Recurso

Sitio web de la herramienta PSeINT:

https://pseint.sourceforge.net/

Diagramas de flujo

Un diagrama de flujo es una representación visual de las instrucciones de un algoritmo. Las instrucciones se representan mediante símbolos, y el flujo, mediante flechas. Su principal ventaja es que de un simple vistazo se obtiene una visión general del funcionamiento del algoritmo. Por contra, esta sencillez puede diluirse si el algoritmo que se va a representar es demasiado largo.

La Ilustración 1.6 muestra tres ejemplos de diagramas de flujo que hacen uso de las diferentes estructuras de control. A la izquierda, el diagrama representa un algoritmo que lee por teclado un valor en pesetas y muestra por pantalla el resultado de la conversión en euros (nótese la diferencia de símbolos empleados). El diagrama situado en el centro representa un algoritmo que comprueba

Se pueden seguir las siguientes **directrices para definir las clases de equivalencia**:

- Si una condición de entrada especifica un **rango**, se define **una clase de equivalencia válida y dos no válidas**. La clase de equivalencia válida contendrá un valor dentro del rango, y las clases no válidas contendrán un valor por debajo y otro por encima del rango. Por ejemplo, la nota del examen debe tener un valor entre 1 y 10. La clase de equivalencia válida tendrá un valor dentro del rango, 8 por ejemplo, mientras que las clases no válidas podrían ser -3 y 15.

- Si una condición de entrada especifica un **número de valores**, se define **una clase de equivalencia válida y dos no válidas**. Por ejemplo, la nota media del alumno se calcula con 3 a 5 notas numéricas. La clase de equivalencia válida contendrá un conjunto con valores dentro del número válido, mientras que las clases no válidas consistirán en un conjunto con un número inferior y otro superior de elementos.

- Si una condición de entrada especifica un miembro de un **conjunto de valores**, se define **una clase de equivalencia válida y otra no válida**. La clase de equivalencia no válida será un valor que no pertenece al conjunto. Por ejemplo, el palo de una carta de naipes puede ser *Picas, Corazones, Tréboles* o *Diamantes.*

- Si una condición de entrada es **lógica**, se define **una clase de equivalencia válida y otra no válida**. Por ejemplo, el salario debe ser mayor o igual al SMI (salario mínimo interprofesional). La clase de equivalencia válida será un valor que cumple la condición, y la clase de equivalencia no válida será un valor que no cumple la condición.

La Tabla 1.3 muestra ejemplos de clases válidas y no válidas escogidas para las distintas directrices presentadas anteriormente:

Tabla 1.3. Ejemplo de clases de equivalencia.

Tipo de entrada	Ejemplo	Clases válidas	Clases no válidas
Rango	Rango entre 50 y 100	76	45 y 105
Número de valores	Tres o cuatro números reales	{7.6, 8.5, -3.4}	{}, {1.4, 4.8, 5.9, 10.3, -3.3}
Conjunto de valores	Estado civil: soltero, casado, divorciado	Soltero	Viudo
Lógica	Primera letra en mayúscula	Alejandro	jacinto

Los **casos de prueba** se definen escogiendo un valor perteneciente a las clases de equivalencia, para cada una de las entradas y salidas del sistema a probar. Los **criterios para crear un caso de prueba** son:

- Probar todas las clases de equivalencia, válidas y no válidas, al menos una vez.

- El caso de prueba debe cubrir el máximo número de entradas.

- El caso de prueba puede contener más de un tipo de clases válidas.

- El caso de prueba solo puede tener una entrada no válida, de este modo se garantiza que los errores no se enmascaren.

- Se debe especificar el resultado esperado para los valores del caso de prueba.

A continuación, por medio de un ejemplo desarrollaremos de forma práctica la elaboración de las clases de equivalencia y los casos de prueba que verifiquen todas las clases válidas y no válidas a partir del enunciado de un problema.

Ejemplo 1.2: *Imagínese una pequeña función que comprueba la validez de un nombre de usuario y contraseña, necesarios para acceder al sistema. Las restricciones sobre estas dos entradas son las siguientes:*

- *El nombre de usuario debe tener una longitud de entre 4 y 8 caracteres, y solo puede contener caracteres alfabéticos en minúscula.*

- *La contraseña debe tener al menos 8 caracteres y debe contener al menos un carácter alfabético en minúscula, un carácter alfabético en mayúscula, un carácter numérico y un carácter especial dentro de los permitidos (.#$).*

La función devolverá verdadero, si los valores son correctos, y falso, en caso contrario.

Las clases de equivalencia definidas para este ejemplo se muestran en la Tabla 1.4. Para cada entrada de usuario se definen los tipos de clases de equivalencias vistos anteriormente y se definen sus clases válidas y no válidas. A cada clase de equivalencia se le asigna un código (V o NV) para identificarla posteriormente en los casos de prueba.

Tabla 1.4. Clases de equivalencia para la función de validación.

Entrada	Tipo	Clases válidas	Cod V	Clases no válidas	Cod NV
Usuario	Valor	4<=Longitud<=8	V1	Longitud < 4	NV1
				Longitud > 8	NV2
	Lógica	Solo caracteres en minúscula.	V2	Con alguna mayúscula.	NV3
	Lógica	Solo caracteres alfabéticos.	V3	Con algún carácter no alfabético.	NV4
Contraseña	Lógica	Longitud>=8	V4	Longitud < 8	NV5
	Lógica	Contiene al menos un carácter alfabético en minúscula.	V5	No contiene ninguna minúscula.	NV6
	Lógica	Contiene al menos un carácter alfabético en mayúscula.	V6	No contiene ninguna mayúscula.	NV7
	Lógica	Contiene al menos un carácter numérico.	V7	No contiene un dígito.	NV8
	Conjunto	Contiene un carácter especial de entre los permitidos.	V8	No contiene un carácter especial.	NV9

Una vez disponemos de la partición de equivalencia con todas las clases válidas y no válidas, se pueden escribir los casos de prueba. **Al escribir un caso de prueba, debe hacerse tratando de cubrir el mayor número de clases de equivalencia válidas, y escribir, al menos, un caso de prueba por cada clase de equivalencia no válida.**

La Tabla 1.5 muestra los casos de prueba generados para el ejemplo que estamos desarrollando. Cada fila representa un caso de prueba con los códigos de las clases de equivalencia que se aplican en este caso de prueba, los valores asignados a las entradas y el resultado esperado según el problema.

Tabla 1.5. Casos de prueba definidos para la función de validación.

Caso	Clases de equivalencia	Entradas		Resultado
		Usuario	Contraseña	
1	V1, V2, V3, V4, V5, V6, V7, V8.	juanito	SaZ14h8.	Verdadero
2	NV1, V2, V3, V4, V5, V6, V7, V8.	hiz	zlkr259A#	Falso
3	NV2, V2, V3, V4, V5, V6, V7, V8.	sandunguero	2984zX_r	Falso
4	V1, NV3, V3, V4, V5, V6, V7, V8.	raTz	3st4dOr_#	Falso
5	V1, V2, NV4, V4, V5, V6, V7, V8.	mar43	#miria_324_ZAW#	Falso
6	V1, V2, V3, NV5, V5, V6, V7, V8.	vixant	wek2_A	Falso
7	V1, V2, V3, V4, NV6, V6, V7, V8.	alristre	AKA_233$	Falso
8	V1, V2, V3, V4, V5, NV7, V7, V8.	piox	234_almen	Falso
9	V1, V2, V3, V4, V5, V6, NV8, V8.	fanb	Siriant$ba	Falso
10	V1, V2, V3, V4, V5, V6, V7, NV9.	karrok	kzien3ZW	Falso

Fíjese que para un ejemplo tan sencillo, el número de casos de prueba puede ser bastante grande.

Análisis de valor de frontera

El análisis de valor de frontera complementa la partición de equivalencia seleccionando casos de prueba en los bordes de la clase de equivalencia. Esto es debido a que se encuentran más errores en los valores extremos del dominio de entrada que en los intermedios.

Las **directrices para escoger los casos de prueba** son similares a los proporcionados para la partición de equivalencia:

- Si una condición de entrada especifica un **rango**, los valores de los casos de prueba deben ser justo los valores del rango, los inmediatamente inferiores y los inmediatamente superiores. Por ejemplo, si la nota del examen debe tener un valor entre 1 y 10, hay que escribir casos de prueba para los valores 1, 10, 0 y 11.

- Si una condición de entrada especifica un **número de valores**, los valores de los casos de prueba deben ser los valores mínimo y máximo, además de los inmediatamente inferiores y superiores. Por ejemplo, si la nota media de un alumno se calcula con 3 a 5 notas numéricas, hay que escribir casos de prueba con 3, 5, 2 y 6 datos de entrada.

- Se deben **aplicar las directrices anteriores a los valores de salida**. Por ejemplo, para un programa que como resultado obtuviera entre 3 y 5 valores, deben diseñarse casos de prueba de modo que se obtengan el valor mínimo y máximo de valores para la salida.

- Si existen **límites internos en el programa**, como por ejemplo el número de elementos que se pueden añadir a una determinada estructura, se deben diseñar casos de prueba que revisen los datos frontera de dicha estructura. Por ejemplo, para un *array* de 100 elementos hay que asegurarse de diseñar casos de prueba que lleven a los límites de almacenamiento, consulta, modificación de esta estructura de datos.

El ejemplo desarrollado en la sección anterior para poner en práctica la partición de equivalencia podría modificarse para incluir dos clases más de equivalencia válidas y dos no válidas para la entrada del nombre de usuario de modo que se comprobara su valor de frontera. Las clases de equivalencia válidas a añadir serían: nombre de usuario con una longitud de cuatro caracteres, nombre de usuario de ocho caracteres; y las clases no válidas: nombre de usuario con una longitud de tres caracteres y nombre de usuario con nueve caracteres. Igualmente habría que modificar las clases de equivalencia para la contraseña.

Prueba de array *ortogonal*

La prueba de *array* ortogonal fue propuesta por G. Taguchi. En sistemas con un número de entradas lo suficientemente elevado, no es posible hacer un análisis exhaustivo de todas ellas, la solución pasa por diseñar un número limitado de pruebas, de modo que se maximicen las oportunidades de encontrar errores sin tener que examinar todas las combinaciones de entradas posibles.

Lectura recomendada

Puede aprender más sobre el diseño de casos de prueba mediante *array* ortogonal leyendo este artículo:

http://dialnet.unirioja.es/descarga/articulo/3954979.pdf

Pruebas de caja blanca

A continuación, se explican las siguientes técnicas de pruebas de caja blanca: la prueba de ruta básica y la prueba de la estructura de control.

Prueba de ruta básica

Esta prueba consiste en analizar el flujo del programa para obtener su **complejidad ciclomática**. La complejidad ciclomática indica el número de **rutas independientes** del algoritmo, lo que ofrece una cota superior del número de pruebas que hay que diseñar para analizar todos los posibles caminos (prueba de cobertura).

Para hacer el cálculo, se ha de transformar un diagrama de flujo en un **grafo de flujo**, también llamado **grafo de control de flujo**, que no es más que una representación simplificada del flujo del programa. La Ilustración 1.10 muestra un diagrama de flujo con dos bucles anidados (izquierda) y su correspondiente grafo de flujo (derecha). Cada nodo del grafo de flujo representa uno o más elementos del diagrama de flujo. Una estructura secuencial y un elemento de decisión pueden agruparse en un solo nodo (por ejemplo, la secuencia 2,3 y la 5,6). Además, en el grafo de flujo, las aristas deben terminar en un nodo, aunque este no represente ningún elemento de proceso en el diagrama (por ejemplo, 9).

Una vez obtenido el grafo de flujo, **la complejidad ciclomática puede obtenerse de diversas maneras**:

- **Número de regiones cerradas** presentes en el grafo **más la región que engloba el grafo**. Por ejemplo, el grafo de flujo de la Ilustración 1.10 tiene cuatro regiones señaladas con R1, R2, R3 y R4.

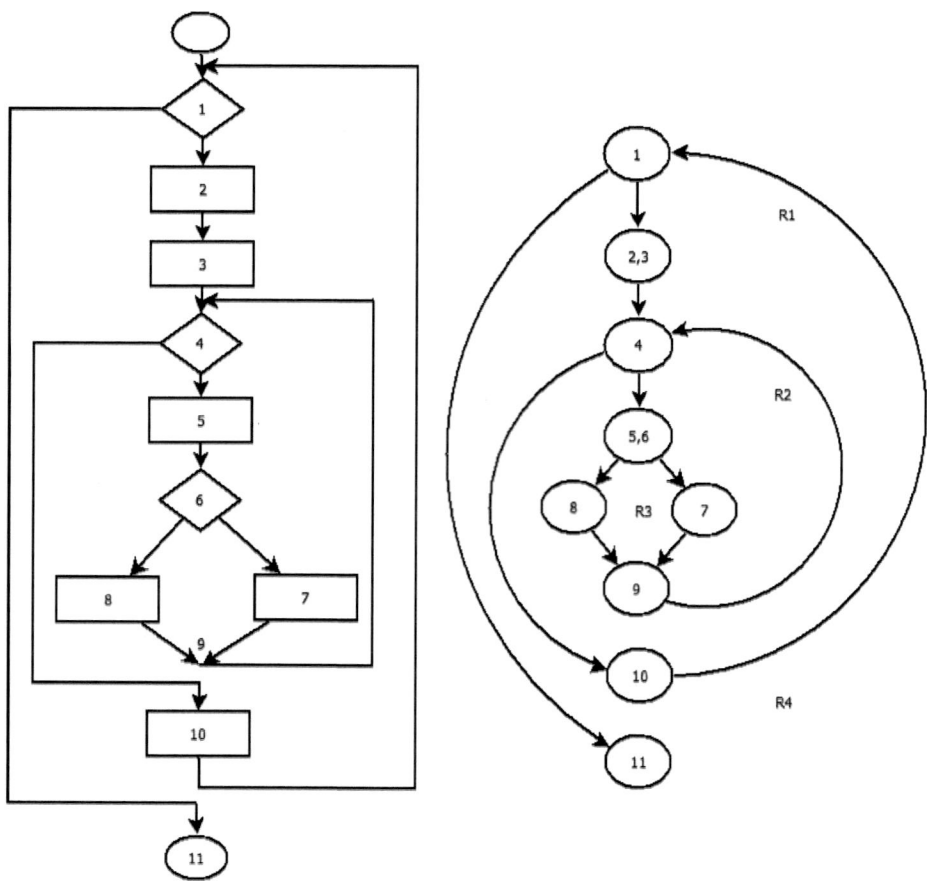

Ilustración 1.10. Diagrama de flujo y su correspondiente grafo de flujo.

- La otra es con la **fórmula E-N+2**, donde E es el número de aristas y N el número de nodos en el grafo de flujo. En la Ilustración 1.10, E=10 y N=8, por lo que la complejidad ciclomática según la fórmula sería 10-8+2 = 4, que coincide con el cálculo del número de regiones.

- Número de **nodos predicado más uno**. Un nodo predicado es aquel que contiene una condición, es decir, de él salen dos o más aristas. En la Ilustración 1.10 son nodos predicado el 1, 4 y 5-6.

Por tanto, **la complejidad ciclomática de este algoritmo es 4, por lo que tendrán que existir cuatro rutas independientes**. A continuación, se muestran cuáles son estas rutas básicas construyéndolas de mayor a menor recorrido en el grafo de control de flujo:

- Ruta 1: 1, 2, 3, 4, 5, 6, 8, 9, 4, 10, 1, 11.

- Ruta 2: 1, 2, 3, 4, 5, 6, 7, 9, 4, 10, 1, 11.

- Ruta 3: 1, 2, 3, 4, 10, 1, 11.

- Ruta 4: 1, 11.

Recurso

Vídeos del profesor Juan V. Carrillo del CIFP Carlos III de Cartagena sobre la creación de grafos de flujo y el cálculo de la complejidad ciclomática.

Cómo crear el grafo de flujo de un programa:
https://www.youtube.com/watch?v=9N5vPeSWRfQ

Grafo de flujo de un programa. Ejemplo complejo:
https://youtu.be/LACAygzhCYw?si=gQA6SwL4T53bD6OH

Prueba de la estructura de control

La prueba de la estructura de control amplía y complementa la prueba de ruta básica. El objetivo es poner el foco en las estructuras que determinan el flujo del programa para hallar errores. Existen tres tipos de pruebas:

- **Prueba de condición**. Consiste en comprobar las condiciones lógicas presentes en un módulo o programa.

- **Prueba de flujo de datos**. Consiste en comprobar aquellas rutas del programa que definen o utilizan variables, de modo que todas ellas queden cubiertas.

- **Prueba de bucle**. Consiste en comprobar las distintas opciones que existen cuando se encuentra un bucle en el código: no se ejecuta, se ejecuta una sola vez, se ejecuta varias veces sin llegar al número máximo de iteraciones, se ejecuta el número máximo de iteraciones, etc. Los bucles son una de las estructuras más importantes en el diseño de algoritmos y a menudo se pasa por alto la importancia que tienen sus pruebas. En función del tipo de bucle, se pueden definir diferentes estrategias de prueba:

— **Bucle simple**. Lo habitual es realizar las siguientes pruebas, suponiendo que n es el número máximo de iteraciones del bucle: (a) saltar el bucle, (b) realizar una iteración, (c) realizar dos iteraciones, (d) realizar un número $m<n$ de iteraciones y (e) realizar $n-1$, n y $n+1$ iteraciones.

— **Bucles anidados**. En este caso, el número de combinaciones puede crecer exponencialmente. Una estrategia posible es comenzar por el bucle más interno como si fuera un bucle simple, fijando los valores para los bucles más externos. Posteriormente, ir avanzando hacia los bucles más externos manteniendo valores fijos en el resto.

— **Bucles concatenados**. Si los bucles son independientes, se tratan como bucles simples. Si están relacionados, de modo que la condición de uno depende de la ejecución del anterior, se puede optar por una estrategia similar a la de los bucles anidados.

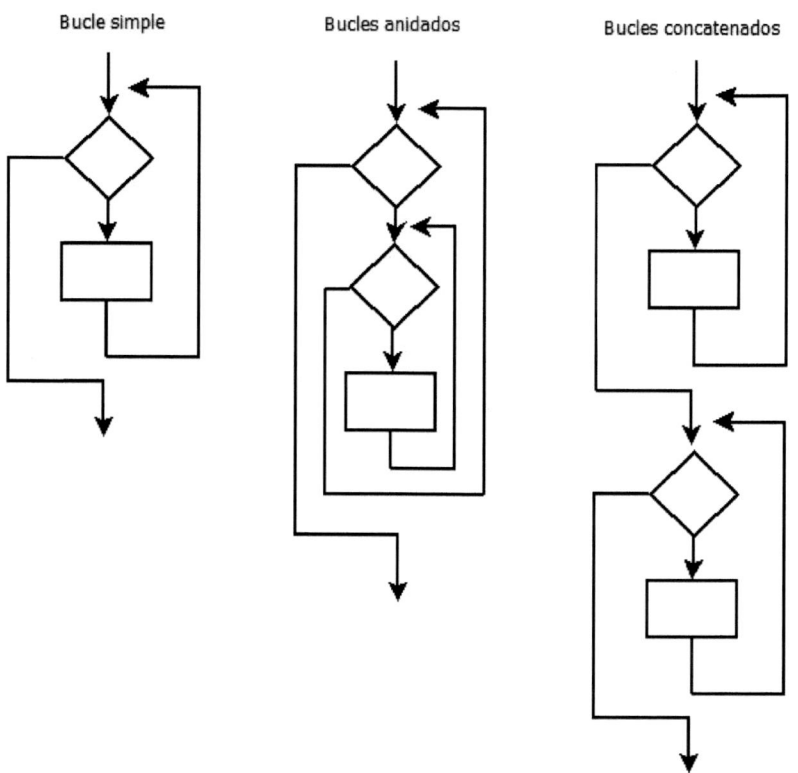

Ilustración 1.11. Formas en las que se pueden presentar los bucles.

1.6.6. Ámbitos de aplicación

En la sección «1.6.1. Tipos» se presentaron los diferentes tipos de pruebas según su ámbito de aplicación.

La **prueba de unidad** consiste en probar una porción de código, como puede ser una función en programación estructurada o una clase en programación orientada a objetos. La **prueba de integración** trata de identificar errores cuando varios módulos interaccionan entre sí. Uno podría pensar que, si dos módulos por separado funcionan perfectamente, al interaccionar entre sí, no deberían fallar, pero, por desgracia, esto no es así. La **prueba de validación** trata de comprobar que estamos haciendo el *software* que el cliente quiere. Por último, la **prueba del sistema** consiste en comprobar que la aplicación funciona correctamente con una carga de trabajo real.

En esta sección se estudiarán los detalles de las pruebas de unidad y de validación, las pruebas de integración se estudiarán en la sección «1.6.7. Pruebas de componentes» y las pruebas de sistemas en la sección «1.6.8. Pruebas de sistemas».

Pruebas de unidad

El objetivo de las pruebas de unidad es verificar que un módulo no contiene errores. Van unidas a la codificación y pueden diseñarse antes de empezar a implementar el programa, es lo que se conoce como **desarrollo guiado por pruebas** (*Test Driven Development* o TDD), o bien realizarlas después de terminar su implementación.

El diseño de las pruebas de unidad busca analizar las condiciones frontera, analizar todas las rutas posibles de ejecución y las estructuras de datos, obteniendo los resultados esperados para distintas entradas.

Para que las pruebas de unidad sean sencillas, **los componentes deben diseñarse con alta cohesión**, es decir, que cada componente debe abordar una única tarea.

Pruebas de validación

Las pruebas de validación tienen por objeto comprobar que el *software* que se está desarrollando se ajusta a los requisitos del cliente. De nada servirá un *software* de calidad y sin fallos si no hace lo que el cliente espera y desea que haga. Las pruebas de validación más comunes son las pruebas alfa y beta:

- **Pruebas alfa**. Tienen lugar en la sede de la empresa de desarrollo, a donde se desplaza un grupo de usuarios para probar el *software* como lo harían en su entorno de trabajo. Mientras se desarrolla la prueba, están presentes los desarrolladores, que se encargan de registrar cualquier fallo o problema de uso.

- **Pruebas beta**. Se realizan en el entorno del cliente, y a diferencia de las pruebas alfa, el desarrollador no está presente. El cliente prueba el *software* durante un periodo de tiempo después del cual informa al desarrollador de los problemas encontrados.

Una vez que las pruebas beta se dan por concluidas y el cliente está satisfecho, se puede considerar que el *software* es válido y se ajusta a los requisitos.

1.6.7. Pruebas de componentes

Las pruebas de componentes, también llamadas **pruebas de integración**, consisten en probar que, cuando dos o más módulos individuales interaccionan entre sí, no se producen errores. Existen diferentes estrategias para afrontar las pruebas de componentes, la primera de ellas es probar el conjunto completo, una vez que todos los módulos se hayan combinado; este enfoque es conocido como **big bang**. El problema principal de esta estrategia es que el número de errores que pueden aparecer es enorme, y lo que es peor, es más difícil determinar el origen de los mismos y, por tanto, corregirlos.

Una mejor alternativa consiste en utilizar un **enfoque incremental**, en el que las pruebas se realizan a medida que los componentes se combinan. Hay dos opciones:

- **Integración ascendente**. Los módulos se integran de abajo hacia arriba, combinando componentes sencillos para crear otros cada vez más complejos hasta llegar al módulo principal del programa.

- **Integración descendente**. La integración comienza desde el módulo principal del programa y desciende añadiéndole nuevos módulos, a los que, a su vez, se les añaden nuevos módulos mediante una estrategia que puede ser en profundidad o en anchura.

Incluidas en las pruebas de componentes se encuentran las **pruebas de regresión**, que consisten en probar los módulos o componentes ya probados cuando se añade un nuevo componente a la aplicación. Esto se debe a que el nuevo módulo puede afectar a otros módulos e introducir errores donde antes no los había.

1.6.8. Pruebas de sistemas

La prueba del sistema tiene como objetivo probar el conjunto *hardware-software*. Los aspectos más importantes que hay que considerar son:

- **Rendimiento**. El *software* se evalúa en condiciones de rendimiento extremas, con un gran número de usuarios a la vez, volumen de datos elevado, uso exhaustivo de la memoria, etc.

- **Seguridad**. Se analizan los sistemas en busca de vulnerabilidades, los mecanismos de protección de datos utilizados, etc.

- **Recuperación**. En esta prueba se busca que el *software* falle para analizar cómo se recupera ante los fallos. Por ejemplo, qué ocurre si el ordenador se apaga en medio de un proceso: se recupera el estado anterior, se produce pérdida o inconsistencia de datos, etc.

- **Despliegue**. Se intenta determinar los posibles problemas que puede haber con el *software* en un sistema, por ejemplo, qué ocurre tras una actualización del sistema operativo, si hay problemas de incompatibilidad con otro *software* instalado, etc.

1.6.9. Automatización de pruebas. Herramientas

Es imposible abordar las pruebas de un proyecto *software* de manera manual. Por ello, se hace necesario el uso de herramientas que automaticen todo el proceso de pruebas. Hay multitud de herramientas disponibles para pruebas de unidad, pruebas de integración y regresión, pruebas de interfaz, de aplicaciones web, etc. El uso de las herramientas también depende del lenguaje de programación que se esté empleando. En el caso de Java se pueden encontrar, entre otras, las siguientes herramientas:

- **Pruebas de unidad**: JUnit, TestNG.

- **Pruebas de objetos mediante objetos simulados** (*mock objects*): jMock, Mockito, PowerMock.

- **Pruebas de componentes e integración**: Arquillian, CruiseControl, Apache JMeter.

- **Pruebas de cobertura de código**: Cobertura.

- **Pruebas de interfaz de usuario** (UI): Selenium (para interfaces web).

> **Lectura recomendada [ENG]**
>
> Estos dos artículos en inglés hacen una revisión más o menos extensa de herramientas *software* para la automatización de pruebas, ofreciendo una visión más ampliada de las mismas.
>
> https://www.browserstack.com/guide/best-automation-testing-tools
>
> https://blog.idrsolutions.com/2015/02/8-useful-java-testing-tools-frameworks-programmers-developers-coders/

Recursos

JUnit: http://junit.org/

TestNG: http://testng.org/doc/index.html

jMock: http://www.jmock.org/

Mockito: http://mockito.org/

PowerMock: https://github.com/jayway/powermock

Arquillian: http://arquillian.org/

CruiseControl: http://cruisecontrol.sourceforge.net/

Apache JMeter: http://jmeter.apache.org/

Cobertura: http://cobertura.github.io/cobertura/

Selenium: http://docs.seleniumhq.org/

Existen muchas más herramientas que conviene conocer, muchas de ellas dependen del lenguaje de programación o de la arquitectura a la que estén enfocadas: servicios web, cliente-servidor, dispositivos móviles, etc.

1.6.10. Estándares sobre pruebas de *software*

El estándar ISO/IEC/IEEE 29119 fue acordado internacionalmente para pruebas de *software* desarrollado con cualquier ciclo de vida. La necesidad de crearlo surgió de la gran cantidad de estándares de diferentes organismos que abordaban el diseño de pruebas de manera incompleta. El estándar ISO/IEC/IEEE 29119 se compone de cinco estándares:

- ISO/IEC 29119-1: Conceptos y definiciones.

- ISO/IEC 29119-2: Procesos de prueba.

- ISO/IEC 29119-3: Documentación de prueba.

- ISO/IEC 29119-4: Técnicas de prueba.

- ISO/IEC 29119-5: Pruebas dirigidas por palabras clave.

Este estándar viene a remplazar a los siguientes:

- IEEE 829: Documentación de pruebas.

- IEEE 1008: Pruebas de unidad.

- BS 7925-1: Vocabulario de términos en pruebas de *software*.

- BS 7925-2: Estándar de pruebas de componentes *software*.

Recurso

El grupo de trabajo AEN/CTN 71/SC7/GT26 compuesto por empresas y organismos españoles colabora en la elaboración del estándar ISO/IEC/IEEE 29119. En su web se encuentra documentación y presentaciones que explican el estándar en profundidad.

http://in2test.lsi.uniovi.es/gt26/

1.7. Calidad del *software*

Existen muchas definiciones de calidad del *software* entre los autores de ingeniera de *software*, pero la mayoría coinciden en que la calidad se puede ver desde dos dimensiones diferentes:

- **Dimensión del cliente**. El *software* es de calidad si se ajusta a lo que el cliente espera que haga, no hay sobrecostes, los plazos de entrega se cumplen, etc.

- **Dimensión del proceso**. El *software* es de calidad si no contiene errores, se le puede dar soporte fácilmente, es modular, está bien documentado, etc.

Por tanto, **un *software* tendrá calidad si alcanza la calidad adecuada en ambas dimensiones**. A lo largo de esta sección se profundizará en los aspectos de la calidad del *software* y en las métricas empleadas para valorar dicha calidad.

1.7.1. Principios de calidad del *software*

Pressman, en su libro *Ingeniería del software. Un enfoque práctico*, dedica varios capítulos a la calidad del *software* y a las métricas de calidad. En él presenta diferentes factores que influyen en la calidad del *software* según diversos autores y el estándar ISO 9126.

La siguiente lista es una versión sintetizada de esos factores que influyen en la calidad:

- **Funcionalidad**. Grado en el que el *software* realiza sus tareas con arreglo a los requisitos iniciales, cumpliendo las restricciones impuestas de eficiencia, seguridad, etc.

- **Robustez**. Grado en el que el *software* está disponible sin que sufra interrupciones por fallos.

- **Facilidad de uso**. Grado en el que el *software* se maneja con facilidad por los usuarios.

- **Portabilidad**. Grado de esfuerzo necesario para que el *software* funcione en otros sistemas *hardware* o *software*.

- **Facilidad de mantenimiento**. Grado en el que el *software* se puede ampliar con nueva funcionalidad, corregir sus errores o modificar cierta funcionalidad.

- **Modularidad**. Grado en el que los componentes del *software* pueden utilizarse en otros proyectos.

Para realizar la medición de los diferentes factores es necesario definir atributos específicos que sean medibles y cuantificables. Por ejemplo, ¿qué atributos definen el grado en el que el *software* se puede usar con facilidad? Una aproximación posible sería:

- ¿Los elementos de la interfaz se encuentran con facilidad?
- ¿La ayuda responde a las cuestiones del usuario?
- ¿La interfaz se adapta a la experiencia del usuario?
- ¿El número de clics de ratón para realizar las acciones más comunes es mínimo?

Además, habría que determinar en qué grado el *software* responde positiva o negativamente a las preguntas anteriores, de modo que se pueda realizar una valoración cuantitativa del factor de facilidad de uso.

1.7.2. Concepto de métrica y su importancia en la medición de la calidad

Una **métrica** es un conjunto de mediciones que proporciona información sobre el estado del elemento que se analiza. El IEEE define métrica como una "**medida cuantitativa del grado en el que un sistema, componente o proceso posee un atributo determinado**". Para el caso particular del *software*, el atributo que se quiere medir es la calidad.

Medir la calidad del *software* proporciona información en cada una de las fases del ciclo de vida lo que permite evaluar el proceso y mejorarlo. La evaluación de la calidad es una labor continua y en constante evolución que ofrece a los desarrolladores elementos objetivos de valoración del desempeño de su trabajo.

1.7.3. Métricas y calidad del *software*

Las métricas permiten valorar de forma objetiva cómo de bueno es un producto *software*. Además, permiten a las empresas de desarrollo valorar todas las fases de su trabajo de manera objetiva e independiente.

La empresa puede optar por utilizar sus propias métricas, pero lo ideal es que se empleen aquellas que han sido elaboradas por la industria y los organismos de estandarización, adaptándolas a sus necesidades. Lo que sí es cierto es que si se pretende desarrollar *software* de alta calidad, es necesario introducir elementos de medición en todo el proceso de desarrollo.

La implantación de una métrica de calidad debe hacerse de manera escalonada, comenzando con pocos elementos de medición y realizando las medidas de manera frecuente, empleando herramientas automáticas que faciliten el proceso de implantación y seguimiento de la métrica.

1.7.4. Principales métricas en las fases del ciclo de vida *software*

A continuación, se listan las métricas más importantes empleadas en las diferentes fases del ciclo de vida *software*.

Métricas en la fase de análisis

Estas métricas evalúan la calidad del modelo de análisis realizando una **estimación del tamaño del proyecto**. Existen tres métricas principalmente, la **métrica Bang**, la **métrica del punto de función** (PF) y el **modelo COCOMO**.

Métrica Bang

Esta métrica, elaborada por Tom DeMarco en 1984, emplea un conjunto de primitivas evaluadas por el desarrollador de *software*:

- Primitivas funcionales. Transformaciones en el nivel inferior del diagrama de flujo de datos.

- Elementos de datos. Atributos de los objetos y otros elementos no compuestos.

- Objetos. Objetos de datos.

- Relaciones. Relaciones entre los objetos de datos.

- Estados. Número de estados en el diagrama de transición de estados.

- Transiciones. Número de transiciones en el diagrama de transición de estados.

Métrica del punto de función

La métrica del punto de función (PF) fue desarrollada por Allan Albrecht en 1979 y ha sido muy estudiada desde su aparición, de hecho existen diversos estándares para la estimación del tamaño del *software* que se basan en el PF: ISO/IEC 19761:2011, ISO/IEC 20926:2009, ISO/IEC 29881:2008, ISO/IEC 24570:2005 e ISO/IEC 20968:2002.

La métrica PF se basa en datos históricos y se puede emplear para estimar el coste del desarrollo, predecir el número de errores que se encontrarán en las pruebas o prever el número de líneas de código fuente que tendrá el sistema una vez implementado. Los elementos que utiliza para el análisis son:

- Número de entradas externas: entradas realizadas por un usuario o por otra aplicación.

- Número de salidas externas: salidas que ofrecen información al usuario, como informes, mensajes de error, pantallas, etc.

- Número de consultas externas: entrada que da como resultado la generación de una salida, habitualmente consultando los archivos lógicos internos.

- Número de archivos lógicos internos: información agrupada de manera lógica en el interior de la aplicación que se mantiene con entradas externas.

- Número de archivos de interfaz externos: información agrupada de manera lógica fuera de la aplicación pero que puede ser usada por esta.

Modelo COCOMO

El modelo COCOMO (*COnstructive COst MOdel*) fue desarrollado por Barry W. Boehm para la estimación del coste del *software*. La estimación se expresa en miles de líneas de código (KLOC) y para calcularlo utiliza una fórmula de regresión con parámetros procedentes de información histórica de proyectos previos.

El modelo ha evolucionado desde su origen y existen diferentes versiones en función de su complejidad. El modelo básico utiliza en su ecuación tres atributos:

- El esfuerzo aplicado. Es el número de KLOC expresado en persona-mes.

- El tiempo de desarrollo. Obtiene el número de meses necesarios para el desarrollo.

- Personal requerido. El cociente entre el esfuerzo aplicado y el tiempo de desarrollo.

El cálculo de los atributos está parametrizado en función del tamaño del proyecto.

Métricas en la fase de diseño

Existen numerosas métricas en esta fase por lo que no se entrará en detalle en ninguna de ellas. A continuación, se describen tres de ellas: **métrica de complejidad de Card y Glass, métrica de componente** y **métricas orientadas a clases.**

Métrica de complejidad de Card y Glass

Estos autores en su libro *Measuring Software Design Quality. Prentice-Hall, 1990* definen tres medidas de complejidad en el diseño del *software*:

- Complejidad estructural. Mide las relaciones de dependencia entre los módulos del *software*.

- Complejidad de datos. Mide la complejidad del tratamiento de datos en los módulos.

- Complejidad del sistema. Se calcula como la suma de la complejidad estructural y de datos.

Métrica de componente

Estas métricas analizan las características internas de los componentes *software* tradicionales.

- Métricas de cohesión. Indica el grado de cohesión interna de un componente.

- Métricas de acoplamiento. Indica el grado de acoplamiento de un componente con respecto al resto.

- Métricas de complejidad. Establecen la complejidad del flujo del programa. La métrica más empleada es la complejidad ciclomática, aunque existen otras muchas.

Métricas orientadas a clases

Existen diversas métricas orientadas a las clases en programación orientada a objetos. Las **métricas CK** (Chidamber y Kemerer), las **métricas MOOD** (Harrison, Counsell y Nithi) o las **métricas de Lorenz y Kidd** proponen métricas basadas en las estructura de un programa orientado a objetos:

- Profundidad del árbol de herencia. Número de niveles del árbol de herencia desde su raíz.

- Falta de cohesión en métodos. Mide el número de métodos que acceden a atributos comunes.

- Factor de herencia de método. Grado en el que se usa la herencia tanto para métodos como para atributos.

- Factor de acoplamiento. Grado de dependencia de la clase con respecto a otras.

- Tamaño de clase. Se determina por el número de atributos y operaciones de la clase (propios y heredados).

Métricas en la fase de implementación

Hay bastantes estudios teóricos detrás de estas métricas que tienen su origen en la **teoría de Halstead** (1977) sobre la medida de complejidad en el *software*. Esta teoría se basa en un conjunto de medidas primitivas:

- Número de operadores distintos que aparece en un programa.

- Número de operandos distintos que aparece en un programa.

- Número total de operadores.

- Número total de operandos.

A partir de estas primitivas se pueden derivar, mediante fórmulas, medidas como: esfuerzo, dificultad, longitud del programa, etc.

Lectura recomendada [ENG]

En este artículo de la Wikipedia sobre la teoría de Halstead, puede encontrar las fórmulas para el cálculo de las medidas derivadas y un ejemplo aplicado a un pequeño programa escrito en C.

https://en.wikipedia.org/wiki/Halstead_complexity_measures

Métricas en la fase de pruebas

En la sección «1.6. Pruebas de *software*» se detallaron los diferentes tipos de pruebas *software*. Las métricas en esta fase deben enfocarse en el proceso de prueba. Algunos de los factores que se van a medir pueden ser:

- **Esfuerzo de las pruebas**. Mide el coste en el diseño y realización de las pruebas.

- **Tasa de éxito**. Grado de consecución en la detección de errores durante esta fase.

El objetivo no es otro que medir la utilidad de las pruebas. Estos datos permiten analizar qué porcentaje de errores no se detectan en esta fase debido a un mal diseño de las pruebas, si el esfuerzo realizado en las pruebas es suficiente o si es elevado, pero no se obtienen los resultados esperados, etc.

1.7.5. Estándares para la descripción de los factores de calidad

Un estándar es un conjunto de reglas o normas que deben cumplir los productos o procesos que dicen adherirse al mismo. Los estándares no son de obligado cumplimiento, sino que cualquiera puede seguirlos voluntariamente. Uno de los principales organismos encargados de crear los estándares es el Organismo Internacional para la Estandarización, ISO (*International Organization for Standardization*).

La familia de estándares **ISO 9000** se encarga de la gestión de la calidad en diferentes ámbitos. A lo largo de este capítulo ya se han mencionado algunos estándares relacionados con el proceso de desarrollo de *software*. Otros estándares relevantes en cuanto a la calidad del *software* son:

- **ISO/IEC 9126** (*Software Engineering – Product Quality*). Se describe con más detalle en la sección «1.7.6. ISO 9126».

- **ISO/IEC 25000** (SquaRE – *System and Software Quality Requirements and Evaluation*). Esta norma se basa en ISO 9126 y en ISO 14598 y su objetivo principal es guiar el proceso de desarrollo de los productos de *software* mediante la especificación de requisitos y evaluación de características de calidad.

En la sección «1.7.7. Otros estándares. Comparativa» se comparan las características de ambos estándares.

Recurso

Si quiere conocer más detalles sobre la familia de estándares ISO 25000 visite su portal en español:

http://iso25000.com/

1.7.6. ISO 9126

Este estándar de 1991 y revisado en 2001 **ha sido remplazado por el estándar ISO/IEC 25000**. Consta de cuatro partes (ISO/IEC 9126-1 a ISO/IEC 9126-4):

- **ISO/IEC 9126-1, modelo de calidad**. El estándar define una serie de propiedades de calidad: funcionalidad, confiabilidad, facilidad de uso, eficiencia, facilidad para mantenerlo y portabilidad.

- **ISO/IEC 9126-2, métricas externas**. Son aquellas que se aplican a un *software* en ejecución.

- **ISO/IEC 9126-3, métricas internas**. Son aquellas que no necesitan de la ejecución del *software*.

- **ISO/IEC 9126-4, calidad en las métricas de uso**. Se aplican al producto finalizado y miden la calidad en el uso del mismo.

1.7.7. Otros estándares. Comparativa

El estándar **ISO/IEC 25000**, también **conocido como SQuaRE**, se presentó en 2005 para remplazar a ISO/IEC 9126. La notación tiene la forma ISO/IEC 250mn, donde m representa un apartado o división del estándar y n un documento dentro del mismo. Existen cinco divisiones dentro del estándar:

- ISO/IEC 2500n. Divisón para la gestión de la calidad.

- ISO/IEC 2501n. División de modelo de calidad.

- ISO/IEC 2502n. División de medición de calidad.

- ISO/IEC 2503n. División para los requisitos de calidad.

- ISO/IEC 2504n. División para la evaluación de calidad.

- La división ISO/IEC 25050 a ISO/IEC 25099 está reservada para normas o informes técnicos que aborden aspectos específicos de SQuaRE.

Ilustración 1.12. Estructura del estándar ISO/IEC 25000 (www.iso25000.com).

Algunos aspectos presentes en ISO/IEC 25000 que no están en ISO/IEC 9126 son:

- Tiene guías dedicadas para cada división.

- Introduce un nuevo modelo de referencia general.

- Incorpora guías de uso práctico con ejemplos.

- Introduce la división para los requisitos de calidad.

- Incorpora elementos de medición de la calidad en su división correspondiente.

En general, **ISO/IEC 25000 es el estándar más nuevo y actualizado a los procesos y productos de *software*** que se desarrollan actualmente.

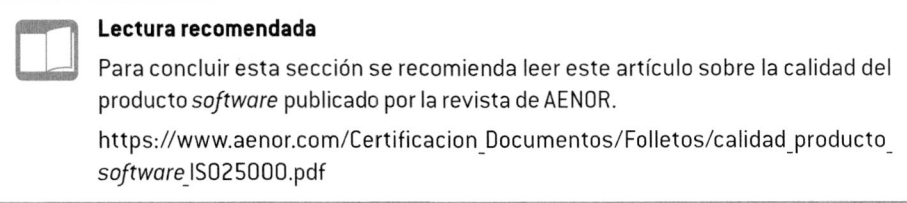

Lectura recomendada

Para concluir esta sección se recomienda leer este artículo sobre la calidad del producto *software* publicado por la revista de AENOR.

https://www.aenor.com/Certificacion_Documentos/Folletos/calidad_producto_*software*_ISO25000.pdf

1.8. Herramientas de uso común para el desarrollo de *software*

Esta sección no pretende ser exhaustiva, dado que el número de herramientas disponibles para el desarrollo de *software* es enorme, pero sí ofrece una visión general de aquellas que resultan imprescindibles.

Además, se ha de tener en cuenta que las herramientas que se empleen dependerán en gran medida del tipo y características del proyecto. No será igual desarrollar una aplicación web que una aplicación móvil nativa, o implementar un *software* en un sistema empotrado, como podría ser un *software* de navegación autónoma de un dron, que una aplicación gráfica para la gestión de una biblioteca.

1.8.1. Editores orientados a lenguajes de programación

Para escribir código fuente, esto es, el código de un programa escrito en un lenguaje de programación determinado, solo se necesita un editor de texto plano como podría ser el bloc de notas de Windows. Sin embargo, existen editores orientados a lenguajes de programación que poseen características que hacen que mejore enormemente la productividad del programador. Esto significa poder escribir más líneas de código fuente en menos tiempo y cometiendo menos errores. Algunas de las características más destacadas de estos editores son:

- **Resaltado de sintaxis**. El código fuente se resalta con colores según si el texto es una palabra reservada del lenguaje, una variable, una función, clase, etc. Normalmente los editores soportan numerosos lenguajes de programación.

- **Formateo automático del código**. El código se estructura de acuerdo con las normas o recomendaciones de cada lenguaje.

- **Autocompletado**. A medida que se escribe, el editor muestra sugerencias que permiten completar la palabra de forma mucho más rápida.

- **Documentación en línea**. Posibilidad de consultar la documentación del lenguaje desde el propio editor.

Los editores más populares son:

- **Brackets**. Es un editor de texto *open source* enfocado al desarrollo web.

- **Codepen**. Es un editor *online* para el desarrollo de aplicaciones web con HTML, CSS y JavaScript. Su principal atractivo es la enorme biblioteca de recursos disponibles gracias a sus usuarios. Una opción similar muy utilizada también es **Jsfiddle**.

- **Notepad++**. Disponible solo para plataformas Windows, es *software* libre.

- **Sublime Text**. Una de las herramientas más populares. Aunque es *software* comercial, puede ser descargado y probado sin restricciones.

Recursos

Enlaces a las páginas oficiales de los editores descritos en esta sección.

Brackets: http://brackets.io/

Codepen: http://codepen.io/

Jsfiddle: https://jsfiddle.net/

Notepad++: https://notepad-plus-plus.org/

Sublime Text: http://www.sublimetext.com/

1.8.2. Compiladores y enlazadores

Cualquier máquina que funcione mediante un sistema electrónico ejecuta instrucciones escritas en **código binario**, esto es, secuencias de ceros y unos. Cada dígito se denomina **bit** y las instrucciones tienen una longitud en bits que se denomina palabra. El primer microprocesador de Intel, el 4004, tenía una longitud de palabra de 4 bits y fue el primer microprocesador integrado en un simple chip. Los procesadores actuales son de 64 bits, lo que implica mayor capacidad de cómputo dado que se puede almacenar más información en una misma instrucción.

Para el ser humano, escribir programas por medio de secuencias de ceros y unos no es nada fácil ni intuitivo. Los lenguajes de programación han evolucionado del ensamblador (un lenguaje de bajo nivel que consiste en una representación simbólica del código máquina) a lenguajes de alto nivel cuya sintaxis es muy parecida a la manera en la que escribimos nuestros textos.

La tarea de un **compilador** es la de traducir el programa escrito en un lenguaje de alto nivel (código fuente) a código máquina. El fichero generado se denomina **código objeto**.

Normalmente, un programa real no está escrito en un único fichero de código fuente, sino que se subdivide en diferentes ficheros o utiliza librerías o paquetes ya creados por nosotros o por terceros. La labor del **enlazador** (*linker*) consiste en tomar los ficheros objeto generados por el compilador y combinarlos en un único fichero ejecutable (también podría combinarlos para generar una librería u otro fichero objeto). La Ilustración 1.13 muestra el proceso de compilación y enlazado para generar un programa ejecutable a partir de varios ficheros fuente y librerías.

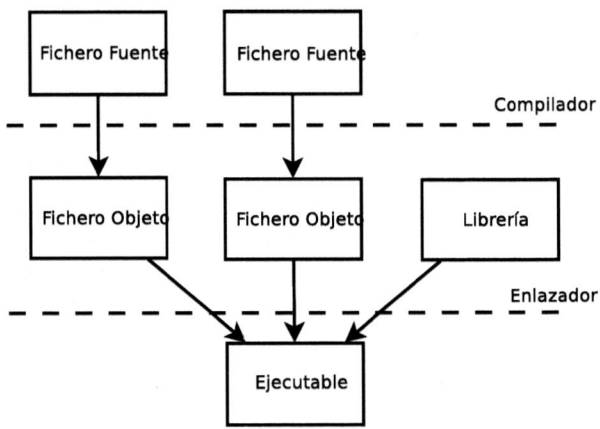

Ilustración 1.13. Proceso de compilación y enlazado.

Pero no todos los lenguajes de programación requieren ser compilados y enlazados para que puedan ser ejecutados en la máquina. Los lenguajes interpretados utilizan un programa llamado **intérprete** que analiza las instrucciones línea a línea y las traduce a código ejecutable conforme se va necesitando en el momento de la ejecución. Los lenguajes PHP o Python son ejemplos de este tipo.

Un ejemplo diferente son los llamados **lenguajes pseudocompilados,** ya que el proceso de compilación no genera código objeto sino un código intermedio. Un ejemplo de este tipo de lenguajes es Java, cuyo código intermedio se llama *bytecode*. El *bytecode* es interpretado por la **máquina virtual de Java** (JVM o *Java Virtual Machine*) que se encarga de realizar la traducción del *bytecode* a código ejecutable. La ventaja de este sistema es la portabilidad de las aplicaciones representado por el lema "*Write Once, Run Everywhere*", es decir, escribe una vez y ejecuta en cualquier lugar. **La plataforma .NET** es un ejemplo similar al de Java.

Los lenguajes interpretados no son tan rápidos como los lenguajes compilados, dado que el proceso de traducción se realiza en tiempo de ejecución. Para resolverlo, existe la **compilación** JIT (*Just In Time* o justo a tiempo) que consiste en compilar el código fuente (o código intermedio) a código ejecutable justo antes de la ejecución del programa, lo que provoca que el programa tarde más en comenzar, pero que se ejecute mucho más rápido. Según las características del lenguaje, la compilación JIT puede no estar disponible.

1.8.3. Generadores de programas

Los generadores de programas son herramientas gráficas que permiten crear aplicaciones sin escribir ni una sola línea de código fuente. En definitiva, ayudan a crear *software* sin tener nociones de programación. Pueden ser muy útiles para la enseñanza de la programación en niños y adolescentes porque los acerca a ella de una manera sencilla y muy visual, pero también para crear aplicaciones de una complejidad aceptable en muy poco tiempo. Con este propósito se pueden encontrar, entre otras, herramientas como Scratch, Lego Mindstorm, APP Inventor, Alice o GameMaker:

- **Scratch**. Es un proyecto del MIT que permite crear juegos e historias interactivas con una herramienta visual accesible a través de la web o instalada en el ordenador. Esta herramienta es muy utilizada en las escuelas para enseñar a los estudiantes a pensar de forma creativa y trabajar en equipo.

- **Lego Mindstorm**. Es un producto comercial de la compañía Lego que consiste en un kit de robótica programable a través de una herramienta visual. Permite construir multitud de robots con sensores de luz, proximidad, etc., manejándolos a través de programas que uno debe crear. Lego organiza campeonatos de ámbito mundial con alumnado de primaria y secundaria proponiendo diferentes retos y obstáculos basados en problemas reales de ciencia y tecnología. Una alternativa abierta son los robots **mBot** de la empresa Makeblock que funcionan sobre una placa Arduino y permiten programación a través de Scratch.

- **App Inventor**. Es otra herramienta del MIT, esta vez para la creación de aplicaciones móviles Android. Se accede a través de la web y tiene dos secciones principales: un diseñador donde dotar de aspecto visual a la aplicación móvil y el diseñador de bloques donde se programa el comportamiento de la aplicación. La Ilustración 1.14 muestra una captura de la interfaz del diseñador visual con una paleta de componentes a la izquierda, el diseñador en el centro y un esquema con los componentes añadidos en la interfaz a la derecha.

- **Alice**. Es una herramienta libre creada por la Universidad Carnegie-Mellon, que permite crear animaciones y aventuras narrativas interactivas en 3D mediante un entorno de programación basado en bloques, similar a Scratch y AppInventor.

- **GameMaker**. Es un motor (*engine*) para crear juegos 2D de forma sencilla y rápida. La herramienta se puede descargar de forma gratuita y existen suscripciones de pago para exportar el juego generado a plataformas de escritorio, web, móviles, etc.

Recursos

Enlaces a las aplicaciones de generación de programas revisadas en esta sección.

Scratch: https://scratch.mit.edu/

Lego Mindstorm: http://www.lego.com/es-es/mindstorms/

mBot: https://www.makeblock.com

App Inventor: http://appinventor.mit.edu/explore/

Alice: http://www.alice.org/

GameMaker: https://gamemaker.io

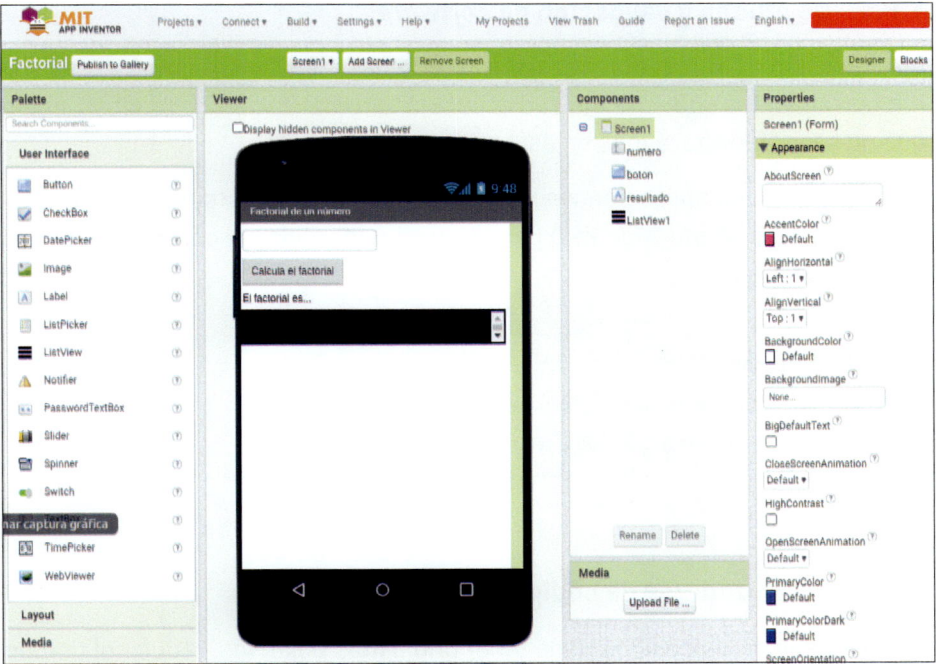

Ilustración 1.14. Aspecto del diseñador visual de App Inventor.

En cuanto a la web, existen también herramientas que permiten a usuarios no expertos crear sus páginas o sitios web. Por ejemplo, **PHPRunner** (comercial) o **VFront** permiten crear páginas y formularios que acceden a los datos de una base de datos sin escribir ni una línea de código. Además, muchas empresas de hospedaje también ofrecen sus propias soluciones para crear sitios web completos sin apenas conocimientos de HTML o CSS.

Aunque todas estas aplicaciones pueden resultar útiles para usuarios no expertos, tienen serias limitaciones si lo que se desea es construir aplicaciones de cierta envergadura o complejidad.

1.8.4. Depuradores

El **depurador** (*debugger*) es la herramienta más poderosa y útil de un programador. No se puede ser buen programador si no se domina. Es especialmente útil para detectar y corregir errores que se producen en tiempo de ejecución.

Permite al programador ejecutar el programa línea a línea, detenerse en un determinado lugar a través de los **puntos de interrupción** (*breakpoints*), inspeccionar los valores de las variables en cada paso de la ejecución o incluso modificarlos.

1.8.5. De prueba y validación de *software*

En la sección «1.6.9. Automatización de pruebas. Herramientas» se presentaron herramientas *software* utilizadas para la automatización de pruebas, por lo que no se profundizará más en este aspecto.

En el caso de una aplicación web, existen herramientas automáticas elaboradas por el W3C (*World Wide Web Consortium*) que validan el código del portal o sitio en cuestión.

Recursos

Herramientas del W3C para la validación de sitios web:

http://www.w3.org/developers/tools

1.8.6. Optimizadores de código

La optimización de código puede tener uno o más objetivos: reducir el tiempo de ejecución, consumir menos recursos, mejorar el consumo de energía, etc. La optimización puede depender del tipo de aplicación y de la arquitectura donde se ejecutará el programa. Por ejemplo, serían susceptibles de optimización una aplicación móvil que consume demasiada batería o que haga demasiado uso de la conexión de datos, una aplicación de escritorio demasiado lenta o una aplicación web que se ejecuta junto a otras en un servidor y que provoca la caída del mismo debido a un uso elevado de los recursos (procesador, memoria, base de datos, red...).

Los compiladores incorporan opciones que activan la optimización de código aplicando técnicas diversas y a menudo bastante complejas como la reordenación de código, el desenrollado de bucles, la división de bucles, etc.

Lectura recomendada

Artículo muy completo de la Wikipedia sobre la optimización de código por el compilador.

https://es.wikipedia.org/wiki/Compilador_optimizador

Los optimizadores de código normalmente desempeñan bien su función, aunque también puede ocurrir que la optimización empeore el rendimiento del programa.

Además, el programador es el encargado de poner la primera piedra para hacer que un programa sea óptimo escribiendo código de calidad. No hay una única manera de escribir un programa, pero sí hay una manera más óptima que otra.

Para ilustrar esta afirmación, imagínese que se debe calcular la suma de los mil primeros números enteros. Una posible solución sería implementar un programa que fuera sumando todos los números desde uno hasta mil acumulando su valor, al final se obtendría la suma total. El código fuente de este programa escrito en Java sería similar al siguiente:

```java
public static void main(String[] args) {
    int suma=0;
    for (int i=1;i<=1000;i++){
        suma+=i;
    }
    System.out.println("La suma de todos los números entre 1 y 1000 es "+suma);
}
```

Este programa es perfectamente válido y calcula la solución correctamente: 500.500. Pero, hay una implementación mejor, mucho más óptima, que permite calcular el resultado sin iteraciones, sin necesidad de sumar todos los números entre el primero y el último de la serie, esto es, utilizando la fórmula: $N * (N + 1)/2$, donde N en este caso se sustituiría por 1000.

```java
public static void main(String[] args) {
    int suma = 1000*(1000+1)/2;
    System.out.println("La suma de todos los números entre 1 y 1000 es "+suma);
}
```

Como se puede observar, se ha pasado de necesitar un bucle, cuyo número de iteraciones puede ser elevado, a una simple instrucción.

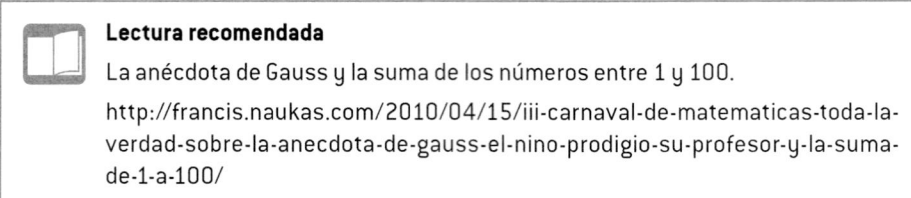

Lectura recomendada

La anécdota de Gauss y la suma de los números entre 1 y 100.

http://francis.naukas.com/2010/04/15/iii-carnaval-de-matematicas-toda-la-verdad-sobre-la-anecdota-de-gauss-el-nino-prodigio-su-profesor-y-la-suma-de-1-a-100/

Otra técnica que puede ayudar a mejorar el código fuente y, por tanto, a optimizar el programa, es la refactorización. La **refactorización** es una técnica que consiste en restructurar el código fuente para mejorarlo y que sea más legible por el programador.

1.8.7. Empaquetadores

Los empaquetadores permiten crear versiones instalables de un programa para una determinada plataforma y sistema operativo. Por ejemplo, en los sistemas operativos Windows los paquetes **MSI** (*MicroSoft Installer*) permiten instalar una aplicación de forma muy sencilla. NSIS y WiX son dos ejemplos de herramientas libres para crear este tipo de paquetes, pero hay muchas más.

En cuanto a Linux, hay diferentes sistemas de paquetes, los sistemas operativos basados en Debian utilizan los paquetes *.deb*, mientras que RedHat utiliza paquetes *.rpm*. Para crear este tipo de paquetes es necesario estudiar su funcionamiento, ya que requiere de ciertos conocimientos y puede resultar complejo. Como ejemplo de herramienta automática para crear paquetes *.deb* está *dh-make*. Otros formatos de paquetes para distribución de *software* en Linux son **AppImage**, **Flatpak** que son compatibles con todas las distribuciones, ya que son independientes, y **Snap** desarrollado por Ubuntu y compatible con la mayoría de distribuciones.

1.8.8. Generadores de documentación de *software*

Un generador de documentación es una herramienta utilizada para automatizar el proceso de documentación del *software*. La documentación puede estar destinada a los programadores o a los usuarios finales. La documentación puede tener cualquier formato: HTML, PDF, ePUB, Markdown, etc., y dependerá del generador empleado.

Para elaborar la documentación, lo habitual es que el generador analice los ficheros de código fuente. Un ejemplo de este tipo de herramienta la ofrece el lenguaje Java. La documentación, llamada **Javadoc**, se genera por medio de comentarios incrustados en el código fuente. Estos comentarios tienen soporte nativo en el kit de desarrollo JDK (*Java Development Kit*) y la herramienta que los compila, también llamada *javadoc*, genera la documentación en formato HTML. Toda la documentación del API de Java ha sido generada de esta forma. En la sección «4.10.4. Documentación del software. Inclusión en código fuente. Generadores de documentación» se explica cómo escribir documentación **Javadoc** y cómo generar la documentación correspondiente.

Otros ejemplos de generadores de documentación pueden ser **DoxyGen** que genera documentación para los lenguajes C, C++ o Java; y **phpDocumentor** para el lenguaje PHP.

Recursos

Tabla comparativa de generadores de documentación en la página de la Wikipedia.

https://es.wikipedia.org/wiki/Anexo:Comparativa_de_generadores_de_
documentaci%C3%B3n

1.8.9. Gestores y repositorios de paquetes. Versionado y control de dependencias

Este epígrafe se centra en sistemas operativos basados en GNU Linux, puesto que su sistema de instalación y distribución de *software* se basa en paquetes.

Una aplicación desarrollada para un sistema operativo GNU Linux se distribuye en forma de paquete, el cual tendrá un número de versión. Es muy probable que esta aplicación haga uso de versiones concretas de otras aplicaciones o paquetes, para lo cual será necesario que estas también estén instaladas en el sistema.

A veces puede ocurrir que uno intenta instalar un paquete de forma manual, pero la instalación falla debido a las dependencias, es decir, que se requiere que otros paquetes estén instalados previamente antes de instalar el deseado. Uno puede pensar en realizar la instalación de estas dependencias manualmente también, pero a menudo y muy probablemente estos paquetes también tendrán dependencias. Se puede apreciar cómo las dependencias entre paquetes pueden crecer de forma exponencial, por lo que la instalación manual se hace inviable.

Los gestores de paquetes son herramientas que se encargan de automatizar la instalación, actualización y eliminación de paquetes, encargándose de controlar las dependencias de todos ellos. La búsqueda de estos paquetes se realiza a través de repositorios, y la actualización y gestión de estos repositorios también es función de estos gestores de paquetes. Ejemplos de gestores de paquetes son **apt-get** o **yum**.

1.8.10. De distribución de *software*

El *software* ha pasado de ser vendido en cajas en tiendas de informática a ser distribuido a través de Internet. Existen múltiples y diversas plataformas de distribución de *software* para diferentes tipos de dispositivos y sistemas operativos. En su mayoría, estas plataformas son propietarias de las empresas que los comercializan, por ejemplo, **Google Play** es la plataforma de distribución de *software* para Android y **Apple Store** para iOS. De igual modo, las grandes empresas que comercializan videoconsolas como Xbox o PlayStation poseen plataformas de distribución de juegos.

En el ámbito del *software* de escritorio, el ejemplo más notable de plataformas de distribución corresponde a los sistemas operativos basados en GNU Linux. A través de una sencilla instrucción en línea de comandos o mediante una herramienta gráfica, uno puede descargarse e instalarse prácticamente cualquier aplicación. Por poner un ejemplo, en Ubuntu está la herramienta gráfica **Synaptic**, y el comando *apt-get* en plataformas Linux basadas en Debian. Microsoft también dispone de una tienda de aplicaciones integrada en su sistema operativo Windows conocida como **Microsoft Store**.

1.8.11. Gestores de actualización de *software*

Los gestores y plataformas comentados en las secciones anteriores, tanto de paquetes como de distribución, contienen mecanismos tanto para la actualización del *software* como para su eliminación, por lo que no se incidirá más en ello.

En cuanto a la actualización de los sistemas operativos, estos ya incorporan mecanismos para detectar cuándo existe una nueva versión para realizar la actualización. Tanto en sistemas operativos GNU Linux como Windows, la actualización se hace por medio de la red y a través de sencillos pasos sin que prácticamente se requiera intervención del usuario, y mucho menos que haya la necesidad de formatear el ordenador para actualizar a una nueva versión.

Merece la pena destacar en esta sección la tecnología *Java Network Launching Protocol* (JNLP) que permite ejecutar aplicaciones Java en el escritorio del usuario a través de un servidor web conocido como **Java Web Start**, que dejó de utilizarse a partir de la versión 9 del JDK. A partir del JDK 11, **OpenWebStart** basado en **IcedTea-Web** (una implementación abierta de estas tecnologías) mantiene el proyecto vivo. El protocolo JNLP comprueba si el usuario tiene la última versión de la aplicación. En caso de que no la tuviera, esta se descargaría al ordenador del cliente, así se garantiza que los usuarios disponen siempre de la versión más actual de la aplicación. La ejecución de la aplicación se puede hacer tanto desde un enlace en el escritorio como desde un enlace web.

Recursos

IcedTea-Web: https://github.com/AdoptOpenJDK/IcedTea-Web/

OpenWebStar: https://openwebstart.com

1.8.12. De control de versiones

El control de versiones consiste en la gestión de los cambios que se producen en un fichero, que normalmente formará parte de un proyecto concreto. El control de versiones permite revisar la lista de cambios que se han producido en dicho fichero, comprobar qué usuario ha sido el que ha realizado cada cambio y recuperar el estado del fichero a una versión anterior a la actual. Aunque el control de versiones se puede aplicar a cualquier tipo de documento (imagen, audio, vídeo, etc.), normalmente se asocia a proyectos de desarrollo de *software*.

Un **sistema de control de versiones** es una herramienta que se encarga de gestionar de manera automática las acciones descritas anteriormente. Se pueden clasificar en dos tipos:

- **Centralizados**. Existe un repositorio central sobre el que se realizan todas las tareas. Este repositorio está controlado por uno o varios usuarios.

- **Distribuidos**. Cada usuario dispone de su propio repositorio pudiendo mezclarse entre ellos, aunque es habitual que exista un repositorio central.

Los ejemplos más notables de herramientas de control de versiones son **CVS** y **Subversion** (centralizados), y **Git** y **Mercurial** (distribuidos). Git es una herramienta creada por Linus Torvals, al que no le gustaba ninguno de los *software* que empleaban en el desarrollo del *kernel* de Linux en ese momento. Además, existen servicios en línea como **GitHub** o **GitLab** que permiten trabajar con repositorios distribuidos y abiertos en los que puede colaborar cualquier persona.

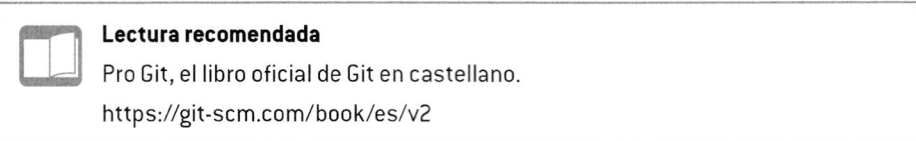

Lectura recomendada

Pro Git, el libro oficial de Git en castellano.

https://git-scm.com/book/es/v2

1.8.13. Entornos integrados de desarrollo (IDE) de uso común

Un entorno integrado de desarrollo o *Integrated Development Environment* (IDE) es una herramienta *software* que agrupa muchas de las herramientas descritas hasta ahora. Disponen de un editor de código fuente, compilación, depuración, herramientas de análisis de rendimiento (*profiling*), y otro tipo de herramientas que facilitan la labor del programador y mejoran su productividad.

El IDE puede tener soporte para más de un lenguaje de programación o plataforma y es habitual que dispongan de *plugins* que permiten extender la funcionalidad del mismo. Ejemplos de entornos de desarrollo son **Eclipse**, **NetBeans**, orientados principalmente al desarrollo en Java, **Visual Studio** para la plataforma Windows que se puede descargar libremente en su versión Community y **Visual Studio Code**, que es un editor avanzado con un gran número de *plugins* que permiten extender su funcionalidad, además de ser multiplataforma. La empresa JetBrains es conocida por sus reputados IDE, como **IntelliJ IDEA** orientado al desarrollo de aplicaciones en lenguaje Java y Kotlin, **Pycharm** para el desarrollo en Python o **RustRover** para Rust, entre muchos otros. Podemos mencionar también entornos de desarrollo orientados a la nube como **Cloud9** de AWS y **Project IDX** de Google. Para el desarrollo de Android disponemos del IDE **Android Studio**.

Los proyectos y ejemplos de este libro se han desarrollado con el **IDE NetBeans**, en la sección «3.4.1. Tipos de herramientas» se explica cómo descargarlo e instalarlo.

Recursos

NetBeans IDE: https://netbeans.org/

Eclipse IDE: https://eclipse.org/

Visual Studio: https://www.visualstudio.com/

JetBrains: https://www.jetbrains.com/

Cloud9: https://aws.amazon.com/es/cloud9/

Project IDX: https://idx.dev/

Android Studio: https://developer.android.com/studio

1.9. Gestión de proyectos de desarrollo de *software*

La gestión de un proyecto de desarrollo de *software* engloba todo el proceso, desde que comienza la comunicación con el cliente hasta que la aplicación se concluye con éxito y se entrega al mismo. Pero no finaliza ahí, puesto que esta necesitará de revisiones y actualizaciones que corrijan errores, y adaptaciones o ampliaciones que incluyan nuevas características.

1.9.1. Planificación de proyectos

La planificación de un proyecto consiste en la organización de todo el trabajo que se debe llevar a cabo desde el comienzo hasta su finalización, asignando los recursos disponibles para ello. Para diseñar una correcta planificación, se tienen que llevar a cabo las siguientes tareas:

- **Descomponer el trabajo** del proyecto en tareas más sencillas hasta llegar a una tarea atómica, indivisible.

- **Organizar las tareas** en una línea de tiempo, identificando las dependencias entre ellas.

- **Asignar recursos** a cada una de las tareas del proyecto. Se debe tener en cuenta que los recursos (humanos, monetarios, de tiempo, etc.) necesarios para llevar a cabo una tarea en cada momento son limitados y pueden no estar disponibles en un momento dado si no se ha hecho una buena planificación.

- **Identificar los riesgos** del proyecto que pueden hacer que este fracase y establecer medidas de contingencia y control.

Una vez realizadas estas acciones, se obtendrá una información valiosa del proyecto como el tiempo total de trabajo, la fecha de finalización, el coste, etc.

La planificación de un proyecto es una tarea compleja que requiere de mucha experiencia para hacerla correctamente. Una mala estimación en los costes o en los plazos de entrega pueden dar al traste con todo el proyecto.

En el ámbito estatal, el Ministerio de Hacienda y Función Pública desarrolló **MÉTRICA**, actualmente en su versión 3, una metodología de desarrollo y planificación de sistemas de información.

Recurso

Página oficial de Métrica v.3 con toda la información de esta metodología.

http://administracionelectronica.gob.es/pae_Home/pae_Documentacion/pae_Metodolog/pae_Metrica_v3.html

---

Dos herramientas muy sencillas y útiles para la planificación de un proyecto son los diagramas de Gantt y PERT.

Diagrama de Gantt

Un diagrama de Gantt es un diagrama de barras que ilustra el cronograma de un proyecto. El diagrama Gantt muestra una visión global del calendario de un proyecto y es utilizado para realizar el control y seguimiento del mismo.

En la izquierda se sitúa la lista de tareas y eventos. El tiempo se representa a lo largo del eje X, en donde se muestra un calendario. El periodo de tiempo en el que una tarea comienza y termina se representa por una barra horizontal.

Diagrama PERT

Un diagrama PERT (*Program/Project Evaluation Review Technique*) consiste en una red de tareas que muestra de manera visual las dependencias entre ellas, lo que permite analizarlas y obtener el mínimo tiempo requerido para finalizar el proyecto, el camino crítico.

1.9.2. Control de proyectos

El control de un proyecto consiste en tomar las medidas necesarias para supervisar el buen desarrollo del mismo. El control se debe realizar durante toda la ejecución del proyecto, pero con más énfasis en los hitos que se hubieran marcado en la planificación. Entre los **aspectos que se van a controlar**, se pueden destacar los siguientes: **desviación en la estimación de costes, desviación en el calendario** y plazos de finalización marcados, **reasignación de recursos** y **replanificación de tareas.**

1.9.3. Ejecución de proyectos

La ejecución de un proyecto es la fase en la que se liberan los recursos necesarios (económicos, humanos, legales, etc.) y dan comienzo los trabajos de desarrollo del proyecto. En esta fase se realizan las tareas previstas durante la planificación y se llevan a cabo los mecanismos de control necesarios para la correcta ejecución del proyecto.

Se considera que **un proyecto se ha ejecutado de manera correcta si no existen desviaciones notables en cuanto a su planificación,** es decir, se ha ajustado a los costes presupuestados, los plazos de entrega se han cumplido con exactitud, etc.

Sin embargo, además de los aspectos de planificación, la correcta ejecución de un proyecto también depende de la calidad final del trabajo desempeñado y de que este se ajuste a los requisitos iniciales y necesidades planteados por el cliente.

1.9.4. Herramientas de uso común para la gestión de proyectos

Existen multitud de herramientas para la gestión de proyectos por lo que solo se mencionarán unas pocas:

- **Microsoft Project**. Este *software* de Microsoft es una de las herramientas más completas que existen para la gestión de cualquier tipo de proyecto. Dispone de editor de diagramas, gestión y administración de los recursos del proyecto, seguimiento, gestión de riesgos, etc.

- **Redmine**. Es una herramienta de *software* libre en entorno web. Permite gestionar múltiples proyectos, asignar roles a usuarios, controlar y hacer el seguimiento de incidencias. También dispone de foros y wikis para cada proyecto, calendario, diagramas de Gantt, entre otras muchas características.

- **Trello**. Es una herramienta *online* para la gestión de proyectos y trabajo colaborativo que se basa en un sistema de tarjetas al estilo de la metodología Kanban. Dispone de diferentes planes de precios que incluye una opción gratuita.

- **Slack**. Es una herramienta *online* de colaboración que permite crear canales de comunicación entre equipos de trabajo y compartir ficheros. La potencia principal de Slack reside en la posibilidad de integrar servicios de terceros como Git, Google Calendar, Drive, Dropbox y una larga lista. Puede ser usado de manera gratuita aunque dispone de licencias de pago con características más avanzadas.

- **TeamWork**. Una herramienta poderosa usada por grandes compañías como Disney, Pepsi o Spotify, galardonada por la consultora Gartner en 2015.

Recursos

Enlaces a las herramientas de gestión de proyectos revisadas en esta sección.

Microsoft Project: https://products.office.com/en-us/project/project-and-portfolio-management-*software*

Redmine: http://www.redmine.org/

Trello: https://trello.com

Slack: https://slack.com/

TeamWork: https://www.teamwork.com/

Ejercicios

Ejercicios de comprobación

1.1. ¿Qué modelo del ciclo de vida del *software* pone más énfasis en la fase de codificación y espera que los requisitos sean descubiertos a medida que avanza el proyecto?

    a) Modelo en cascada.

    b) Modelo de desarrollo rápido (RAD).

    c) Modelo basado en componentes (CBSE).

    d) Modelo incremental.

1.2. Un requisito que define los servicios que el sistema debe proporcionar y cómo debe reaccionar ante los diferentes escenarios que puedan plantearse es:

    a) Un requisito de usuario.

    b) Un requisito de sistema.

    c) Un requisito funcional.

    d) Un requisito no funcional.

1.3. ¿Cómo se llama el documento que contiene la descripción de todos los requisitos del sistema?

    a) Especificación de requisitos del sistema.

    b) Diagramas de casos de uso.

    c) Diagramas de flujos de datos.

    d) FURPS+.

1.4. ¿Cuál de los siguientes diagramas de UML es un diagrama de estructura?

    a) Diagrama de clases.

    b) Diagrama de actividad.

    c) Diagrama de secuencia.

    d) Diagrama de estado.

1.5. El lenguaje Java es un ejemplo que sigue el paradigma de:

    a) Programación imperativa.

    b) Programación orientada a objetos.

    c) Programación declarativa.

    d) Ninguna respuesta es correcta.

1.6. Según el teorema de Böhn-Jacopini, ¿qué tres estructuras lógicas son suficientes para escribir un programa?

a) Secuencial, condicional y selectiva.

b) Secuencial, iterativa y cíclica.

c) Condicional, selectiva y cíclica.

d) Secuencial, condicional e iterativa.

1.7. En las pruebas estructurales:

a) Se comprueba solo la salida obtenida.

b) No se comprueba la cobertura de caminos.

c) No se comprueban los bucles en sus valores frontera.

d) Se comprueba la cobertura de decisiones.

1.8. Las clases de equivalencia:

a) Nos permite crear casos de prueba representativos de un conjunto de valores posibles.

b) Nos ayudan a diseñar casos de prueba con valores límite.

c) Nos permiten validar el sistema.

d) Son herramientas de depuración.

1.9. Las pruebas funcionales son conocidas también como:

a) Pruebas de caja blanca.

b) Pruebas de caja negra.

c) Pruebas de regresión.

d) Pruebas estructurales.

1.10. ¿Cómo se llama la prueba que comprueba el cumplimiento de los requisitos funcionales?

a) Integración.

b) Sistema.

c) Regresión.

d) Validación.

Ejercicios de aplicación

1.1. Dadas las características del proyecto que se describe a continuación, explique razonadamente qué modelo de ciclo de vida seguiría para el desarrollo del mismo.

> Se encuentra trabajando en una empresa con tres empleados con menos de dos años de experiencia en programación. Usted es el que más experiencia tiene y es el responsable del proyecto. El cliente es una empresa líder del sector que exige la máxima calidad en el producto. Ha mantenido varias reuniones con el responsable TIC y el gerente y aún no han quedado claros los objetivos del proyecto, pero tienen una presión bastante alta con sus socios para tener el *software* disponible antes de seis meses.

1.2. Dadas las características del proyecto que se describe a continuación, elabore la planificación de este proyecto de *software*, teniendo en cuenta los aspectos estudiados en la unidad. Se deberán analizar los requisitos (funcionales y no funcionales), determinar y justificar el modelo de ciclo de vida que se utilizará y planificar las distintas etapas de desarrollo del *software* (un pequeño resumen de qué se haría en cada una de las fases).

> La empresa AlhambraBikes dedicada al alquiler de bicicletas eléctricas nos ha encargado el desarrollo de una aplicación que permita realizar la gestión de alquilar sus bicis a través de Internet. La empresa desea trabajar con *software* libre, pero tienen claro que el tiempo de respuesta de la aplicación ha de ser lo menor posible y que los objetivos que debe alcanzar esta aplicación son los siguientes:
>
> - Proporcionar facturas del alquiler.
> - Llevar la cuenta de las bicicletas que se alquilan.
> - Consultar el estado de cada bici (si está disponible o no).
> - Generar listados de las bicicletas alquiladas diariamente.
> - Posibilidad de realizar pagos electrónicos con tarjetas de crédito o PayPal.
> - Controlar los precios del alquiler de las bicis.
> - No se podrán procesar dos peticiones a la vez sobre la misma bicicleta.
>
> La empresa también quiere almacenar información de sus clientes: DNI, nombre, apellidos, teléfono y localidad, por lo que deberán registrarse previamente.

Asimismo, de las bicicletas interesa almacenar: identificador (todas las bicis tienen una chapa con un código que las identifica, como la matrícula de un coche), marca, modelo, tipo (puede ser de paseo, carretera o montaña), antigüedad, color y precio.

1.3. Una gasolinera familiar desea implantar un surtidor de repostaje autónomo que estará veinticuatro horas disponible para lo que le encarga desarrollar la interfaz del mismo. Elabore la documentación del caso de uso en el que el cliente llena su depósito.

1.4. Elabore el diagrama de flujo y el pseudocódigo de los siguientes algoritmos, empleando únicamente estructuras secuenciales:

1. Lee la base y la altura y calcula el área de un triángulo.

2. Lee un número y muestra en pantalla el número cambiado de signo.

3. Lee dos números y calcula la media de ambos.

4. Lee una cantidad en euros y calcula cuántas pesetas son.

5. Calcula el volumen de un cono.

6. Calcula el salario semanal de un empleado según las horas trabajadas, a razón de 13,5 € la hora.

7. Calcula la nota que hace falta obtener en el segundo examen de programación para obtener la nota media deseada por el alumno, teniendo en cuenta que la nota del primer examen cuenta un 40 % y la del segundo un 60 %. El programa lee la nota del primer examen y la media deseada.

1.5. Elabore los diagramas de flujo y el pseudocódigo para los siguientes algoritmos, empleando únicamente estructuras secuenciales y condicionales:

1. Escribe un programa que pida dos números y calcule la suma de ellos. Mostrará en pantalla "La suma es mayor que cero" o "La suma NO es mayor que cero" en función del resultado.

2. Escribe un programa que pida el día de la semana y muestre qué actividad extraescolar toca ese día. Por ejemplo: Lunes – Natación, Martes – Inglés, Miércoles – Natación, Jueves – Baile y Viernes – Ajedrez.

3. Escribe un programa que pida una hora de 0 a 23 y muestre "Buenos días", "Buenas tardes" o "Buenas noches", según la hora. Se utilizarán los tramos 6 a 12, 13 a 20 y 21 a 5, respectivamente.

4. Amplía el programa del ejercicio 1.4.6 para considerar las horas extra. Las primeras 35 horas se pagan a 13,5 €, las siguientes se pagan a 17 €.

5. Escribe un programa que resuelva una ecuación de primer grado (ax+b = 0).

6. Escribe un programa que ordene tres números enteros introducidos por teclado.

7. Escribe un programa que implemente el juego de piedra-papel-tijera para dos usuarios.

1.6. Elabore los diagramas de flujo y el pseudocódigo para los siguientes algoritmos, empleando estructuras secuenciales, condicionales y cíclicas:

1. Muestre en pantalla los números impares entre 1 y 1000.

2. Escribe un programa que escriba en pantalla si un año leído de teclado es bisiesto o no. Solo se consideran años mayores que 0.

3. Realiza un programa que trate de adivinar la combinación de una caja fuerte. Pedirá un número de cuatro cifras. Si no se acierta, se mostrará el mensaje "Lo siento, esa no es la combinación". Se dispone de cuatro intentos.

4. Escribe un programa que calcule la media de una serie de números positivos. El usuario indicará que ha terminado de introducir datos cuando introduzca un número negativo.

5. Escribe un programa que muestre los n primeros términos de la sucesión de Fibonacci. La sucesión de Fibonacci se calcula así:

$F(0) = 0$

$F(1)=1$

$F(n) = F(n\text{-}1)+F(n\text{-}2)$, para $n>1$

6. Muestre en pantalla los números perfectos menores que mil. Un número es perfecto si la suma de sus divisores, excepto él mismo, es igual al propio número. Ejemplo: Los divisores de 6 son 6, 3, 2, 1, y la suma de todos su divisores excepto él mismo es 3+2+1 = 6. Luego 6 es un número perfecto.

7. Escribe un programa que pida un número entero positivo y escriba en pantalla si es primo o no.

8. Calcule el máximo común divisor de dos números mediante el algoritmo de Euclides. El método consiste en realizar divisiones sucesivas hasta obtener de resto 0, el último divisor será el máximo común divisor buscado. Ejemplo: **dados los números a=2366 y b=273, el mcd(a,b)=91 y se calcularía de la siguiente manera (se debe tener la precaución de que a>b):**

Paso	Operación
1	2366 dividido entre 273 es 8 y resto 182
2	273 dividido entre 182 es 1 y resto 91
3	182 dividido entre 91 es 2 y resto 0

1.7. Defina las clases de equivalencia para los siguientes datos de entrada:

a) La nota de un alumno debe tener un valor entre 1 y 10.

b) El número de teléfono puede estar en blanco o tener nueve dígitos.

c) El curso que estudia el alumno puede tener los siguientes valores: 1DAM, 1DAW, 2DAM, 2DAW.

d) El salario del trabajador debe ser mayor que cero.

1.8. Una función que comprueba si una fecha es válida recibe como entrada el día, el mes y el año. Defina las clases de equivalencia y diseñe los casos de prueba.

1.9. A partir del Ejemplo 1.2 estudiado en esta unidad donde se explicó el diseño de casos de prueba mediante la partición de equivalencia, añada casos de prueba que también verifiquen sus valores de frontera.

1.10. Realice la prueba de ruta básica y el cálculo de la complejidad ciclomática para los algoritmos del Ejercicio 1.6.

2. La orientación a objetos

Introducción

La programación orientada a objetos (*Object Oriented Programming*) es un paradigma de programación que consiste en crear modelos de objetos que se asemejan a los objetos del mundo real y que interaccionan entre sí mediante el paso de mensajes.

En este capítulo se explican los conceptos generales más importantes de la programación orientada a objetos usando Java como lenguaje vehicular.

Contenido

2.1. Principios de la orientación a objetos. Comparación con la programación estructurada

Los principios fundamentales en los que se basa la programación orientada a objetos (POO) son, entre otros:

- **Encapsulación**: consiste en la ocultación de la información. El objeto funciona como una caja negra, sabemos el resultado que vamos a obtener, pero no tenemos por qué conocer los detalles de implementación.

- **Reutilización**: una vez creado un objeto, puede ser utilizado en diferentes aplicaciones, ahorrando tiempo de desarrollo y costes. Además, las clases se agrupan en paquetes que también pueden ser distribuidos y reutilizados en diferentes proyectos.

- **Herencia**: es un mecanismo de reutilización que permite a los objetos tener las mismas características que sus clases padres, pudiendo modificarlas o añadir nuevas.

- **Polimorfismo**: es una de las características más potentes de un lenguaje orientado a objetos que permite pasar mensajes iguales a diferentes tipos de objetos.

Para analizar las diferencias entre la programación orientada a objetos y la programación estructurada, se usará un ejemplo sencillo. Si no conoce los fundamentos del lenguaje Java, puede revisarlos en la sección «4.4. Características generales» donde se explican los diferentes tipos de datos y operadores disponibles, cómo se crean y manipulan cadenas de caracteres y cómo se escriben las diferentes estructuras de control de flujo (condicionales y bucles), entre otros detalles.

Ejemplo 2.1: *Desarrollaremos una aplicación de gestión que almacena las notas de un grupo de alumnos en una determinada asignatura. Cada alumno tendrá varias notas en la asignatura, ya que el profesor necesita calcular su nota media al final del curso.*

A continuación, se muestran las soluciones en Java desde ambos paradigmas para analizar sus diferencias.

Solución estructurada

```
public static void main(String[] args) {
    String [] alumnos ={"Juan","Jose","Jesus"};
    double [][]notas ={{3.8,4.7,7.3},{6.5,7.1,8.4},{1.9,9.5,6.3}};
    double media = mediaAlumno(notas[0]);
    System.out.println("La media de "+alumnos[0]+" es "+media);
}
```

```
static double mediaAlumno(double[] notas){
    double suma=0;
    for(int i=0;i<notas.length;i++){
        suma+=notas[i];
    }
    return suma/notas.length;
}
```

El resultado que se muestra por pantalla es:

```
La media de Juan es 5.266666666666667
```

Observe cómo los nombres de los alumnos y las notas se almacenan por separado en *arrays* de diferente tipo. También es destacable que cualquier parte de la aplicación tiene acceso a modificar los nombres o las notas de todos los alumnos sin ningún tipo de control, por lo que podría llevar a la aplicación a un estado inconsistente, por ejemplo, si una nota tomara un valor negativo, es decir, no existe cohesión ni encapsulación de datos.

Solución orientada a objetos

```
public static void main(String[] args) {
    Alumno a1 = new Alumno("Juan");
    a1.añadirNota(3.8);
    a1.añadirNota(4.7);
    a1.añadirNota(7.3);
    a1.añadirNota(-3.5); //se intenta guardar un dato no válido
    System.out.println("La media de "+a1.getNombre()+" es "+a1.calcularMedia());
}
```

El resultado que se muestra por pantalla es:

```
La media de Juan es 5.266666666666667
```

Esta solución utiliza la clase *Alumno*, que agrupa en una entidad lógica los datos (el estado) y la funcionalidad (los mensajes). Como se observa, la diferencia es notable, ya que, una vez creada la clase ***Alumno***, no hay que conocer los detalles de implementación, solo es necesario conocer su interfaz (mensajes que pueden enviarse al objeto para interactuar con él). En el código anterior se ha intentado añadir una nota negativa, pero como se puede ver por el resultado obtenido, ese intento no ha tenido éxito, ya que el método no ha almacenado un valor no permitido. La clase *Alumno* se ha implementado de la siguiente manera:

```java
public class Alumno {
    private String nombre;
    private ArrayList<Double>notas;
    Alumno(String nombre){
        this.nombre=nombre;
        this.notas=new ArrayList<>();
    }
    public String getNombre(){
        return this.nombre;
    }
    public void añadirNota(double nota){
        if(nota<0 || nota>10){
            return;
        }
        this.notas.add(nota);
    }
    public double calcularMedia(){
        double suma=0;
        for(double nota:this.notas){
            suma+=nota;
        }
        return suma/this.notas.size();
    }
}
```

El método *añadirNota()* comprueba el valor del parámetro recibido y, si es negativo, termina ejecutando la sentencia *return*. Solo en caso de que el valor sea correcto, se añade a las notas del alumno.

Puede observarse también cómo la estructura donde se guardan las notas no era la esperada (un *array* o matriz) sino un *ArrayList*. En el caso de que más adelante fuera necesario cambiar esta estructura por otra distinta, por cuestiones de rendimiento, por ejemplo, el resto de la aplicación no sufriría ningún cambio, algo que no ocurriría en la versión estructurada.

2.1.1. Ocultación de información (*information hiding*)

La ocultación de la información es una técnica de la programación orientada a objetos que permite al programador esconder detalles de la implementación. En Java, esto se consigue con los modificadores de acceso (véase sección «2.3.3. Visibilidad y uso de las variables de estado»).

En el ejemplo anterior de la clase *Alumno* se puede observar que los dos atributos *nombre* y *notas* tienen el modificador de acceso *private* lo que significa que solo se puede acceder directamente a ellas desde el interior de la misma clase, y su acceso desde el exterior se hace a través de métodos que controlan que no se hagan cambios indebidos, por ejemplo, los métodos *getNombre()* y *añadirNota()*. Además, esto permite al programador de dicha clase poder cambiar los detalles de implementación de estos atributos sin que se vean afectados los programas que hagan uso de ella. Por ejemplo, si en un futuro se decidiera cambiar el tipo de dato del atributo *notas* de un *ArrayList* a un *LinkedList* o el atributo nombre de *String* a *StringBuilder*, ninguno de estos cambios afectaría al exterior de la clase y, por tanto, ninguno de los módulos que hicieran uso de la clase *Alumno* tendrían que cambiar su implementación.

2.1.2. El tipo abstracto de datos (ADT). Encapsulado de datos

El **tipo abstracto de datos** (*Abstract Data Type*) consiste en el modelado de una clase de objetos cuyo comportamiento lógico se define por un conjunto de datos y un conjunto de operaciones.

En el ámbito de la programación orientada a objetos, este concepto se refiere a la definición de **clases abstractas** e **interfaces** que permiten al programador diseñar una jerarquía de clases con un comportamiento común, pero cuya implementación puede diferir. Un ejemplo de ello se puede encontrar en la **API Collections** de Java donde se definen los tipos abstractos de datos a través de **interfaces**.

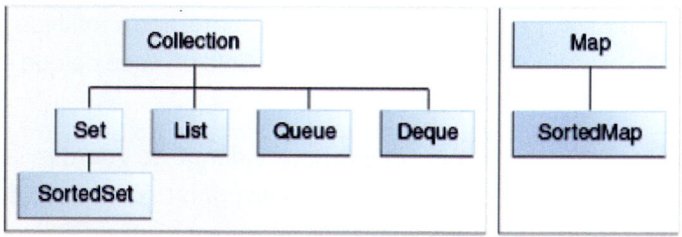

Ilustración 2.1. Estructura de interfaces del API Collections de Java.

La interfaz *java.util.Collection* define las operaciones comunes para un tipo de datos que quiera comportarse como una colección. La interfaz *java.util.List* hereda de **Collections** y define las operaciones comunes que debe tener cualquier contenedor que debe comportarse como una lista. Algunas de estas operaciones son:

- *E get(int index)*: devuelve el objeto *E* que se encuentra en la posición *index*.

- *E set(int index, E element)*: remplaza el elemento en la posición *index* con el objeto *E*, devolviendo el objeto previo en dicha posición.

- *void add(int index, E element)*: añade el elemento *E* en la posición *index* de la lista.

- *E remove(int index)*: devuelve y elimina de la lista el objeto en la posición *index*.

Hay diferentes implementaciones de la interfaz *List* en el API Collections, por ejemplo, las clases *java.util.ArrayList* y *java.util.LinkedList*. La clase *ArrayList* implementa la lista como un *array* de datos dimensionable, mientras que la clase *LinkedList* lo implementa como una lista enlazada. Además, cualquier programador puede crear su propia implementación de la interfaz *List* si ninguna de las que provee Java le satisface (véase sección «2.4.3. Clases abstractas»). Las características de cada implementación harán recomendable usar una u otra en función del uso que se le vaya a dar en la aplicación.

El **encapsulado de datos** consiste en implementar en una clase la ocultación de los datos. Ello se consigue usando los modificadores de visibilidad adecuados de modo que la clase funcione como una caja negra. A lo largo del capítulo se explica cómo conseguirlo.

2.1.3. Paso de mensajes

El paso de mensajes es el mecanismo utilizado por los objetos para comunicarse entre sí en la aplicación informática. Es un concepto clave en la programación orientada a objetos, la programación concurrente y la programación distribuida. El paso de mensajes puede ser síncrono o asíncrono:

- **Paso de mensajes síncrono**: un objeto A envía un mensaje a B. A se bloquea a la espera de que llegue la respuesta de B.

- **Paso de mensajes asíncrono**: un objeto A envía un mensaje a B continuando su ejecución mientras la respuesta de B se procesa y se recibe.

En programación orientada a objetos, el paso de mensajes se realiza a través de la llamada a los métodos de un objeto y, salvo que se especifique lo contrario, este paso de mensajes es de tipo síncrono.

2.2. Clases de objetos

Los conceptos de clase y objeto están íntimamente relacionados y a veces se usan erróneamente en la literatura:

- **La clase es la plantilla** o el molde donde se definen los datos que puede almacenar y los mensajes que puede recibir.

- **El objeto es un elemento tangible y con datos que existe en la memoria** del ordenador durante la ejecución de un programa y con el que se puede interactuar enviando y recibiendo mensajes.

Volviendo al ejemplo anterior, la clase *Alumno* define cuáles son los datos que puede almacenar, una cadena de caracteres (*String*) y una lista de valores de tipo *double*, así como los mensajes que puede recibir (sus métodos). En ese mismo ejemplo, *a1* sería el objeto que ha creado la aplicación en función de la plantilla de la clase *Alumno*, y que en el momento de crearse se inicializa con la cadena de caracteres "*Juan*" para el dato o atributo *nombre* de dicha clase. En ese momento, la lista de notas se encuentra vacía hasta que le enviamos el mensaje *añadirNota()* con la nota que deseamos añadir a ese objeto.

Para definir una clase en Java, utilizamos la **palabra reservada *class*** seguida del nombre de la clase, que debe coincidir con el nombre del fichero con extensión *.java* en donde se encuentra almacenada, es decir, la clase *Alumno* anterior debe encontrarse en el fichero *Alumno.java*.

En Java existe la convención de nombrar las clases con el primer carácter en mayúscula. La clase puede tener delante el **modificador *public*** que la hace visible para cualquier otra clase. En caso de que no aparezca este modificador, la clase sería accesible solo por las clases que pertenezcan al mismo paquete que ella.

```
[public] class NombreClase{
    ...
}
```

Antes de continuar, si no conoce el lenguaje Java se recomienda leer primero la sección «4.4. Características generales» en donde se explican los tipos básicos, los operadores, las estructuras de control y otras cuestiones fundamentales del mismo.

2.2.1. Atributos, variables de estado y variables de clase

Se denomina **atributo** de una clase a la variable que se encuentra almacenada en su cuerpo. En la clase *Alumno* se definieron dos atributos:

```java
public class Alumno {
    private String nombre;
    private ArrayList<Double>notas;

    ...

}
```

Los atributos también se conocen con el nombre de **variables de estado** o **variables de instancia**. Este tipo de variables **pertenecen al objeto**, es decir, cada objeto tendrá una copia de ellas con sus propios valores.

Por contra, una **variable de clase no pertenece al objeto**, existe una sola copia que es compartida por todos los objetos de dicha clase. Para crear variables de clase en Java, basta con utilizar la palabra reservada *static*. El siguiente código muestra la declaración y uso de una variable de clase en la clase *Alumno*.

```java
public class Alumno {
    private String nombre;
    private ArrayList<Double>notas;
    private static int numAlumnos=0;
    Alumno(String nombre){
        this.nombre=nombre;
        this.notas=new ArrayList<>();
        Alumno.numAlumnos++;
    }
    ...
}
```

A la clase *Alumno* se le ha añadido la variable de clase *numAlumnos*, que llevará la cuenta del número de objetos creados. Este cálculo se hace desde el constructor de la clase, cada vez que se construye un nuevo objeto se incrementa la variable *numAlumnos* en el constructor.

Fíjese cómo para hacer referencia a la variable se ha empleado el nombre de la clase seguido por un punto (*Alumno.numAlumnos*), a diferencia de cómo se accede a las variables de instancia o atributos, donde se usa *this*. Esto se debe a que *this* **es una referencia que apunta al propio objeto y a través de ella se puede acceder a las variables de instancia** (también de clase, aunque no se recomienda). Sin embargo, solo es posible acceder a las variables de instancia desde *this*, no es posible hacerlo a través del nombre de la clase, es decir, si intentamos acceder al atributo *nombre* mediante *Alumno.nombre* se producirá un error de compilación.

2.2.2. Métodos. Requisitos e invariantes

Un método encapsula una porción de código que va a ser reutilizado con frecuencia. Un buen programador ha de evitar cualquier duplicidad de código, ya que significa que en caso de tener que modificar el mismo, tendrá que repetir esta tarea tantas veces como el código se encuentre repetido.

Los métodos en Java tienen la siguiente estructura:

```
//Cabecera del método
[modificadores] tipo_retorno identificadorMetodo([lista_parámetros]){
        //Cuerpo del método
        [return valor]
}
```

Las secciones de las que se compone la definición de un método son:

- **modificadores**: son opcionales y pueden ser de diferentes tipos.

- **tipo_retorno**: tipo de dato que devuelve el método. Puede ser un tipo primitivo o un objeto. En caso de que el método no devuelva nada se indica con la palabra reservada *void*.

- **identificadorMetodo**: es el nombre del método, sin espacios.

- **lista_parámetros**: son los datos que recibe el método como argumentos en la llamada, son opcionales, pero la escritura de los paréntesis es obligatoria. La declaración de los parámetros es similar a la declaración de las variables indicando el tipo del parámetro (primitivo u objeto) y el nombre, cada parámetro separado por comas.

- Las llaves de apertura y cierre ({}) engloban el cuerpo del método.

- La sentencia *return* se encarga de devolver el dato que se desea. Si el tipo de retorno es *void*, la sentencia *return* puede no aparecer o aparecer sin ningún valor asociado.

Se pueden observar los métodos de la clase *Alumno* e identificar cada una de estas secciones.

Al igual que el modificador *static* convierte un atributo de instancia en un atributo de clase, aplicado a un método, este se convierte en un **método de clase**. Desde el interior de un método *static* solo se puede hacer referencia a otros miembros de clase, no de instancia, en caso de hacerlo el compilador daría un error similar a este: *"variable no-static no puede referenciarse desde un contexto static"*.

Los **requisitos e invariantes de un método se denominan aserciones** (*assert*) y consisten en expresiones lógicas de verdadero/falso que deben satisfacerse en el interior del mismo. Se pueden distinguir:

- **Precondiciones**. Son condiciones que deben cumplirse antes del comienzo del método.

- **Poscondiciones**. Son condiciones que deben cumplirse a la salida del método.

- **Invariantes**. Son condiciones que deben cumplirse durante la ejecución del método.

El lenguaje Eiffel es un ejemplo de lenguaje que soporta de manera nativa aserciones mediante el uso del diseño por contrato. Ha influido a otros muchos lenguajes como es el caso de Java.

El *Java Modeling Language* (JML) **permite especificar la semántica de una clase e incluir precondiciones, poscondiciones e invariantes por medio de anotaciones**. Las anotaciones son comentarios que comienzan por el carácter @.

La siguiente porción de código muestra un ejemplo de diseño por contrato en Java mediante anotaciones JML. La cláusula *requires* define una precondición y *ensures* una poscondición.

```
//@ requires 0 < cantidad && cantidad + balance < MAX_BALANCE;
//@ ensures balance == \old(balance) + cantidad;
public void credito(final int cantidad)
{
    this.balance += cantidad;
}
```

La precondición (*@requires*) del método indica que el parámetro *cantidad* debe ser mayor que cero y que la *cantidad* más el atributo *balance* no puede superar una constante *MAX_BALANCE* definida en la clase. La poscondición (*@ensures*) establece que el valor de *balance* al finalizar el método tiene que ser igual a la suma de su anterior valor más el parámetro *cantidad*.

Recurso

La página oficial de JML dispone de gran cantidad de información y recursos.
www.jmlspecs.org

2.2.3. Gestión de excepciones

Una excepción es una situación anómala en la ejecución del programa que impide que se siga ejecutando su flujo normal. Cuando ocurre, el control pasa a otro ámbito capaz de manejar la situación.

En Java, las excepciones pertenecen a la clase *Exception*, que a su vez heredan de la clase *Throwable*. De esta también hereda la clase *Error*, cuyos objetos representan fallos irrecuperables. La Ilustración 2.2 muestra el árbol de herencia de este conjunto de clases.

Desde el punto de vista del tratamiento de las excepciones, estas pueden ser de dos tipos en Java:

- **Marcadas**: su manejo es obligatorio, bien mediante su captura en un bloque *try-catch*, bien indicando su relanzamiento en la cabecera del método donde se genera la excepción.

- **No marcadas**: su captura no es obligatoria, además de no ser recomendable, ya que se deben a errores del programador. A este tipo de excepciones pertenecen las excepciones que son subclases de *RuntimeException*.

Los siguientes apartados explican cómo gestionar las excepciones que pueden aparecer en nuestras aplicaciones. En primer lugar se explicará el bloque *try-catch*, a continuación el bloque *try-with-resources* y por último se explica cómo relanzar una excepción para que sea otro método el que la gestione.

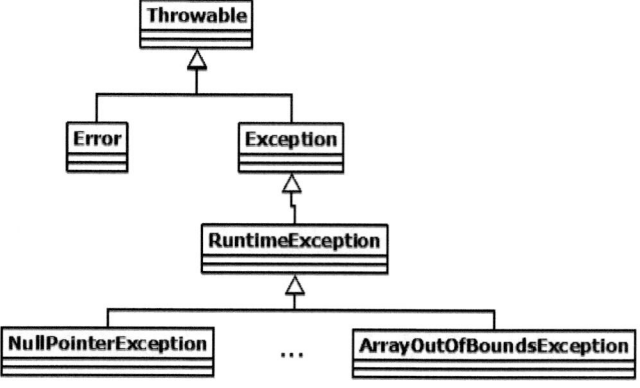

Ilustración 2.2. Árbol de herencia de las clases relacionadas con el manejo de excepciones.

Gestión de excepciones con el bloque *try-catch-finally*

Cuando se produce una excepción en el programa, el bloque ***try-catch-finally*** es el encargado de capturar la excepción y manejarla para intentar recuperar el normal funcionamiento del mismo.

- La **sección** *try* encierra las instrucciones que pueden generar una excepción. En el momento que se produce una excepción, el flujo normal del programa se verá abortado pasando el control al primer bloque ***catch*** cuyo tipo de excepción coincida con la que se ha producido.

- La **sección** *catch* encierra el código que maneja la excepción si se produce. La sección *try* no puede existir si no existe al menos una sección ***catch***. Puede haber tantas secciones ***catch*** como excepciones se deseen manejar. A partir de la versión 7 de Java, el bloque ***catch*** puede agrupar más de una excepción, para ello los diferentes tipos de excepción se separan con el carácter barra vertical (|). Ejemplo: ***catch(Exception1 | Exception2 arg)***. Cuando todas las instrucciones del bloque ***catch*** se han ejecutado, el flujo del programa continuará por el bloque *finally* si lo hubiera, o por la primera sentencia tras la llave de cierre del último bloque ***catch***.

- La **sección** *finally* contiene instrucciones que se ejecutarán siempre, se produzca o no una excepción. Su uso es opcional, pero es totalmente recomendable en el caso de que dentro del bloque *try* se hayan reservado o adquirido recursos, ya que es la única manera de garantizar su correcta liberación, por ejemplo, si en el bloque *try* se abre un archivo, el bloque *finally* debería realizar la operación de cerrarlo.

El uso de las llaves de apertura y cierre es obligatorio en todos los bloques o secciones.

```
try{
        //bloque de instrucciones donde se pueden producir excepciones
} catch(Excepcion1 arg) {
        //tratamiento de la excepción de tipo Excepcion1
} catch(Excepcion2 arg) {
        //tratamiento de la excepción de tipo Excepcion2
} ... {
        //tantos bloques catch como sean necesarios
} finally {
        //instrucciones que siempre se ejecutarán
}
```

Gestión de excepciones con *try-with-resources*

Esta estructura está disponible a partir de la versión Java 7 y consiste en un bloque *try* que declara uno o más recursos que deben ser cerrados. Este bloque se asegura de que cada recurso abierto es liberado adecuadamente tras la finalización de la estructura. Se considera recurso a cualquier objeto que implemente la interfaz *java.lang.AutoCloseable*, lo que incluye también cualquier objeto que implemente *java.io.Closeable*. La estructura es similar al siguiente ejemplo:

```
try(sentencia;sentencia;...){ //apertura de recursos
        //bloques de sentencias
} catch(...){
        //bloques catch para gestionar excepciones
}
```

Esta estructura viene a sustituir el uso del bloque *finally* cuando se manejan recursos tales como ficheros o conexiones a bases de datos. En la Unidad 4 se verán ejemplos de código de gestión de excepciones con ambas estructuras.

No gestión de excepciones

Es posible que al programador le interese no gestionar una excepción que se produce en un determinado lugar del programa. El motivo principal por el que esto ocurre es que el ámbito donde se produce la excepción no tiene suficiente información para gestionarla.

El lugar donde se puede producir una excepción es en el cuerpo de un método en el interior de una clase. Si una excepción puede producirse pero no se desea capturarla con un bloque *try-cath-finally* o un bloque *try-with-resources*, es obligatorio declarar que esta excepción es relanzada por el método con la cláusula *throws* en la cabecera del mismo. Si el método puede lanzar más de una excepción, cada una de las excepciones no capturadas se indicaría en la cláusula *throws* separadas por comas.

```
//Este método puede generar tres excepciones: Excepcion1, Excepcion2 y Excepcion3
public void metodoConExcepcion() throws Excepcion1, Excepcion3{
        try{
                //código que genera las excepciones
        } catch (Excepcion2 ex){
                //gestión de la excepción 2
        }
}
```

En el código de ejemplo mostrado en el cuadro anterior, el método puede generar tres excepciones llamadas *Excepcion1*, *Excepcion2* y *Excepcion3*. En este caso, el método solo gestiona una de ellas, la *Excepcion2*, por lo que se ha de indicar en la cabecera del método a través de la cláusula *throws* que el método relanza las excepciones *Excepcion1* y *Excepcion3*.

Es obligatorio incluir la cláusula *throws* para aquellas **excepciones marcadas** que pueden ser generadas en el cuerpo de un método y que no son capturadas por ningún bloque *try*. Por contra, no es necesario incluir en la cláusula *throws* las **excepciones no marcadas**.

2.2.4. Agregación de clases

La agregación es un tipo de relación entre clases estrechamente relacionada con la composición. Las diferencias en las implementaciones de estas dos relaciones suelen no existir (dependerá del lenguaje de programación utilizado), pero sí que existen diferencias conceptuales entre ambas relaciones.

La agregación es una relación entre clases en la que una de ellas es parte de la otra, si bien, que esta relación exista no determina la existencia de ambos objetos. En UML, la agregación se representa con un **rombo o diamante de color blanco**.

Por ejemplo, supongamos que en nuestra aplicación tenemos una clase *Vehículo* y una clase *Piloto*. Un objeto de la clase *Vehículo* puede tener asociado un objeto (o más de uno) de la clase *Piloto*. Si el objeto *Vehículo* desapareciera, el objeto *Piloto* no tiene por qué dejar de existir.

La composición es una relación entre clases en la que una de ellas es parte de la otra y, además, la vida de la clase contenida coincide con la vida de la clase contenedora. En UML, la composición se representa con un **rombo o diamante de color negro**.

Siguiendo el ejemplo anterior, la clase *Piloto* tendría un objeto de la clase *Licencia*, donde se representaría su permiso o licencia de conducción, con su fecha de alta, fecha de renovación, tipo de vehículos de competición que puede pilotar, etc. En este caso, si el objeto *Piloto* dejara de existir, también dejaría de existir su licencia.

2.3. Objetos

Como se comentó en la sección «2.2. Clases de objetos», los conceptos de clase y objeto están íntimamente relacionados. En dicha sección se han explicado las cuestiones fundamentales del diseño de clases en Java, las características y visibilidad de los atributos y de los métodos y las relaciones entre clases, entre otras cuestiones.

En esta sección se explicará el manejo básico de los objetos, es decir, las instancias de las clases en memoria, con datos y valores concretos en sus atributos, cómo se crean y se destruyen y cómo se comunican entre ellos mediante el paso de mensajes o la invocación de sus métodos.

2.3.1. Creación y destrucción de objetos

Para utilizar un objeto en la aplicación es necesario que previamente haya sido construido. La creación del objeto implica la reserva de los recursos de memoria necesarios para que el objeto pueda almacenar su información.

En Java esto se realiza por medio de la llamada al **constructor** del objeto a través del operador *new*. El constructor es un método especial cuyo nombre coincide con el de la clase y que no tiene ningún valor de retorno, ni siquiera *void*. Un error habitual que suelen cometer los programadores es tratar de usar una variable de tipo objeto sin haberla creado primero, lo que producirá un error durante la ejecución. Este error en Java se hace patente cuando se produce la excepción *NullPointerException*.

Toda clase en Java debe tener al menos un constructor. Si el programador no provee uno de manera explícita, el compilador añadirá uno por defecto, sin parámetros, y que se encargará de inicializar los atributos de la clase a sus valores por defecto (véase sección «2.3.3. Visibilidad y uso de las variables de estado»).

Para ilustrar el uso de los constructores en Java, crearemos una nueva clase *Punto* con dos atributos privados *x* e *y*. Esta clase modelará el comportamiento de un punto en el plano.

```java
public class Punto {
    private double x;
    private double y;
    //Constructor por defecto
    Punto(){
        this.x = 0.0;
        this.y = 0.0;
    }
    Punto(double x, double y){
        this.x=x;
        this.y=y;
    }
    //Constructor copia
    Punto(Punto p){
        this.x=p.x;
        this.y=p.y;
    }
}
```

Como se puede observar, se han definido tres constructores distintos:

- *Punto()*: es el constructor sin parámetros que inicializa los atributos a los valores por defecto.

- *Punto(x,y)*: este constructor inicializa los atributos a partir de los parámetros *x* e *y*.

- *Punto(p)*: este constructor, llamado **constructor de copia**, utiliza los datos de un objeto *Punto* ya creado para inicializar los atributos del nuevo objeto.

Se puede observar también cómo gran parte de este código está duplicado. Para solventar este problema Java provee la llamada a *this()*, que invoca a un constructor de la clase identificándolo con los parámetros usados. El siguiente bloque de código ilustra cómo quedaría la clase *Punto* tras la refactorización, reutilizando código de los constructores mediante *this()*.

```java
public class Punto {
  private double x;
  private double y;
  //Constructor por defecto
  Punto(){
    this(0.0,0.0);
  }
  Punto(double x, double y){
    this.x=x;
    this.y=y;
  }
  //Constructor copia
  Punto(Punto p){
    this(p.x,p.y);
  }
}
```

Para hacer uso de objetos de la clase *Punto* en nuestro programa, tendríamos que crear instancias por medio del operador *new* seguido de la llamada al constructor que se quiera utilizar para la inicialización de los atributos del objeto. La siguiente porción de código ilustra un pequeño programa que crea varios objetos *Punto*.

```
public static void main(String[] args) {
    Punto p1 = new Punto();
    Punto p2 = new Punto(3.4,-7.9);
    Punto p3 = new Punto(p2);
}
```

Un aspecto importante de la programación orientada a objetos es lograr que los objetos no puedan existir con valores no permitidos. El mecanismo para lograrlo es ocultar los atributos y controlar el acceso a ellos a través de los métodos *get* y *set* (véase sección «2.3.2. Llamada a métodos de un objeto»). Además, **hay que garantizar que el objeto tenga valores permitidos cuando se crea.**

Se ha implementado una nueva clase *Circulo* que modela un círculo en el plano, sus atributos son el *radio* del círculo y su *centro* (un objeto de tipo *Punto*).

```
public class Circulo {
    private double radio;
    private Punto centro;
    public Circulo(){
        this.radio=0.0;
        this.centro=new Punto();
    }
    public Circulo(double radio, double x, double y){
        this.radio=radio;
        this.centro=new Punto(x,y);
    }
}
```

En este código, el segundo constructor asigna directamente el valor del parámetro *radio* al atributo del objeto sin ningún tipo de comprobación, lo que podría suponer crear un objeto *Circulo* con un valor de radio negativo si la llamada al constructor fuera la siguiente: *new Circulo(-2.5,0,0)*.

Se podría pensar que el constructor debería volver a pedir un nuevo valor para el radio, pero esto supone violar uno de los principios de la POO: la cohesión y reutilización de código. ¿Qué sabe la clase *Circulo* acerca del programa? El valor para el radio puede haber sido leído por teclado o por medio de una interfaz gráfica, quizás el dato se haya recuperado de un fichero. Por tanto, la única posibilidad que le queda al constructor es la de informar del error para que pueda ser tratado de la manera más adecuada. La mejor forma de hacerlo es lanzando la excepción *IllegalArgumentException*.

```
public Circulo(double radio, double x, double y){
  if(radio<0){
    throw new IllegalArgumentException("Error: valor de radio no permitido - "+radio);
  }
  this.radio=radio;
  this.centro=new Punto(x,y);
}
```

Esta excepción es del tipo no marcada (véase sección «2.2.3. Gestión de excepciones») por lo que no debe capturarse. Si ocurre, es debido a un error de programación que debe ser resuelto, en este ejemplo no debería llamarse al constructor del objeto con un valor negativo para el radio.

La **destrucción de un objeto** consiste en liberar la memoria y los recursos que tuviera a su disposición. En lenguajes como C y C++ el programador tiene que encargarse de liberar la memoria que hubiera sido reservada para no generar lagunas de memoria. En el caso de Java, la memoria reservada por los objetos es liberada automáticamente por el **recolector de basura** (véase sección «2.3.6. Optimización de memoria y recolección de basura (*garbage collection*)») cuando el objeto se ha quedado sin referencias que lo apunten (véase sección «2.3.4. Referencias a objetos»).

Java también dispone de un método *finalice()* que puede implementarse en cualquier clase, pero su uso está únicamente recomendado para la liberación de recursos que no sean de memoria, como por ejemplo, ficheros o *sockets*, en casos y circunstancias muy específicos. Como regla general, un método que accede a un recurso deberá liberarlo antes de terminar su ejecución.

Lectura recomendada

Este artículo explica muy bien cómo debe utilizarse adecuadamente el método *finalice* en Java.

http://www.javaworld.com/article/2076697/core-java/object-finalization-and-cleanup.html

2.3.2. Llamada a métodos de un objeto

En la sección anterior se ha explicado cómo construir objetos, pero no se vio nada acerca de los métodos que puede tener ese objeto y de cómo hacer uso de ellos. Continuando con el ejemplo de la clase *Punto*, crearemos un conjunto de métodos para acceder y modificar sus atributos, son los llamados métodos *getters* y *setters*. El código de estos métodos en la clase *Punto* sería el siguiente:

```
public double getX() {
    return x;
}
public void setX(double x) {
    this.x = x;
}
public double getY() {
    return y;
}
public void setY(double y) {
    this.y = y;
}
```

Ahora es posible consultar y modificar los valores de los atributos de un objeto **Punto**. La forma en la que se llama al método de un objeto es a través de una
variable de ese objeto seguido de un punto y el nombre del método con sus parámetros correspondientes. El código siguiente lo ilustra perfectamente:

```
public static void main(String[] args) {
    Punto p1 = new Punto();
    Punto p2 = new Punto(3.4,-7.9);
    Punto p3 = new Punto(p2);
    //consulta de los atributos
    double coordenada = p2.getX();
    System.out.println("El valor de la coordenada y de p2 es: "+p2.getY());
    //modificación de los atributos
    p1.setX(-9.2);
    p1.setY(-4);
}
```

Los métodos **get()** no reciben ningún parámetro y devuelven el valor del atributo que se esté consultando. Se pueden utilizar para almacenar su valor en
una variable o usarlo directamente en una sentencia.

Los métodos **set()** reciben por parámetro el valor con el que se actualizará el
atributo y no devuelven nada (**void**).

En este punto es necesario detenerse y profundizar más en el uso de los parámetros de un método. Hay que distinguir entre dos tipos de parámetros, parámetros formales y parámetros reales:

- Un **parámetro formal** es aquel que está declarado en la cabecera del método.

- Un **parámetro real** es el valor del parámetro utilizado en la llamada al método.

Cuando se realiza una llamada a un método, el parámetro real sustituye al parámetro formal, de igual manera a cuando escribíamos funciones en matemáticas. Por ejemplo, la función $f(x) = x^2$ tiene como parámetro formal x. Ahora bien, podemos sustituir x por cualquier valor, por ejemplo, $f(2) = 2^2$. En este caso, 2 sería el parámetro real con el que se ha sustituido a x.

Para que una llamada a un método sea satisfactoria, los tipos del parámetro real y formal deben coincidir. Si no coinciden, el compilador puede hacer una conversión automática, la forma en la que esto ocurre es mediante la conversión de tipos o *casting*. Si la conversión no es posible, se producirá un error de compilación. Existen dos tipos de *casting*:

- *Casting* explícito. El programador indica al compilador que debe hacer la conversión.

- *Casting* implícito. El compilador realiza la conversión de manera automática.

Para que una conversión pueda realizarse de forma automática (*casting* implícito), el tipo de la variable destino debe ser de tamaño igual o superior al tipo de origen, si bien esta regla tiene dos excepciones:

1. Cuando la variable destino es entera y el origen es decimal (*float* o *double*), la conversión no podrá ser automática (por ejemplo, de *float* a *int* o de *double* a *long*).

2. Cuando la variable destino es *char* y el origen es numérico, independientemente del tipo específico, la conversión no podrá ser automática.

El siguiente listado contiene ejemplos de conversiones implícitas:

```
int k=5, p;
short s=10;
char c='ñ';
float h;
p=c; //conversión implícita de char a int
h=k; //conversión implícita de int a float
k=s; //conversión implícita de short a int
```

Los siguientes intentos de conversiones implícitas provocarían un error:

```
int n;
long c=20;
float ft=2.4f;
char k;
byte s=4;
n=c; //error de conversión implícita de long a int
k=s; //error de conversión implícita de byte a char
n=ft; //error de conversión implícita de float a int
```

La Ilustración 2.3 muestra el orden en el que el compilador realiza el *casting* implícito. Las flechas indican la dirección de la conversión, por tanto, el compilador no podría convertir una variable de tipo *long* a *int*, sería necesario hacer un *casting* explícito.

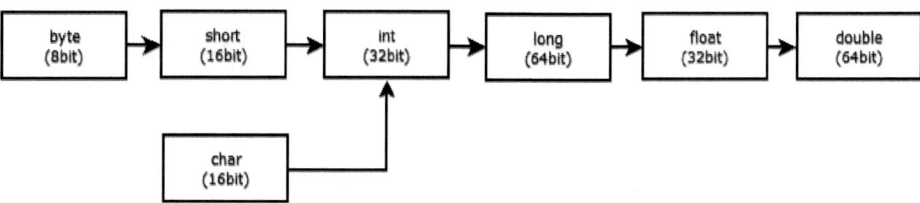

Ilustración 2.3. Orden del *casting* implícito en tipos primitivos Java.

La sintaxis para efectuar un *casting* explícito es la siguiente:

variable_destino=(tipo_destino) variable_origen;

Las conversiones explícitas pueden producir pérdida de datos. Los siguientes son ejemplos de conversiones explícitas:

```
char c;
byte k;
int p=400;
double d=34.6;
c=(char)d; //se elimina la parte decimal (truncado)
k=(byte)p; //se produce una pérdida de datos, pero la conversión es posible
```

2.3.3. Visibilidad y uso de las variables de estado

En Java existen cuatro modificadores de acceso para establecer la visibilidad de un elemento:

- *private*: el elemento está restringido al interior de la clase.
- (ninguno): si no hay modificador, el elemento es visible en todas las clases del mismo paquete. Se conoce como acceso por defecto o *package-private*.
- *protected*: el elemento es visible en las clases del mismo paquete y en sus subclases (independientemente del paquete en el que estén).
- *public*: el elemento es visible desde cualquier clase.

La Tabla 2.1 muestra sobre qué elementos está permitido aplicar cada modificador de visibilidad. En resumen, no es posible aplicar el modificador *private* sobre una clase y las variables locales no pueden tener modificadores, puesto que su visibilidad es el ámbito local al que pertenecen.

Tabla 2.1. Disponibilidad de los modificadores de acceso sobre diferentes elementos.

	private	package-private	protected	public
Clase	NO	SÍ	SÍ	SÍ
Método	SÍ	SÍ	SÍ	SÍ
Atributo	SÍ	SÍ	SÍ	SÍ
Variable local	NO	NO	NO	NO

El **ámbito de una variable** determina su visibilidad para el resto del programa. Se pueden distinguir dos tipos de variables según su ámbito:

- **Atributo**: declarada en cualquier lugar de una clase, fuera de cualquier método. Son accesibles desde todos los métodos de la misma clase, y, en función del modificador de acceso que se le aplique, lo podrá ser desde otras clases y/o paquetes.
- **Variable local**: declarada dentro de cualquier bloque de instrucciones delimitado entre llaves ({ ... }) en el interior de un método.

```
public class Ejemplo{
        private int p; //atributo de clase
        public void metodo(..){
                char t; //variable local al método
                if(..){
                        long c; //variable local al if
                }
        }
}
```

Si algún atributo no recibe un valor explícitamente durante su construcción, el compilador asigna uno por defecto. La Tabla 2.2 muestra los valores por defecto para los atributos según su tipo.

Tabla 2.2. Valores por defecto asignados por el compilador a los atributos.

Tipo de variable	Valor por defecto
byte, short, int, long	0
char	'\u0000'
float, double	0.0
boolean	false
objeto	null

No sucede lo mismo para las variables locales. Si se intenta utilizar una variable local que no ha sido previamente inicializada, el compilador mostrará un error.

```
void metodo(){
        int n;
        n=n+1; //error de compilación: variable local no inicializada
}
```

2.3.4. Referencias a objetos

Existen dos tipos de variables en función del tipo de dato que almacenan: de **tipo primitivo** y de **tipo objeto**. Las variables de tipo primitivo ocupan la memoria necesaria para almacenar cualquier dato de ese tipo. Por ejemplo, una variable de tipo *int* en Java ocupa 32 bits o 4 *bytes* de memoria, así como una variable de tipo *double* ocupa 64 bits u 8 *bytes* de memoria.

```
int numeroPar = 128;
double precio = 13.25;
```

En este ejemplo, la variable *numeroPar* puede contener cualquier número entero en el rango de representación de las variables de tipo *int* en Java. Del mismo modo, la variable *precio* puede almacenar cualquier dato en coma flotante en doble precisión.

Las variables de tipo objeto contienen una referencia que apunta al lugar donde se encuentra almacenado el objeto, esto es, **no almacenan el objeto en sí,**

sino el lugar de la memoria donde localizarlo. El tamaño que ocupa la variable de tipo objeto varía en función de la arquitectura y la configuración de la máquina virtual de Java, los valores más probables son 4 u 8 *bytes* (32 o 64 bits). Mientras que este tamaño es fijo, no lo es el del objeto al que hace referencia, cuyo tamaño puede variar en cualquier momento.

```
String nombre = "Luis";
String apellido = "Valverde";
```

En el código anterior, las variables *nombre* y *apellido* son de tipo objeto, en concreto de la clase *String*. Estas variables contienen referencias a lugares de memoria donde se encuentran almacenados sendos objetos. La variable *nombre* contiene la referencia al objeto *String* que almacena la cadena de caracteres "*Luis*", mientras que la variable *apellido* contiene la referencia al objeto *String* que almacena la cadena de caracteres "*Valverde*".

Un mismo objeto puede estar referenciado por más de una variable. Dicho de otro modo, puede haber diferentes variables que referencien al mismo objeto.

```
String nombre = "Luis";
String alias = nombre;
```

En este caso la variable *alias* contendrá la misma referencia que la variable *nombre*, es decir, el objeto *String* que contiene la cadena "*Luis*". La Ilustración 2.4 muestra de manera gráfica este ejemplo.

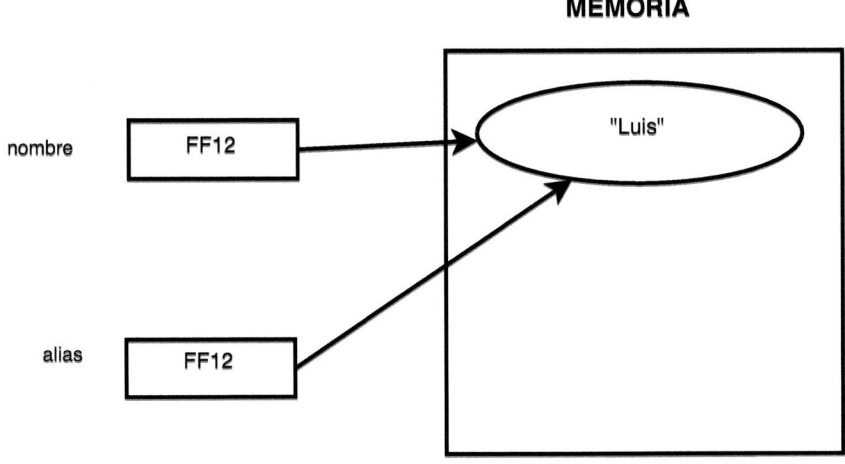

Ilustración 2.4. Esquema de memoria de referencias tipo objeto.

¿Qué ocurriría si se modificase el contenido del objeto a través de una de sus referencias? El sentido común nos dicta que independientemente de la variable que se utilizase, el objeto cambiaría su contenido, siendo visible este cambio para todas sus referencias. Y es lo que ocurre, casi siempre.

Esto es lo que ocurre normalmente, salvo que el objeto referenciado sea **inmutable**. En Java, una vez creado un objeto inmutable, el valor de sus atributos no puede modificarse sin que se modifique su referencia, esto es, al intentar modificar el contenido de un objeto inmutable, este creará un nuevo objeto con el nuevo contenido, dejando intacto el objeto original.

Son objetos inmutables en Java los envoltorios de los tipos primitivos (los objetos *Character*, *Byte*, *Short*, *Integer*, *Long*, *Float* y *Double*) y los objetos *String*, entre otros.

Por tanto, si en el ejemplo anterior intentamos modificar el contenido de la variable *alias*, el contenido referenciado por la variable *nombre* no se verá afectado.

```
String nombre = "Luis";
String alias = nombre;
alias = "Juan";
```

La Ilustración 2.5 muestra gráficamente lo que ocurre.

MEMORIA

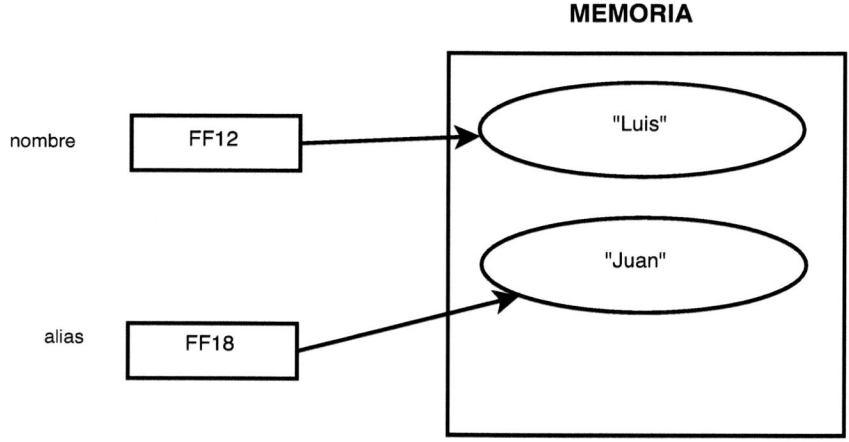

Ilustración 2.5. Modificación de un objeto inmutable

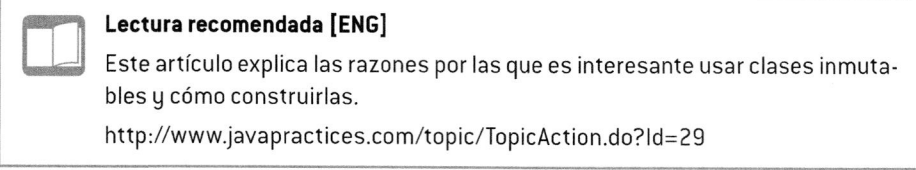

Lectura recomendada [ENG]

Este artículo explica las razones por las que es interesante usar clases inmutables y cómo construirlas.

http://www.javapractices.com/topic/TopicAction.do?Id=29

2.3.5. Persistencia de objetos

La persistencia es el mecanismo por el cual los datos de un objeto son guardados para su uso posterior o futuro. Existen diversos mecanismos de persistencia:

- **Serialización.** Consiste en generar una secuencia continua de *bytes* del objeto con el fin de almacenarlo en un fichero o transmitirlo a través de la red.

- **Mapeo objeto-relacional** (*Object-Relational Mapping* – ORM). Consiste en crear una correspondencia entre la estructura de un programa orientado a objetos que permita almacenar sus objetos junto a sus relaciones (herencia, composición) en una base de datos relacional (no orientada a objetos). En Java esto se lleva a cabo mediante la **especificación JPA** (*Java Persistence API* o *Jakarta Persistence*). Algunas de las implementaciones más relevantes de esta API son **OpenJPA** e **Hibernate**.

- **Bases de datos orientadas a objetos.** Este tipo de bases de datos están preparadas para almacenar los objetos y guardar sus relaciones de manera nativa, sin mapeos. Su uso no está muy extendido y hay pocos ejemplos de sistemas gestores de este tipo.

En la sección «4.8. Transacciones y persistencia» se explica en detalle la serialización y el acceso a bases de datos desde Java.

 Recurso

La web de Hibernate contiene toda la información sobre el uso de esta tecnología en Java.

http://hibernate.org/orm/

2.3.6. Optimización de memoria y recolección de basura (*garbage collection*)

A la hora de crear aplicaciones se debe tener en cuenta que los recursos de un sistema informático son limitados, si bien es cierto que en los equipos domésticos actuales estas limitaciones no son demasiado restrictivas.

Muy diferente sería si se estuvieran desarrollando aplicaciones para entornos críticos, de tiempo real o sistemas empotrados, donde las condiciones de seguridad y eficiencia son fundamentales, y los recursos como la memoria o el procesador son un bien preciado.

Por tanto, las restricciones y mecanismos que imponga el programador para hacer un uso racional de la memoria irán ligados con el tipo de aplicación que se esté desarrollando y el tipo de máquina o sistema donde se ejecutará. En general, podemos establecer algunas recomendaciones a este respecto:

- Evitar la creación de objetos temporales o de un solo uso, especialmente en el interior de bucles.

- En cadenas de caracteres donde se van a realizar cambios constantemente, sustituir el tipo *String* por el tipo *StringBuilder* (o *StringBuffer* en aplicaciones concurrentes) que implementan las características de una cadena de caracteres en una clase no inmutable. Este ejemplo es válido para cualquier clase inmutable que sea modificada constantemente.

- Emplear herramientas de *profiling* sobre nuestra aplicación para analizar el uso de la memoria e identificar posibles lagunas o abusos de determinados paquetes, librerías o métodos.

La gestión de la memoria en Java es relativamente sencilla para el programador, puesto que no debe de preocuparse por liberar la memoria que ha reservado. El **recolector de basura** (GC o *Garbage Collector*) se encarga de ello de manera automática. La especificación de la máquina virtual de Java no indica cómo o cuándo ha de hacerse dicha recolección, por lo que el programador no puede codificar su aplicación con la asunción de que la memoria ocupada por un determinado objeto será liberada en un momento determinado de tiempo.

La máquina virtual de Java mantiene la cuenta de las referencias que tiene un objeto (véase sección «2.3.4. Referencias a objetos»). En el momento que un objeto se queda sin referencias, es decir, no hay ninguna variable que apunte a él, el objeto deja de ser accesible por la aplicación y el recolector de basura liberará la memoria ocupada por el mismo.

Lectura recomendada

Tesis doctoral de José Manuel Velasco Cabo presentada en la Universidad Complutense de Madrid, donde analiza diversas técnicas para optimizar el uso de la memoria en sistemas empotrados en entornos Java y el impacto que tiene el recolector de basura en los mismos.

https://dialnet.unirioja.es/servlet/tesis?codigo=92679

2.4. Herencia

En esta sección se estudiarán los conceptos de herencia, clases abstractas, interfaces y polimorfismo, que constituyen uno de los aspectos más avanzados y potentes de los que dispone la programación orientada a objetos. Su correcto manejo por parte del programador hará que el código se pueda reutilizar y mantener más fácilmente.

2.4.1. Concepto de herencia. Superclases y subclases

La herencia es una cualidad de los lenguajes orientados a objetos que permite a una clase, llamada **clase hija** o **subclase**, adquirir las características (atributos y métodos) de otras clases, llamada **clase padre** o **superclase**. Además, la subclase puede añadir nuevas características que no están en la superclase y modificar el comportamiento de los métodos heredados (redefinir o sobrescribir). Se dice que la subclase es una versión especializada o extendida de la superclase. La ventaja principal de la herencia es la reutilización de código.

En la sección «2.2.4. Agregación de clases» se explicó la agregación y la composición de clases. Este tipo de relaciones se pueden identificar si entre ellas se puede aplicar la relación "**tiene un**":

- Un piloto tiene una licencia de conducción.
- Un vehículo tiene un piloto.

Para identificar si existe una relación de herencia entre dos clases, se puede comprobar si existe la relación "**es un**" entre ellas:

- Un perro es un mamífero.
- Un coche es un vehículo.

Se podría establecer una relación de herencia entre *Vehículo* como clase padre o superclase y, por ejemplo, las clases *Coche* y *Motocicleta*. Un coche y una motocicleta son vehículos. Estas dos nuevas clases heredarían de *Vehículo* sus atributos y métodos, por lo que si un vehículo tiene un *Piloto*, *Coche* y *Motocicleta* también lo tendrían.

La herencia en Java

Para indicar que una clase hereda de otra, se utiliza la palabra reservada *extends*:

```
public class Subclase extends Superclase{ ... }
```

Las clases que no indican que heredan de una clase en concreto, es decir, no utilizan la palabra reservada *extends*, por defecto heredan de la clase *Object*. En Java, esta clase es el nodo raíz del árbol de herencia de cualquier clase, lo que implica que toda clase Java posee las características comunes heredadas de *Object*. Entre estas características comunes, destacan los siguientes métodos:

- *protected Object clone() throws CloneNotSupportedException*. Crea y devuelve una copia exacta del objeto.

- *public boolean equals(Object obj)*. Comprueba si otro objeto es igual a este objeto.

- *public final Class getClass()*. Devuelve la clase de un objeto en tiempo de ejecución.

- *public String toString()*. Devuelve una representación en cadena de caracteres del objeto.

Estos métodos poseen una implementación por defecto en la clase **Object**. En la mayoría de las ocasiones esta implementación es demasiado genérica, por lo que el programador deberá ajustarla a sus necesidades, es lo que se denomina **redefinir** o **sobrescribir un método**. Más adelante se mostrarán ejemplos de cómo sobrescribir métodos en la subclase.

Lectura recomendada [ENG]

Sección de los tutoriales oficiales del lenguaje Java que explica las características de la clase *Object*.

https://docs.oracle.com/javase/tutorial/java/landl/objectclass.html

En la sección «2.3.3. Visibilidad y uso de las variables de estado» se explicaron los modificadores de acceso que determinan la visibilidad de los elementos sobre los que se aplican y su relación con la herencia entre clases.

Al sobrescribir un atributo o método, es posible modificar su visibilidad, pero siempre a un modificador de acceso menos restrictivo, es decir, podemos hacer que un miembro *protected* en la superclase pase a ser *public* en la subclase, pero no al contrario.

Los constructores en la subclase

El constructor no solo es el encargado de inicializar los atributos de la clase, también debe inicializar los atributos heredados de la superclase. Pero anteriormente se comentó que los atributos privados no son accesibles por la subclase, por tanto, se necesita de un mecanismo para poder llevar a cabo esta inicialización. Ese mecanismo lo provee el método *super()*, un método especial que invoca al constructor de la superclase y recibe los mismos parámetros que este.

El orden de inicialización de los atributos debe ser el mismo que impone la jerarquía de herencia, es decir, la inicialización comienza en el nodo raíz de la herencia y continúa hacia las subclases. La llamada al método *super()* debe aparecer siempre en primer lugar en el código del constructor, de lo contrario se producirá un error de compilación. Si la llamada a *super()* no se realiza de manera explícita, el compilador la añade de forma implícita, para lo cual es necesario que la superclase disponga de un constructor por defecto (sin parámetros) o de lo contrario se produciría un error de compilación que para corregirlo, bien tendría que añadirse el constructor por defecto a la superclase, o bien tendría que añadirse la llamada explícita a *super()* con una lista de parámetros que coincida con algún constructor presente en la superclase.

Sobrescritura o redefinición (*override*)

La redefinición o sobrescritura de un método consiste en modificar en la subclase la implementación de un determinado método heredado de la superclase. Para ello, se debe escribir en la subclase el nombre del método exactamente igual que en la superclase y con el mismo número y tipo de parámetros. Adicionalmente, se debe añadir la anotación *@Override* encima del nombre del método. Como ya se comentó, el método redefinido puede tener un modificador de acceso menos restrictivo.

Si se desea invocar desde el método de la subclase la versión del método de la superclase, se debe emplear la palabra *super* seguida de un punto y el nombre del método.

La palabra reservada *final*

La palabra reservada *final* es un modificador que según donde sea empleado adquiere un significado diferente:

- En **atributos**: indica que ese atributo no se puede modificar, es decir, es una constante.

- En **métodos**: indica que ese método no se puede sobrescribir (*override*) en las subclases.

- En **clases**: indica que la clase no puede ser heredada, es decir, finaliza la cadena de herencia.

- En **parámetros de un método**: indica que el valor del parámetro no puede modificarse dentro del método. Si el parámetro se tratase de una referencia a un objeto, indicaría que no puede modificarse la misma pero sí el contenido del objeto (si el objeto no es inmutable, ya que la modificación del objeto conllevaría una nueva referencia, véase sección «2.3.4. Referencias a objetos»).

Un ejemplo de herencia completo

Se va a mostrar el código de un pequeño programa con dos clases. Una clase *Persona* y una clase *Trabajador* que hereda de *Persona*. El código de la clase *Persona* es el siguiente:

```java
public class Persona {
  private String nombre;
  private String dni;
  private int edad;
  public Persona(String nombre, int edad, String dni){
    if(nombre.equals("")){
      throw new IllegalArgumentException("Error: El nombre no puede estar vacío");
    }
    if(edad<0){
      throw new IllegalArgumentException("Error: La edad no puede ser negativa");
    }
    if(dni.length()!=9){
      throw new IllegalArgumentException("Error: El DNI debe tener 9 caracteres");
    }
    this.nombre=nombre;
    this.edad = edad;
    this.dni = dni;
  }
  public String getNombre() {
    return nombre;
  }
  public void setNombre(String nombre) {
    this.nombre = nombre;
  }
  // ... resto de métodos get y set
  @Override
  public String toString(){
    return this.nombre+" con dni "+this.dni+" tiene "+" años.";
  }
}
```

La clase *Persona* tiene tres atributos (*nombre*, *edad* y *dni*). El constructor inicializa los atributos sin hacer las comprobaciones correspondientes (nótese que el *dni* no está validado adecuadamente), y se han creado todos los métodos *get()* y *set()* (los métodos *set()* tampoco validan los parámetros adecuadamente) para todos los atributos. Además, *toString()*, que es heredado de *Object*, se ha redefinido para que devuelva una representación adecuada en cadena de caracteres del objeto *Persona*.

La clase *Trabajador* tiene la siguiente implementación:

```
public class Trabajador extends Persona{
  private int horas;
  private double sueldo;
  public Trabajador(String nombre, int edad, String dni, int horas, double sueldo){
    super(nombre,edad,dni);
    if(horas<0)
      throw new IllegalArgumentException("Error: horas negativas");
    if(sueldo<0)
      throw new IllegalArgumentException("Error: sueldo negativo");
    this.horas = horas;
    this.sueldo = sueldo;
  }
  // ...métodos get y set
  @Override
  public String toString(){
    String s = super.toString();
    return s+"\n\tTrabaja "+this.horas+" a la semana y gana "+this.sueldo+"€ al mes";
  }
}
```

Esta clase tiene dos atributos, *horas* y *sueldo* más los que hereda de la clase *Persona*. Fíjese en el código del constructor. Recibe por parámetro valores para los atributos heredados de *Persona* y para los suyos propios. Para inicializar los atributos de *Persona*, la primera sentencia del constructor es la llamada a *super()*, lo que invoca al constructor de la superclase, inicializando los atributos de *Persona*. A continuación, se inicializan los atributos de *Trabajador*. El método *toString()* también está redefinido en *Trabajador* y para hacerlo reutiliza el código del mismo método en la superclase, invocando a *super.toString()*.

La siguiente porción de código ilustra un pequeño programa que hace uso de estas dos clases.

```
public static void main(String[] args) {
    Persona juan = new Persona("Juan García Pérez",23,"12345678R");
    Trabajador alberto = new Trabajador("Alberto González López",41,"87654321M",40,1050);
    //se muestran los objetos por pantalla.
    System.out.println(juan);
    System.out.println(alberto);
}
```

La ejecución mostraría por pantalla el siguiente texto:

Juan García Pérez con dni 12345678R tiene 23 años.
Alberto González López con dni 87654321M tiene 41 años.
Trabaja 40 horas a la semana y gana 1050.0€ al mes

2.4.2. Herencia múltiple

La herencia múltiple consiste en que una subclase puede heredar de más de una superclase. La herencia múltiple añade cierta complejidad y algunas posibles complicaciones relacionadas con conflictos de nombres entre atributos y métodos.

El lenguaje **Java no permite la herencia múltiple de clases**, mientras que C++ sí la soporta. En Java hay una pequeña excepción y es que **sí es posible la herencia múltiple entre interfaces** (véase sección «2.4.3. Clases abstractas»).

2.4.3. Clases abstractas

Una clase abstracta es una idealización de un conjunto de clases con cualidades similares. En realidad, no existen objetos de esta clase como tal, pero se crea porque es útil para categorizar o clasificar los objetos que comparten aspectos comunes. En definitiva, es útil para la reutilización de código y la agrupación de comportamiento similar que permite el uso del **polimorfismo**.

Esto es algo muy común en nuestra vida cotidiana. Por ejemplo, llamamos vehículos a un conjunto muy amplio y distinto de objetos diferentes: coches, camiones, furgonetas, motocicletas, etc. Aunque tienen características diferentes, todos esos objetos son vehículos (puede observarse la relación "es un" en todos los ejemplos) y comparten características comunes. Sin embargo, uno no puede ir a una tienda a comprarse un vehículo porque no existe.

El objetivo de crear una clase abstracta en POO es utilizarla como superclase en una jerarquía de herencia. Las características principales de las clases abstractas en Java son:

- Una clase abstracta **no puede instanciarse**, esto es, no se puede llamar a *new* sobre una clase abstracta.

- Una clase abstracta **puede tener métodos sin implementación**, es decir, solo tienen la cabecera del método pero no tienen cuerpo. Se llaman **métodos abstractos**.

- **Los constructores** de una clase abstracta **no pueden ser abstractos**.

Para declarar una clase abstracta y un método abstracto se utiliza la palabra reservada **abstract**.

Se pretende ampliar el ejemplo de las clases **Punto** y **Circulo** visto anteriormente en este capítulo para soportar más tipos de figuras geométricas como triángulos y rectángulos. Además, se quiere poder calcular el área de cualquiera de ellas. Como puede observarse, todos estos objetos comparten características y comportamientos similares por lo que es adecuado crear una **superclase abstracta Figura** de la que hereden. ¿Por qué abstracta? En primer lugar, no existen objetos figura como tales, y en segundo lugar, existe un comportamiento común, todas las figuras tienen área, pero el cálculo del área es distinto para cada figura, por lo que no se sabe cómo implementar este método en la superclase.

A continuación, se muestra el código de la clase abstracta **Figura**.

```
public abstract class Figura {
  public abstract double area();
}
```

Por simplicidad, el código creado es bastante sencillo, pero se podrían considerar más elementos en esta clase que son comunes a todas las figuras geométricas, como por ejemplo, un método abstracto que devuelva el **baricentro** de la figura, que sería un objeto de tipo **Punto** con las coordenadas del mismo.

A continuación, el código de la clase **Circulo** se modifica para que herede de **Figura** y sobrescriba el método abstracto **area()**.

```
public class Circulo extends Figura{
  private double radio;
  private Punto centro;
  ...
  @Override
  public double area() {
    return Math.PI*this.radio*this.radio;
  }
}
```

Cuando una clase hereda de una clase abstracta está obligada a, bien redefinir todos los métodos abstractos heredados, bien declararse como clase abstracta.

Por último, se mostrará la implementación de la nueva clase **Triangulo** que hereda también de **Figura**.

```
public class Triangulo extends Figura{
  private double base;
  private double altura;
  public Triangulo(){
    this(0,0);
  }
  public Triangulo(double base, double altura){
    if(base<0 || altura<0)
      throw new IllegalArgumentException("Error: La base o la altura no pueden ser ne-
gativos");
    this.base = base;
    this.altura = altura;
  }
  @Override
  public double area() {
    return (this.base*this.altura)/2;
  }
}
```

En este ejemplo, el objeto *Triangulo* tiene dos atributos, *base* y *altura*. Hubie-ra sido posible utilizar tres objetos de tipo *Punto* y calcular la base y la altura a partir de ellos, pero se ha hecho así por simplicidad.

En la sección «2.4.5. Polimorfismo y enlace dinámico (*dynamic binding*)» se continuará con este ejemplo y se demostrará la enorme potencia de la POO.

Interfaces en Java

Las **interfaces** son el mecanismo utilizado en Java para que una clase pue-da adherirse a un contrato, sin que tenga que existir algún tipo de relación entre los objetos que se adhieren a dicho contrato. Un ejemplo de ello es la in-terfaz *Comparable*, que contiene un único método, *compareTo*. Aquellas cla-ses en las que existe una relación de orden pueden adherirse a este contrato e implementar la interfaz, es decir, la interfaz *Comparable* se utiliza para defi-nir el orden natural entre los objetos de la misma clase. La sentencia *objeto1.compareTo(objeto2)*, devuelve un número entero negativo si *objeto1<objeto2*, positivo si *objeto1>objeto2* y 0 si son iguales.

Por ejemplo, las clases *Punto* y *Circulo* estudiadas en este capítulo podrían im-plementar la interfaz *Comparable*, considerando que un punto es mayor que otro si está más a la derecha (eje X) en el plano, y que un círculo es mayor que otro si su radio es mayor.

Así quedaría el código en la clase *Punto*:

```
public class Punto implements Comparable<Punto>{
  ...
  @Override
  public int compareTo(Punto o) {
    return Double.compare(this.x, o.x);
  }
}
```

Y así en la clase *Circulo*:

```
public class Circulo extends Figura implements Comparable<Circulo>{
  ...
  @Override
  public int compareTo(Circulo o) {
    return Double.compare(this.radio, o.radio);
  }
}
```

Para implementar una interfaz se usa la palabra reservada *implements* tras el nombre de la clase. Nótese que tras el nombre de la interfaz *Comparable* aparece el nombre de la clase entre los símbolos < >, conocido como operador diamante (*diamond operator*). Esto es debido a que esta interfaz está definida para **tipos genéricos** (véase sección «2.6.1. Concepto de genericidad»). El método *compareTo()* debe devolver un valor menor, igual o mayor que cero, en función de si el objeto *this*, es menor, igual o mayor que el objeto con el que se compara.

Al igual que ocurre con las clases abstractas, una clase que implementa una interfaz debe redefinir todos sus métodos o declararse abstracta.

Una clase puede implementar más de una interfaz escribiendo cada una de ellas separadas por comas:

```
public class Prueba implements A, B, C{ ... }
```

Para crear nuestra propia interfaz se utiliza la palabra reservada *interface*, en lugar de *class*:

```
public interface A { ... }
```

Una interfaz es un tipo especial de clase que no puede contener atributos, solo constantes estáticas y métodos abstractos, de forma general desde Java 7. En Java 8 se añadió la posibilidad de incluir métodos predeterminados y métodos estáticos. Un método predeterminado se declara con la palabra reservada *default*, y tiene una implementación por defecto que puede redefinirse o no por la clase que implementa la interfaz. Desde Java 9 las interfaces también pueden contener métodos privados y métodos estáticos privados.

Por último, también puede hacerse herencia entre interfaces, y aunque Java no permite la herencia múltiple entre clases, sí es posible entre interfaces:

```
public interface C extends A, B{ ... }
```

2.4.4. Tipos de herencia

Los tipos de herencia ya han sido mencionados. Recapitulando:

- **Herencia simple**. Una subclase solo puede heredar directamente de una superclase.
- **Herencia múltiple**. Una subclase puede heredar de más de una superclase al mismo tiempo.

2.4.5. Polimorfismo y enlace dinámico (*dynamic binding*)

Según la RAE el *polimorfismo* es la 'cualidad de lo que tiene o puede tener distintas formas'. En POO, el polimorfismo es la cualidad que tiene un objeto de comportarse como otros objetos. Esto se consigue a través de la herencia y de las interfaces (en Java).

El hecho de que un objeto cualquiera de una subclase es también un objeto de la superclase (un triángulo es una figura y un círculo también es una figura) hace que las referencias a la superclase puedan comportarse como cualquiera de sus subclases. Aunque la explicación puede parecer compleja, con un ejemplo se verá más claramente.

En nuestra aplicación de figuras geométricas se van a crear diferentes tipos de objetos, todos ellos subclases de *Figura*. Esta sería una forma de hacerlo:

```
Circulo c1 = new Circulo(3,0,0);
Circulo c2 = new Circulo(4.8,1,3);
Triangulo t1 = new Triangulo(4,8);
Triangulo t2 = new Triangulo(6.4,4.2);
```

El problema es notable. ¿Cómo haríamos para almacenar cien objetos distintos? La única opción posible sería utilizar una estructura para cada tipo de figura, un *array* de círculos, otro *array* de triángulos, etc. Lo que supone un enorme esfuerzo y duplicidad de código. ¿Y si añadiéramos un nuevo tipo como, por ejemplo, *Rectángulo*? Tendríamos que crear una nueva estructura con toda la funcionalidad necesaria. La solución a este problema es el **polimorfismo**. Gracias a él se puede utilizar una referencia de la superclase *Figura* para almacenar cualquier objeto de sus subclases. El código quedaría así:

```
Figura f1 = new Circulo(3,0,0);
Figura f2 = new Circulo(4.8,1,3);
Figura f3 = new Triangulo(4,8);
Figura f4 = new Triangulo(6.4,4.2);
```

Ahora viene lo realmente poderoso. Cualquiera de esas referencias *f1* a *f4* adopta la forma del objeto que contiene. ¿Qué ocurre al llamar al método *area()*? Este método es un método abstracto de *Figura* que implementan cada una de las subclases. Gracias al **enlace dinámico** o **ligadura dinámica** (*dynamic binding*), la versión del método *area()* que se ejecuta corresponde al objeto que está contenido en dicha referencia. Para ilustrarlo, se implementará una función que muestre por pantalla el área de una figura. El código del programa es el siguiente:

```
public static void main(String[] args) {
    Figura f1 = new Circulo(3,0,0);
    Figura f2 = new Circulo(4.8,1,3);
    Figura f3 = new Triangulo(4,8);
    Figura f4 = new Triangulo(6.4,4.2);
    escribirAreaFigura(f1);
    escribirAreaFigura(f2);
    escribirAreaFigura(f3);
    escribirAreaFigura(f4);
}
public static void escribirAreaFigura(Figura f){
    System.out.println("El area de f es "+f.area());
}
```

Y el resultado mostrado en pantalla sería el siguiente:

```
El área de f es 28.274333882308138
El área de f es 72.38229473870884
El área de f es 16.0
El área de f es 13.440000000000001
```

De esta manera, aunque se cree un nuevo tipo que herede de *Figura* como *Rectángulo*, el programa podría funcionar sin añadir ningún nuevo método. Sin polimorfismo, el método *escribirAreaFigura()* habría tenido que ser implementado tantas veces como subclases de *Figura* hubiera en el programa.

El operador *instanceof*

A través de una referencia del tipo *Figura* solo se puede acceder a los atributos y métodos que sean accesibles en esta clase. En este caso, *Figura* solo dispone del método público *area()*.

Para poder utilizar los métodos del objeto concreto que no están disponibles a través de la variable polimórfica, es necesario cambiar la referencia a una variable del mismo tipo del objeto. El operador *instanceof* disponible en Java permite comprobar si una determinada variable polimórfica es instancia de una clase. El siguiente fragmento de código ilustra la utilidad de este operador y su funcionamiento:

```
public static void escribirAreaFigura(Figura f) {
    System.out.println("El área de f es " + f.area());
    if (f instanceof Circulo) {
      Circulo c = (Circulo) f;
      System.out.println("El radio del círculo es " + c.getRadio());
    } else if (f instanceof Triangulo) {
      Triangulo t = (Triangulo) f;
      System.out.println("La base del triángulo es " + t.getBase());
      System.out.println("La base del triángulo es " + t.getAltura());
    } else {
      System.out.println("Tipo de Figura no identificado");
    }
}
```

El código añadido a la función *escribirAreaFigura()* utiliza el operador *instanceof* para recuperar la referencia al objeto contenido en el parámetro *f*. Para ello es necesario realizar un *casting* explícito sobre *f* al tipo de objeto del que se trata. A partir de ese momento, desde la referencia de tipo *Circulo* o *Triangulo* sí pueden llamarse los métodos de estas clases, en el ejemplo *getRadio()*, *getBase()* y *getAltura()*.

Polimorfismo con interfaces

El polimorfismo funciona de igual manera con las interfaces. En un ejemplo anterior se vio cómo la clase *Punto* y *Circulo* implementaban la interfaz *Comparable*. Por tanto, podría utilizarse una referencia del tipo de la interfaz para almacenar objetos que la implementen. De igual modo, solo estaría disponible desde esta referencia el método *compareTo( )*. En la sección «2.6.1. Concepto de genericidad» se verá un ejemplo de su utilidad.

2.4.6. Directrices para el uso correcto de la herencia

Para determinar una jerarquía de clases en una aplicación es necesario establecer un compromiso entre las posibilidades reales de reutilización y su utilidad. Un número elevado de clases y de relaciones entre ellas supone un aumento de la complejidad en el código, lo que supone incrementar los costes. Para ello es fundamental la documentación generada en la fase de diseño, ya que ahí deben establecerse las clases de la aplicación.

El error que se comete a menudo es considerar una relación de herencia entre dos objetos cuando no la hay. Por ello, debe estudiarse bien si entre esos dos objetos existe la relación "*es un*", y si es posible que esa relación la compartan más objetos del programa.

2.5. Modularidad

La modularidad del *software* permite crear aplicaciones informáticas a partir de componentes ya creados por nosotros mismos o por terceros. Cuanto más modular sea el diseño de la aplicación, mejor podrán interactuar entre sí sus diferentes componentes. Además, un buen diseño de los componentes permitirá reutilizarlos en futuras aplicaciones. Normalmente estos componentes o módulos se agrupan en paquetes, librerías de clases (API) o *frameworks*.

Es muy importante que durante la fase de diseño se establezca un compromiso en la modularidad del *software*. A veces ocurre que se pone demasiado esfuerzo y tiempo en diseñar una librería para que pueda ser reutilizada en el futuro cuando las posibilidades de que esto ocurra son realmente mínimas.

En esta sección se explicará cómo crear y utilizar librerías de clases o paquetes en Java.

2.5.1. Librería de clases. Ámbito de utilización de nombres

Una librería de clases es un conjunto de clases con una entidad lógica común que se distribuye en un único fichero con la extensión *.jar (Java ARchive)*. Las librerías o paquetes tienen una fase de desarrollo y mantenimiento independiente de las aplicaciones que las utilizan, por lo que pueden corregirse errores y añadir nueva funcionalidad sin que esto afecte a las aplicaciones cliente de la librería.

Los cambios en la interfaz pública de la librería son más delicados. La técnica habitual cuando esto ocurre no es eliminar el método o clase en cuestión de manera inmediata, sino que los desarrolladores establecen estos elementos como **obsoletos** (*deprecated*). Los elementos obsoletos permanecen en este estado durante un tiempo prudencial en las nuevas versiones de la librería para que los programas sigan funcionando en caso de actualizar la librería. Así los desarrolladores disponen de tiempo suficiente para poder hacer los cambios necesarios y sustituir los elementos obsoletos por otros más actuales.

La versión estándar de Java (**Java SE**) dispone de más de cuatro mil clases, que van desde librerías para lectura de datos por teclado, manejo de ficheros, conexión a bases de datos, criptografía, protocolos de red, interfaces gráficas de usuario y un largo etcétera. Esto nos da una idea de la cantidad de código disponible para ser reutilizado con el consiguiente ahorro de tiempo en el desarrollo de nuestras aplicaciones.

Recurso [ENG]

En el siguiente enlace se puede obtener toda la documentación de las diferentes versiones de Java SE (*Standard Edition*) y del JDK. Es el principal punto de referencia del desarrollador más experimentado.

https://docs.oracle.com/en/java/javase/index.html

Organización de las clases en paquetes

En Java, un paquete es un directorio donde están almacenados los ficheros *.class*, resultado de compilar los ficheros *.java* de nuestra librería. El paquete puede estar compuesto, a su vez, de subpaquetes, que consistirán en directorios dentro del directorio principal, y cada uno conteniendo los ficheros *.class* correspondientes a dicho subpaquete.

El directorio principal del API Java se llama *java*, dentro del cual podemos encontrar los diferentes subdirectorios. El nombre de los directorios tiene una correspondencia directa con el nombre del paquete. Por ejemplo, la clase *String* se encuentra en el paquete *java.lang*, lo que indica que el fichero *String.class* estará situado en el directorio *java/lang/*.

El nombre de un paquete permite dividir el **espacio de nombres** de las clases de manera que sea único y global, lo que evita que haya conflictos de clases. Como convención, un paquete se nombra con el dominio de Internet del creador del paquete, dado la vuelta. Por ejemplo, el paquete *ejemplopaquete* creado por www.joseberenguel.com se nombraría como **com.joseberenguel.ejemplo-paquete**. Por tanto, este paquete se distribuiría con el nombre **ejemplopaquete.jar**, y, dentro del mismo, las clases se encontrarían localizadas en el directorio **com/joseberenguel/ejemplopaquete/**.

Las sentencias *package* e *import*

La sentencia **package** es la primera que se debe escribir en un fichero *.java*. Esta sentencia indica el nombre del paquete al que pertenece la clase contenida en dicho fichero. Supongamos que en el paquete *ejemplopaquete.jar* se ha implementado una clase **String**, con lo cual debe existir un fichero **String.java** con un código similar al siguiente:

```
package ejemplopaquete;
public class String{
        //Código de la clase String
}
```

Cuando el programador quiere hacer uso de una clase que pertenece a un paquete, tiene dos alternativas. La primera de ellas es utilizar el nombre cualificado de la clase, es decir, el nombre completo de la clase incluido el paquete en el que está situado. El siguiente ejemplo muestra una porción de código que declara dos variables de tipo **String**, en realidad una variable de tipo *java.lang.String* y otra *com.joseberenguel.ejemplopaquete.String*.

```
java.lang.String cadena1 = new java.lang.String("Esto es una cadena de caracteres").
com.joseberenguel.ejemplopaquete.String cadena2 = new com.joseberenguel.ejemplo-paquete.String("Otra cadena de caracteres").
```

Fíjese que hacer esto con cada nombre de clase puede ser engorroso y para nada eficiente. La segunda alternativa es importar el paquete, de modo que podamos hacer referencia a la clase sin necesidad de escribir su nombre cualificado. Para ello, se utiliza la sentencia **import** seguida por el nombre del paquete que se va a importar. Existen dos formas de realizar la importación:

- Importar solo una clase: **import java.lang.String**;

- Importar todas las clases de un paquete: **import java.lang.***;

El * indica que queremos importar todas las clases contenidas en el paquete *java.lang*. Esto puede ser costoso si se realiza con todos los paquetes que vayamos a importar, ya que el compilador carga en memoria todas las clases que haya incluidas en dicho paquete. En el caso del paquete *java.lang* el compilador ya realiza esto por defecto por lo que todas sus clases están disponibles sin necesidad de hacer la importación de manera explícita.

Volviendo al ejemplo anterior de las dos clases *String*, podríamos realizar el *import* del paquete *ejemplopaquete* para evitar escribir el nombre cualificado de la clase, pero entonces nos encontraríamos con que al declarar las dos variables, estas tendrían el mismo tipo, ¿cómo distinguiría el compilador a qué paquete corresponde cada una de ellas?

```
import com.joseberenguel.ejemplopaquete.String;
//el import java.lang.* se realiza de manera automática
String cadena1 = new String("Esto es una cadena de caracteres").
String cadena2 = new String("Otra cadena de caracteres").
```

En este caso el compilador daría un error, no quedaría otra opción que realizar el *import* de una clase (la más utilizada) y utilizar el nombre cualificado de la otra. A diferencia de otros lenguajes, Java no provee ningún mecanismo para nombrar un alias para una clase en el momento de la importación.

2.5.2. Ventajas de la utilización de módulos o paquetes

De todo lo expuesto anteriormente, se pueden deducir algunas ventajas en la utilización de paquetes:

- **Reutilización del código**. Un buen diseño de un paquete permite reutilizar el código múltiples veces, incrementando la eficiencia en el desarrollo de aplicaciones.

- **Modularidad del** *software*. El diseño de los paquetes permite crear *software* más modular e independiente entre sí, lo que facilita la ampliación, actualización y corrección de errores.

2.6. Genericidad y sobrecarga

Estos dos conceptos ya se han tratado en este capítulo aunque sin mencionarlos. En los siguientes apartados se explicarán en detalle.

2.6.1. Concepto de genericidad

La **genericidad** es una propiedad del lenguaje que permite definir clases o métodos sobre tipos de datos genéricos. Esto **permite independizar la implementación de un algoritmo con el tipo de dato con el que vaya a ser utilizado**. Por ejemplo, un algoritmo de ordenación funciona exactamente igual, independientemente de que lo que se vayan a ordenar sean valores de tipo *String*, *double* o *Persona*, lo único que se necesita es establecer una relación de orden entre dichos tipos.

Utilizando la genericidad es posible crear una única función que implemente dicho algoritmo de ordenación para utilizarla independientemente de los datos que se quieran ordenar. En un lenguaje como C esto no es posible, por lo que hay que implementar una función independiente para cada tipo de dato distinto. En cambio, C++ sí soporta genericidad a través de las plantillas (*templates*).

Para explicar cómo funcionan los tipos genéricos en Java utilizaremos la interfaz *Comparable* presentada anteriormente en este capítulo. En realidad, Java dispone de dos interfaces, *Comparable* y *Comparable<T>*, con sendos métodos *compareTo()*:

- **public int compareTo(Object o)**. Método *compareTo()* de la interfaz *Comparable*.

- **public int compareTo(T t)**. Método *compareTo()* de la interfaz *Comparable<T>*.

El tipo *T* es la declaración del tipo genérico y sus ocurrencias se sustituyen cuando se implementa la interfaz sobre un determinado tipo. En un ejemplo anterior, la clase *Circulo* implementaba así la interfaz *Comparable<T>*:

```
public class Circulo extends Figura implements Comparable<Circulo>{ ... }
```

Lo que hace el compilador en este caso es sustituir el tipo *T* por la clase *Circulo*:

```
public interface Comparable<Circulo> {
        public int compareTo(Circulo t){ ... }
}
```

Como se puede observar en el código anterior, todas las ocurrencias de *T* en la interfaz *Comparable* se han sustituido por el tipo *Circulo*.

La ventaja de usar tipos genéricos frente a no usarlos es notable. Si en lugar de *Comparable<T>* se usa *Comparable*, su método *compareTo()* tiene como parámetro un objeto de tipo *Object*. Como es la superclase de toda clase en Java, cualquier objeto puede ser pasado por parámetro a este método gracias al polimorfismo. Ahora bien, es necesario hacer un *casting* explícito para convertir la referencia a *Object* al tipo concreto sobre el que se implementa el método. Trasladándolo al ejemplo de la clase *Circulo* quedaría:

```
public class Circulo extends Figura implements Comparable{

        ...
        public int compareTo(Object o){
                Circulo c = (Circulo) o; //casting para convertir Object a Circulo
                return Double.compare(this.radio, c.radio);
        }
}
```

Esta opción introduce agujeros por los que se pueden producir errores en tiempo de ejecución, ya que, si se utiliza un objeto que no fuera de tipo *Circulo*, se produciría la excepción *ClassCastException*.

```
Punto p = new Punto();
Circulo c = new Circulo();
c.compareTo(p); //Se produce la excepción ClassCastException
```

Aunque el ejemplo pueda parecer burdo, se puede cometer este error en situaciones determinadas. En cambio, con el uso de la interfaz con tipos genéricos el compilador hubiera detectado esta situación, lo que evitaría que el error se produjera con la aplicación finalizada y distribuida.

El ejemplo de genericidad más notable en Java es el **API Collections**, un conjunto de clases e interfaces que permiten usar contenedores o estructuras de datos para cualquier tipo de objeto. Por ejemplo, se puede usar la clase *ArrayList<T>* para almacenar cualquier tipo de objeto en una lista de tamaño variable.

Para concluir esta sección, se explica cómo crear una clase genérica que pueda ser empleada para cualquier tipo de objeto. Se ha creado la clase *Utilidad* con dos métodos genéricos estáticos para comparar *arrays* de cualquier tipo. El método *comparar()* devuelve un valor entero menor, igual o mayor que cero en función de si el *array* tiene menor, igual o mayor número de elementos que el *array* con el que se compara. El método *sonIdenticos()* devuelve verdadero si los dos *arrays* que se comparan tienen los mismo valores en las mismas posiciones. El código de esta clase se muestra a continuación:

```
public class Utilidad {
  public static <T> int comparar(T[] a, T[] b) {
    return a.length - b.length;
  }
  public static <T> boolean sonIdenticos(T[] a, T[] b) {
    boolean iguales=true;
    if (Utilidad.<T>comparar(a, b) == 0) {
      int contador = 0;
      while(contador<a.length && iguales){
        if(!a[contador].equals(b[contador])){
          iguales=false;
        }
        contador++;
      }
    } else{
      iguales = false;
    }
    return iguales;
  }
}
```

Y el siguiente código muestra un pequeño programa que emplea la clase *Utilidad* para comparar entre sí dos *arrays* de tipo *Integer* y dos *arrays* de tipo *Double*.

```
public static void main(String[] args) {
    Integer[] a = {0, 1, 2, 3, 4};
    Integer[] b = {0, 1, 2, 3, 4, 5};
    Double[] c = {0.8, 1.9, -2.4, 3.3, -4.1, 5.6};
    Double[] d = {0.8, 1.9, -2.4, 3.3, -4.1, 5.6};

    if(Utilidad.<Integer>sonIdenticos(a, b)){
      System.out.println("Los arrays a y b son idénticos");
    } else {
      System.out.println("Los arrays a y b son distintos");
    }
    if(Utilidad.<Double>sonIdenticos(c, d)){
      System.out.println("Los arrays c y d son idénticos");
    } else {
      System.out.println("Los arrays c y d son distintos");
    }
}
```

La clase *Utilidad* no necesita ser instanciada (crear un objeto de la misma con *new*), puesto que los métodos son estáticos. Para indicar el tipo de los *arrays*, los métodos definen el tipo genérico *<T>* después de los modificadores *public static* y antes del tipo de retorno. La forma de realizar la llamada al método se puede ver en el código anterior: *Utilidad.<Tipo>sonIdenticos()*, donde el tipo de los elementos del *array* se indica entre los símbolos < >.

2.6.2. Concepto de sobrecarga. Tipos de sobrecarga

La **sobrecarga** consiste en la posibilidad de **tener en una misma clase métodos con el mismo nombre** pero distinto número y/o tipo de parámetros. El tipo de retorno también puede cambiar, pero no puede ser el único elemento diferenciador de los métodos sobrecargados. La sobrecarga **permite identificar con un mismo nombre a una misma operación sobre la clase**. Esto no es posible hacerlo en lenguajes como C, donde hay que crear funciones con nombres distintos, aunque la tarea que realicen sea la misma.

Para diferenciar qué método se está usando en el código, el compilador identifica la versión del método sobrecargado según los argumentos utilizados en la llamada. La siguiente porción de código muestra diferentes versiones de un método sobrecargado:

```
//MÉTODOS SOBRECARGADOS VÁLIDOS
public void calculo (int k){...}
public void calculo (String s){...}
public long calculo (int k, boolean b){...}
//MÉTODO NO VÁLIDO
public int calculo(int k){...} //solo cambia el tipo de retorno
```

En el ejemplo anterior, el compilador no sería capaz de diferenciar la llamada al primer y último método, ya que su único elemento diferenciador es el tipo de valor de retorno. Por tanto, solo puede existir una de esas dos versiones.

A lo largo de este capítulo ya se han visto ejemplos de sobrecarga en los constructores de las clases *Punto* y *Círculo* (véase sección «2.3.1. Creación y destrucción de objetos»).

2.6.3. Comparación entre genericidad y sobrecarga

La genericidad permite independizar el tipo de dato del algoritmo. En la sobrecarga debe explicitarse una versión diferente para cada nuevo tipo que se desee emplear. Además, la genericidad está orientada a tipos objeto, no permite tipos primitivos salvo a través de sus clases envoltorio (*Integer*, *Float*, *Double*...), mientras que la sobrecarga permite crear versiones de un método con diferentes parámetros, sean primitivos o de tipo objeto.

Por otro lado, la genericidad evita la duplicidad de código y maximiza la reutilización, ya que el código implementado puede ser empleado por cualquier tipo de objeto. En cambio, en la sobrecarga se han de crear nuevos métodos que en la práctica realizan la misma operación, ceñida a su tipo de dato, por lo que se duplica código.

La genericidad se emplea para crear clases o métodos que puedan ser utilizadas por cualquier tipo de objeto (ya existentes o que puedan crearse en el futuro). En cambio, la sobrecarga se limita a la clase para permitir realizar una misma operación para diferentes tipos de datos cuyas características están establecidas por la clase en cuestión.

2.7. Desarrollo orientado a objetos

Además de Java, existen multitud de lenguajes orientados a objetos. En la elección de uno u otro lenguaje influyen numerosos factores: eficiencia, facilidad de aprendizaje, experiencia, recursos, documentación disponible y gustos personales.

2.7.1. Lenguajes de desarrollo orientado a objetos de uso común

En la siguiente lista se mencionan algunos de los lenguajes orientados a objetos más relevantes:

- **C++**. Bjarne Stroustrup fue el creador de este lenguaje, una evolución del lenguaje C con soporte para orientación a objetos.

- **C#**. Desarrollado por Microsoft en la Plataforma .NET, la sintaxis es similar a la de C++ y Java.

- **SmallTalk**. Lenguaje orientado a objetos con un gran número de adeptos.

- **Simula**. Desarrollado en los años sesenta por el Centro de Computación Noruego, es considerado el primer lenguaje orientado a objetos. Tuvo gran influencia en lenguajes posteriores como Java, C++ y C#.

- **Python**. Este lenguaje fue creado por Guido van Rossum a finales de los ochenta. Su nombre se debe a que era un gran admirador de los Monty Python.

- **Object Pascal**. Este lenguaje es una evolución de Pascal, desarrollado por Apple Computer.

- **Kotlin.** Es un lenguaje moderno creado por la empresa JetBrains. Es completamente interoperable con la máquina virtual de Java, es decir, el código se compila a *bytecode*. También se compila a JavaScript, lo que permite crear aplicaciones *frontend* para web. Además, es el lenguaje preferido por Google para el desarrollo de aplicaciones Android.

2.7.2. Herramientas de desarrollo

En la sección «1.8.13. Entornos integrados de desarrollo (IDE) de uso común» se presentaron diversos IDE para el desarrollo de programas en Java por lo que se recomienda volver a revisarla. Los ejemplos de este libro se han desarrollado con el **IDE NetBeans**.

En la sección «3.4.1. Tipos de herramientas» se explica cómo instalar las librerías de desarrollo de Java (JDK – *Java Development Kit*) y el IDE NetBeans. Para hacer los ejercicios de este capítulo es necesario tenerlos instalados, por lo que se recomienda revisar antes esta sección.

2.8. Lenguajes de modelización en el desarrollo orientado a objetos

La sección «1.3.2. Diagramas de diseño. El estándar UML» presentó las características del lenguaje UML, empleado para el modelado de sistemas, por lo que se recomienda revisarla.

2.8.1. Uso del lenguaje unificado de modelado (UML) en el desarrollo orientado a objetos

Existen diferentes herramientas *software* para crear diagramas UML. Una de las más empleadas en el ámbito de la docencia es DIA, por ser *open source* y estar disponible para plataformas MAC, Windows y GNU/Linux. Además de diagramas UML, dispone de multitud de elementos para crear otros tipos de diagramas como diagramas de flujo, diagramas de red o diagramas Entidad-Relación.

Recurso [ENG]

Web oficial del editor de diagramas DIA.

http://sourceforge.net/projects/dia-installer/

EL OMG define UML como un: "lenguaje gráfico para visualizar, especificar, construir y documentar los artefactos de un sistema *software* intensivo. UML ofrece una manera estándar de escribir los planos de un sistema, tanto elementos conceptuales como los procesos de negocio y las funciones del sistema, como cuestiones más concretas como instrucciones del lenguaje, esquemas de la base de datos o componentes reusables".

Por tanto, UML es el método estándar para modelar *software* orientado a objetos, puesto que ofrece la posibilidad de describir y documentar la aplicación antes de comenzar el desarrollo y de forma independiente al lenguaje de programación que se vaya a usar.

2.8.2. Diagramas para la modelización de sistemas orientados a objetos

La versión 2.5.1 de UML consta de catorce diagramas estructurados de la siguiente manera:

- **Diagramas de estructura**. Estos diagramas representan la estructura del *software* y aquellos aspectos que deben ser modelados. Son muy utilizados para generar la documentación de la arquitectura.

  — **Diagrama de clases.**

  — Diagrama de componentes.

  — Diagrama de estructura compuesta.

  — Diagrama de despliegue.

  — Diagrama de objeto.

  — Diagrama de paquete.

  — Diagrama de perfil.

- **Diagramas de comportamiento**. Estos diagramas describen cómo se debe comportar el sistema. Son ampliamente utilizados para describir la funcionalidad del *software*.

  — **Diagrama de actividad.**

  — **Diagrama de comunicación.**

  — Diagrama de interacción resumen.

  — **Diagrama de secuencia.**

— **Diagrama de estado**.

— Diagrama de tiempo.

— Diagrama de casos de uso.

A continuación, se explica la utilidad y características de los diagramas señalados en negrita (diagrama de clases, diagrama de actividad, diagrama de comunicación, diagrama de secuencia y diagrama de estado).

Diagrama de clases

El diagrama de clases muestra las clases del sistema y sus relaciones, así como información de los atributos y operaciones de cada clase. Se puede establecer la visibilidad (público, privado, protegido...) y el ámbito de los miembros de una clase (si es un atributo de instancia o de clase).

En cuanto a las relaciones entre clases, existen diferentes tipos:

• **Dependencia**. Es la relación más básica y se representa por una flecha con trazo discontinuo.

• **Generalización** (herencia o implementación). Se representa con una línea y un triángulo vacío desde la clase generalizada hacia la clase especializada. Si se trata de implementación, el trazo de la línea es discontinuo.

• **Asociación**. Puede ser binaria o ternaria y se representa con una línea continua. A una asociación se le puede asignar un nombre y un rol en sus extremos, así como la multiplicidad y otros atributos. La asociación también puede ser reflexiva, lo que indica que la clase se relaciona consigo misma.

• **Agregación** y **composición**. Se representa con un rombo vacío (agregación) o sombreado (composición). La agregación representa una relación "*tiene un*", mientras que la composición representa una relación "*compuesto por*". La diferencia principal reside en que la composición es una relación "fuerte", dado que los objetos que forman la composición no pueden existir si no existe el objeto al cual componen. Por ejemplo, una persona está compuesta por cabeza, tronco, brazos y piernas; si la persona no existe, tampoco existirán sus componentes. Un ejemplo de agregación sería que la piscina tiene niños, aunque no los hubiera, la piscina sigue existiendo.

La Ilustración 2.6 muestra un ejemplo de diagrama de clase en el que hay una relación de herencia donde la clase padre es *Persona*, de la cual heredan las clases **Profesor** y **Alumno** (véase la sección «2.4. Herencia»). También existen dos relaciones de agregación entre las clases **Profesor**, **Alumno** y **Aula** con igual multiplicidad, ya que un aula tiene uno o más alumnos, pero un alumno puede estar en una sola aula. Por último, la clase **Persona** muestra tres atributos privados (-) y no se han detallado sus operaciones, mientras que la clase **Profesor** dispone de dos atributos y varias operaciones públicas (+), entre ellas el constructor por defecto de la clase (véase las secciones «2.2. Clases de objetos» y «2.3. Objetos»).

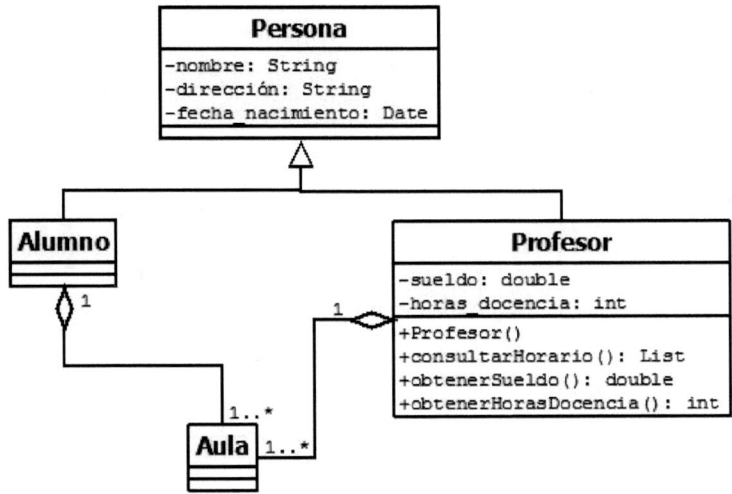

Ilustración 2.6. Ejemplo de un diagrama de clases en UML.

El diagrama más empleado para modelar un sistema orientado a objetos es el diagrama de clases. A continuación se muestran dos ilustraciones con el diagrama de clases de los ejemplos realizados a lo largo de este capítulo.

Como se puede observar en la Ilustración 2.7 se modelan las clases **Persona** y **Trabajador** en donde existe una relación de herencia entre ellas. Además, de forma visual se pueden inspeccionar los atributos privados, constructores y métodos de ambas clases.

La Ilustración 2.8 muestra las relaciones entre clases del ejemplo de figuras geométricas. Además de la clase abstracta **Figura** y sus clases hijas **Circulo** y **Triangulo**, se puede observar la relación de agregación de la clase **Punto** con la clase **Circulo**, así como la interfaz **Comparable** que implementan estas clases.

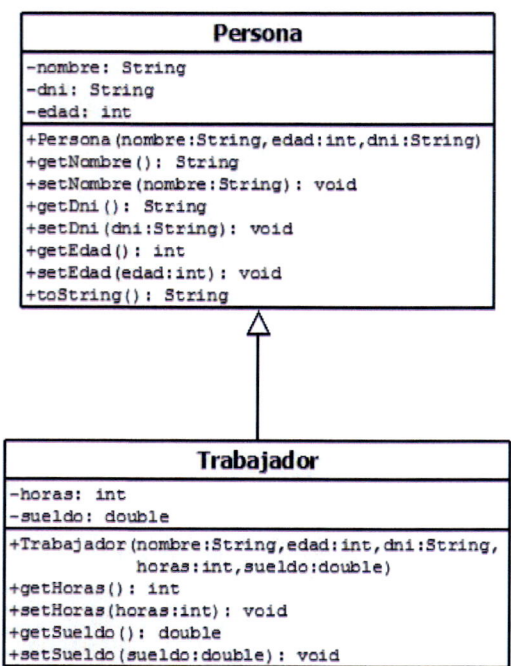

Ilustración 2.7. Diagrama de clases del ejemplo de personas y trabajadores.

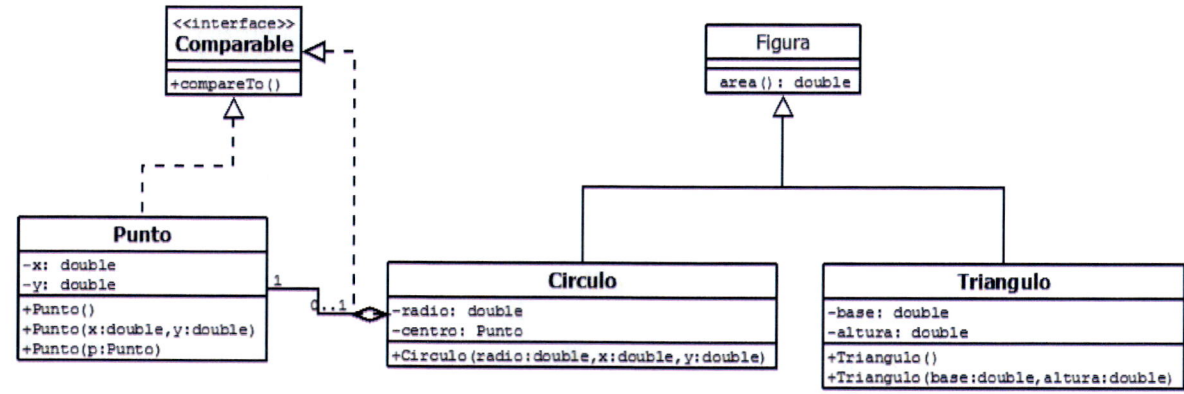

Ilustración 2.8. Diagrama de clases del ejemplo de figuras geométricas.

Un diagrama de clases representa perfectamente la estructura y las relaciones que existen en un programa orientado a objetos. Este documento, elaborado en la fase de diseño, es el que utiliza el programador para construir el *software*.

Otros diagramas como los diagramas de secuencia, de componentes o de paquetes son también muy útiles para representar otros niveles de la estructura del *software*.

Diagrama de actividad

El diagrama de actividad es una representación gráfica del flujo de control del sistema. Si en el diagrama de actividad participa más de un actor, estos se representan a través de canales (*swimlanes*) en donde en cada uno de ellos se muestra la actividad que realiza cada actor.

Los elementos con los que se diseña un diagrama de actividad son:

- Rectángulos con esquinas redondeadas que representan acciones.
- Diamantes o rombos de fondo blanco para representar decisiones.
- Barras de fondo negro representan divisiones o uniones entre actividades concurrentes.
- Círculo negro representa el inicio y el fin (con una pequeña franja blanca).

Son similares a los diagramas de flujo, salvo que además permiten flujos concurrentes.

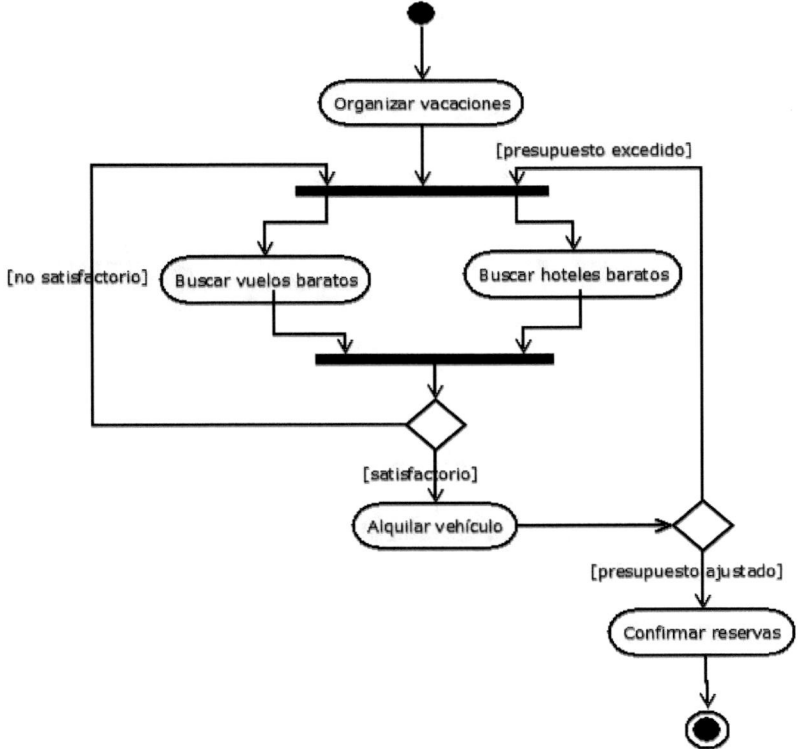

Ilustración 2.9. Diagrama de actividad del proceso de organizar unas vacaciones.

La Ilustración 2.9 representa un diagrama de actividad para la acción de organizar unas vacaciones. Esta acción se descompone en dos acciones concurrentes: la búsqueda de vuelos y hoteles. El resultado de ambas se sincroniza y se ha de tomar una decisión posteriormente. Si el resultado no ha sido satisfactorio, se vuelve a realizar una nueva búsqueda. Si fue satisfactorio, la siguiente actividad que se lleva a cabo es la búsqueda de un vehículo de alquiler. Con todo ello, se ha de tomar la última decisión, aceptar el presupuesto del viaje y confirmar la reserva, o comenzar una nueva búsqueda si el presupuesto total del viaje es excesivo.

Diagramas de comunicación

Los diagramas de comunicación, anteriormente conocidos como diagramas de colaboración en UML 1.X, muestran las relaciones de comunicación entre clases y objetos del sistema, sin enfatizar en el orden temporal en el que ocurren dichas comunicaciones.

Diagrama de secuencia

Un diagrama de secuencia representa las comunicaciones entre los objetos del sistema de una manera temporal (a diferencia del diagrama de comunicación).

Los actores o elementos involucrados en el diagrama de secuencia tienen una línea de vida que crece hacia bajo. Esta línea discontinua representa el tiempo en el sistema. Las líneas horizontales representan el paso de mensajes o las llamadas a métodos desde el objeto emisor al receptor.

La Ilustración 2.10. muestra las interacciones y el paso de mensajes entre los objetos de un sistema de compra *online.* La interfaz recibe el mensaje *comprarElemento()* con un parámetro (*id*), el identificador del artículo que se desea comprar. La interfaz envía un mensaje al objeto encargado de gestionar el inventario (*:GestorInventario*) para que busque el artículo en la base de datos, que tras comprobar que existe lo retorna. Una vez obtenido, la interfaz comunica al objeto *:CarritoCompra* mediante el mensaje *añadirElemento()* que lo añada a los elementos comprados.

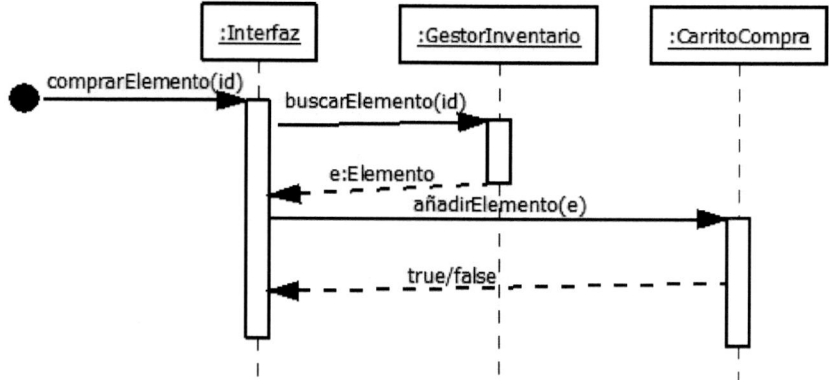

Ilustración 2.10. Diagrama de secuencia que muestra la inserción de un artículo en un carrito de la compra *online.*

Diagrama de estados

El diagrama de estados representa las transiciones entre los diferentes estados en los que se puede encontrar un objeto. El estado de un objeto puede depender del valor de sus atributos; además, las acciones que el objeto realice pueden ser diferentes para cada estado.

Ejercicios

Ejercicios de comprobación

2.1. ¿Qué principio de la POO permite pasar mensajes iguales a diferentes tipos de objetos?

a) Herencia.

b) Encapsulación.

c) Polimorfismo.

d) Reutilización.

2.2. ¿En qué consiste la ocultación de la información en POO?

a) El programador no conoce toda la información que introducirá el usuario en el programa.

b) En esconder detalles de la implementación de los componentes *software*.

c) En modelar una clase con un conjunto de datos y un conjunto de operaciones.

d) En que un objeto no pueda cambiar sus valores una vez construido.

2.3. ¿A través de qué elementos se puede implementar el tipo abstracto de datos en Java?

a) Clases abstractas e interfaces.

b) Clases abstractas.

c) Interfaces.

d) Herencia y polimorfismo.

2.4. Señala la respuesta incorrecta en relación al bloque *try-catch-finally*.

a) El bloque *try* encierra el código que puede generar una excepción.

b) Puede existir un bloque *try* sin ningún bloque *catch*.

c) El bloque *catch* encierra el código que maneja la excepción en caso de producirse.

d) El bloque *finally* contiene instrucciones que se ejecutan siempre, se produzca o no una excepción.

2.5. ¿Cómo se denomina el método de una clase encargado de construir un objeto con los mismos valores de otro objeto de la misma clase?

a) Constructor.

b) Constructor por defecto.

c) Constructor copia.

d) Constructor sobrecargado.

2.6. ¿Qué modificador de acceso hace visible un elemento en sus subclases y en las clases de su mismo paquete?

a) *public*.

b) *protected*.

c) *package-private*.

d) *private*.

2.7. Mediante qué palabra reservada se define la relación de herencia en Java:

a) *implements*.

b) *class*.

c) *super*.

d) *extends*.

2.8. Señala la respuesta incorrecta en relación al uso de la palabra reservada *final*.

a) Se puede aplicar a atributos, métodos, clases y parámetros de un método.

b) Si se aplica a un método, indica que ese método no se puede sobrescribir en las subclases.

c) Si se aplica a una clase, indica que la clase es inmutable.

d) Si se aplica a un atributo, indica que no se puede modificar.

2.9. ¿Cuál es la primera sentencia que debe aparecer en un fichero *.java*?

a) *package*.

b) *import*.

c) *class.*

d) Ninguna respuesta es correcta.

2.10. ¿Qué concepto de POO permite independizar la implementación de un algoritmo?

a) Genericidad.

b) Sobrecarga.

c) Modularidad.

d) Polimorfismo.

Ejercicios de aplicación

2.1. Cree los programas en Java que implementen los algoritmos de los ejercicios de aplicación 1.4, 1.5 y 1.6 de la Unidad 1.

2.2. Cree un programa en Java para trabajar con matrices cuadradas. Una matriz es cuadrada si tiene igual número de filas que de columnas. La clase se llamará **Matriz** y dispondrá de los siguientes atributos y métodos:

- Atributos privados:

    — **datos** [**double [][]**]. Atributo privado para almacenar los elementos de la matriz.

- Métodos públicos:

    — **Matriz(int rango)**: constructor de la clase. Crea la matriz con un número de filas y de columnas igual a **rango** y con todas sus posiciones inicializadas a 0. Si **rango** no es positivo lanzará la excepción **IllegalArgumentException**.

    — **Matriz(double [][] matriz)**: constructor de la clase. Crea la matriz con los datos de la matriz pasados por parámetro. Si **matriz** no es una matriz cuadrada, se lanzará la excepción **IllegalArgumentException**.

    — **Matriz(Matriz matriz)**: constructor de copia. Crea la matriz copia de la matriz pasada como parámetro.

    — **int getRango()**. Devuelve el rango de la matriz.

    — **double getValor(int fila, int columna)**. Devuelve el valor de la matriz correspondiente a la **fila** y **columna** pasados por parámetro. Si los valores de **fila** y **columna** no son válidos, se lanzará la excepción **IndexOutOfBoundsException**.

    — **void setValor(double valor, int fila, int columna)**. Establece el **valor** de la matriz en la posición indicada por **fila** y **columna**. Si los valores de **fila** y **columna** no son válidos, se lanzará la excepción **IndexOutOfBoundsException**.

    — **boolean esSimetrica()**. Devuelve *true* si la matriz es simétrica y *false* si no lo es.

    — **Matriz getTranspuesta()**. Devuelve un objeto **Matriz** con la matriz transpuesta.

    — **Matriz suma(Matriz m)**. Devuelve un objeto **Matriz** con el resultado de sumar esta matriz con la matriz pasada por parámetro. Nótese que al ser **suma()** un método de la clase **Matriz**, tendrá acceso a los atributos privados del objeto **m** (el objeto pasado por parámetro). Es decir, que este método puede acceder al atributo privado *datos* de *m*.

— *String toString()*. Devolverá un *String* con los datos de la matriz formateados para que se muestren adecuadamente en la consola.

Implemente el programa principal *main* que maneje la clase *Matriz:*

- Se crearán dos matrices pidiendo los datos al usuario. Se pedirá el rango de la matriz y, a continuación, se pedirá cada uno de los valores de la misma.

- Para las dos matrices, se comprobará si son simétricas mostrando el resultado por pantalla.

- Se sumarán las dos matrices llamando al método *suma()* y se mostrará el resultado por pantalla.

2.3. Crea un proyecto que contenga una clase *Libro* y una clase *Principal* en un paquete llamado *biblioteca* y pruebe todos sus métodos.

- La clase *Libro* contendrá tres atributos *private* de tipo *String*:

  — *titulo*: el título del libro.

  — *autor*: el autor del libro.

  — *isbn*: el código ISBN del libro.

- Y los siguientes métodos:

  — *public Libro(String titulo, String autor, String isbn)*: el constructor de la clase inicializa los atributos del objeto con los datos pasados por parámetro. Es importante comprobar que el objeto se genera adecuadamente por lo que, si el ISBN pasado por parámetro no es válido, se lanzará la excepción *IllegalArgumentException*.

  — Métodos *getters* y *settters*: se creará un método *get/set* para cada uno de los atributos. El método *setIsbn()* deberá comprobar la validez y, en caso de que no sea válido, generará la excepción *IllegalArgumentException* (similar al constructor).

  — *public static boolean compruebaIsbn10(String isbn)*: este método se utilizará en el constructor y en *setIsbn()* para comprobar la validez del ISBN. Devolverá *true* si el parámetro es un ISBN-10 válido, y *false* en caso contrario.

  — *public static boolean compruebaIsbn13(String isbn)*: este método se utilizará en el constructor de la clase y en *setIsbn()* para comprobar la validez del ISBN. Devolverá *true* si el parámetro es un ISBN-13 válido, y *false* en caso contrario.

- La clase *Principal* contendrá la función *main* que hará uso de los métodos públicos de la clase *Libro*. Para comprobar si un ISBN introducido es válido, se puede hacer uso de los métodos estáticos correspondientes en la clase *Libro*.

2.4. Cree un proyecto que contenga una clase *TresEnRaya* y una clase *Juego* en un paquete llamado *juego3enraya*:

- La clase *TresEnRaya* contendrá **los siguientes atributos, constantes y métodos**:

  — *private int[][] tablero*: el tablero del juego.

  — *public static int CASILLA_VACÍA*.

  — *public static int FICHA_EQUIS*.

  — *public static int FICHA_CIRCULO*.

  — *public TresEnRaya()*. Constructor de la clase. Debe darle tamaño 3 × 3 al *tablero*.

  — *public boolean colocarFicha(int ficha, int x, int y)*. Coloca la ficha en la posición del tablero indicada por las coordenadas (x,y). Devuelve *true* si la ficha se colocó y *false* en caso contrario. Si el valor de ficha no es válido, se lanzará una excepción.

  — *public boolean hayGanador()*. Devuelve *true* si en el tablero hay tres en raya, *false* en caso contrario.

  — *public boolean juegoTerminado()*. Devuelve *true* si el tablero está completo y *false* si hay casillas vacías.

  — *public String toString()*. Representación del tablero en cadena de caracteres. Se utilizará para mostrarlo por pantalla.

- La clase *Juego* contendrá la función *main* que hará uso de los métodos públicos de la clase *TresEnRaya*. El programa comienza solicitando a los jugadores su nombre. A continuación, pedirá por turnos a cada jugador que introduzca la coordenada donde desea colocar su ficha. El programa continuará hasta que se produzca el fin de la partida, o bien porque algún jugador haya conseguido colocar tres fichas en línea, o bien porque no hay más posiciones donde colocar fichas.

2.5. Modifique la implementación de la clase *Triangulo* vista a lo largo de este capítulo para que, en lugar de tener dos atributos *base* y *altura*, se utilicen tres objetos *Punto*. Añada la clase *Cuadrado* que herede de *Figura* y que también utilice objetos *Punto* para definirla. El método *area()* será implementado en todas las subclases de *Figura*.

2.6. Añada a la clase *Utilidad* vista en este capítulo un nuevo método genérico *sonIguales()*. A diferencia del método *sonIdenticos()*, este método devolverá *true* si los dos *arrays* tienen el mismo número de elementos y el mismo valor, aunque la posición de los elementos no coincida. Por ejemplo, según esta definición, los *arrays* {1, 3, 2} y {3, 2, 1} son iguales, pero no son idénticos.

2.7. Diseñe el diagrama de clases UML correspondiente a las clases *Matriz* (ejercicio de aplicación 2.2), *Libro* (ejercicio de aplicación 2.3) y *TresEnRaya* (ejercicio de aplicación 2.4).

2.8. Diseñe el diagrama de clases UML correspondiente a la estructura de clases del ejercicio de aplicación 2.5.

2.9. Elabore el diagrama de clases UML para el siguiente sistema:

Se quiere desarrollar un *software* para gestionar un kiosco. El kiosco dispone de revistas que se caracterizan por el nombre, el ISSN, el precio y su periodicidad; periódicos que se caracterizan por el nombre, el precio y periodicidad, y coleccionables que pueden venderse junto a una revista o de forma separada. Los coleccionables se caracterizan por su título, el número de entregas y el precio. El kiosco ofrece la posibilidad a sus clientes de suscribirse a estos artículos, de modo que los reciban en casa. Los clientes se caracterizan por su NIF y dirección postal. El máximo número de suscripciones que puede tener un cliente es de diez.

2.10. Elabore el diagrama de secuencia UML para la acción de colocar una ficha en el tablero del tres en raya del ejercicio de aplicación 2.4.

3. Arquitecturas web

Introducción

Desde que Tim Berners-Lee inventara el lenguaje HTML (*Hyper-Text Markup Language*) y propusiera y desarrollara el protocolo HTTP (*HyperText Transfer Protocol*) para la comunicación entre cliente y servidor alrededor de 1990 en el CERN, han pasado más de treinta años en los que tanto Internet como la web han evolucionado muchísimo. En 1994 se fundó el W3C (*World Wide Web Consortium*) que es el organismo encargado del desarrollo continuo de las tecnologías web.

En este capítulo se estudian los conceptos y herramientas necesarias para poder iniciar el desarrollo de una aplicación web en entorno servidor, ofreciendo una visión amplia de las diferentes plataformas disponibles.

Contenido

3.1. Concepto de arquitectura web

La arquitectura web se basa en una **arquitectura cliente-servidor**. El cliente es el encargado de iniciar la comunicación por medio de un **navegador web** que interpreta y visualiza la información suministrada por el **servidor web**. El servidor está a la escucha de que nuevos clientes realicen peticiones para suministrar las páginas solicitadas o procesar la información enviada por el cliente.

La comunicación entre cliente y servidor se hace mediante el **protocolo HTTP** (*HyperText Transfer Protocol*). Podemos encontrar las siguientes versiones:

- **HTTP/1**. Es la primera versión del protocolo que data de 1996. Está descrito en el RFC 1945 y entre sus características incluye la ampliación de los métodos permitidos (GET, POST y HEAD), la inclusión de las primeras cabeceras (*Accept*, *User-Agent*, etc.), y la transferencia de cualquier tipo de fichero, no solo HTML.

- **HTTP/1.1**. Fue publicada como estándar en 1997 en el RFC 2616. Los cambios principales con la versión anterior incluyen mejoras en el modo de gestionar las conexiones entre cliente y servidor, y la distinción entre la sintaxis y la semántica de HTTP, lo que ha permitido que estas dos partes evolucionen de forme separada. La versión actual y su definición se encuentra en el RFC 7230.

- **HTTP/2**. Viene a solucionar los problemas de rendimiento de las conexiones en HTTP/1.1. Está basado en el protocolo experimental SPDY creado por Google.

- **HTTP/3**. Esta versión introduce cambios para seguir mejorando la gestión de la conexiones. Hasta este momento las conexiones se realizaban a través de la capa de transporte TCP, lo que podía causar ciertos problemas; por ello, Google desarrolló el protocolo QUIC, un protocolo de transporte que se ejecuta sobre UDP y es más eficiente que TCP.

- **HTTPS**. El protocolo HTTP Seguro es una extensión de HTTP sobre un canal cifrado. La comunicación entre cliente-servidor se encripta empleando el protocolo **TLS** (*Transport Layer Security*), lo que lo hace ideal para autenticarse en páginas web y garantizar la privacidad y seguridad de los datos. Se suele identificar que una web utiliza HTTPS si el navegador muestra un candado en la barra de direcciones.

3.1.1. Evolución de la web

El desarrollo de aplicaciones web ha crecido enormemente frente al desarrollo de aplicaciones de escritorio. Entre los motivos principales para que esto haya ocurrido se encuentran la facilidad de acceso a una aplicación web y la simplicidad con la que se actualiza la aplicación y se incorpora nueva funcionalidad sin necesidad de intervención del usuario.

En los inicios los sitios web eran completamente estáticos. Estaban enfocados a compartir contenido de texto y multimedia exactamente igual para todos los visitantes, cualquier cambio que se deseara hacer debía editarse en los ficheros HTML, es lo que se conoce como **Web 1.0**. El cambio vino con la posibilidad de interacción de los usuarios en la web pudiendo presentar contenido basado en las interacciones del usuario y pudiendo colaborar y crear contenidos en ella, es la **Web 2.0**, también llamada **Web social**. El último paso en esta evolución es la **Web 3.0** o **Web semántica**, que introduce la interoperabilidad de numerosos dispositivos, si bien este aspecto no está plenamente extendido. Por último, la llamada **Web3** se basa en la inclusión de elementos descentralizadores, el uso de la tecnología *blockchain*, *smart contracts* y la **economía basada en** *tokens*, elementos que aparecen con el surgimiento de las criptomonedas.

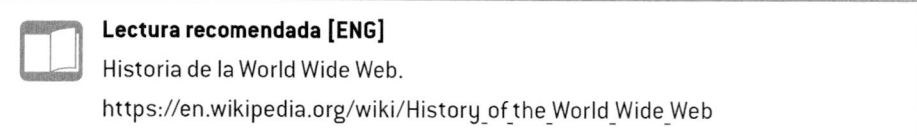

Lectura recomendada [ENG]

Historia de la World Wide Web.

https://en.wikipedia.org/wiki/History_of_the_World_Wide_Web

3.1.2. Seguridad web

Un servidor web que está accesible en Internet está expuesto a numerosos riesgos y ataques. La seguridad en toda la infraestructura web es un pilar fundamental para garantizar la privacidad de los datos de los usuarios.

La Fundación **OWASP** (*Open Worldwide Application Security Project*) desarrolla proyectos de código abierto, elabora documentación, metodologías y material de referencia para que los desarrolladores evalúen y mejoren la seguridad de sus aplicaciones web y mejoren sus conocimientos en este ámbito. Entre todos ellos podemos destacar los siguientes:

- **OWASP WSTG** (*Web Security Testing Guide*). Es una guía metodológica para revisar y testear las aplicaciones y servicios web. Además, ofrece consejos sobre cómo se debe escribir código para evitar vulnerabilidades.

- **OWASP Juice Shop**. Se trata de una aplicación web intencionadamente vulnerable utilizada para el aprendizaje de *hacking* web.

- **OWASP Top Ten**. Este proyecto recopila las diez categorías de vulnerabilidades web que aparecen con más frecuencia en las aplicaciones web.

Recurso [ENG]

Página web de la Fundación OWASP.

https://owasp.org/

3.2. El modelo de capas

El modelo más extendido de arquitectura web es el **modelo de tres capas**:

- **Capa cliente o capa de presentación**. La aplicación se muestra al cliente para que el usuario interaccione a través de su interfaz. Los datos y eventos producidos por el usuario son enviados al servidor para que este los procese y/o almacene.

- **Capa de negocio o lógica de negocio**. Se encarga de atender y procesar las peticiones de los clientes y comunicarse con la capa de datos para solicitar o almacenar información en ella. Es la capa donde se programa la aplicación web.

- **Capa de datos**. En esta capa se sitúan los datos de los que hace uso la aplicación. En la estructura lógica de la arquitectura aparece separada de la capa de negocio, pero en el ámbito físico puede estar situada en la misma máquina. Lo habitual es utilizar un sistema gestor de bases de datos (SGBD) para que gestione y controle el acceso a la información.

La Ilustración 3.1 muestra cómo es la arquitectura lógica del modelo de tres capas. La realidad física es más compleja en entornos reales con gran demanda, ya que lo normal es que las capas de negocio y la capa de datos se encuentren organizadas en clústeres y sistemas distribuidos en la nube a través de servicios de AWS, Google Cloud, Microsoft Azure, etc. Este tipo de proveedores también ofrecen la computación sin servidor o *serverless*, en la que la computación necesaria se hace bajo demanda a través de llamadas a una API (en este caso no es necesario configurar un servidor físico).

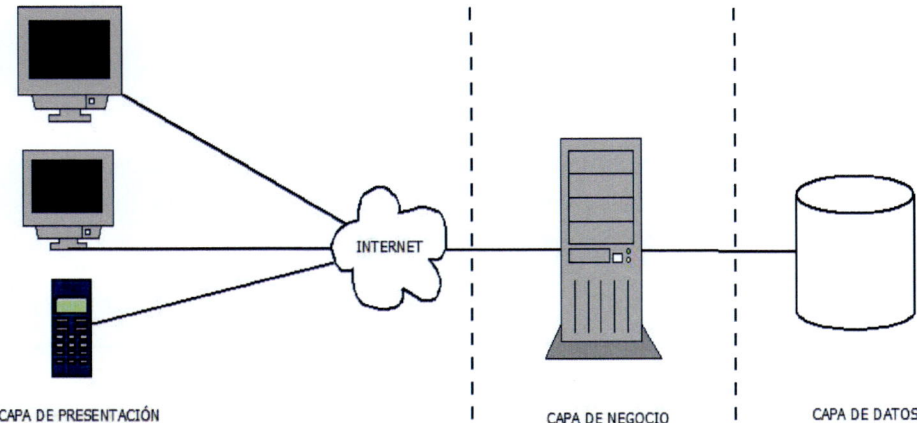

CAPA DE PRESENTACIÓN   CAPA DE NEGOCIO   CAPA DE DATOS

Ilustración 3.1. Arquitectura web de tres capas.

La tendencia actual en la web es utilizar la **arquitectura orientada a servicios,** SOA (*Service Oriented Architecture*) para construir aplicaciones distribuidas. SOA es un modelo conceptual que se abstrae de cualquier tecnología y permite desarrollar aplicaciones utilizando componentes (servicios) de terceros a través de la red.

El paradigma SOA es bastante complejo y está en continuo desarrollo. Una de las organizaciones encargadas de crear estándares para SOA es **OASIS** (*Organization for the Advancement of Structured Information Standards*), organización que también ha desarrollado el estándar *Open Document*, un formato abierto de documentos ofimáticos.

Hay numerosos conceptos y tecnologías relacionados con una aplicación SOA, los más importantes son:

- WSDL (*Web Services Description Language*). Es un lenguaje basado en XML para definir y describir un servicio web.

- SOAP (*Simple Object Access Protocol*). Es un protocolo estándar que define cómo dos objetos distribuidos pueden intercambiar información entre sí.

- REST (*REpresentational State Transfer*). Es un paradigma o modelo de arquitectura para construir servicios web escalables empleando las operaciones del protocolo HTTP.

- UDDI (*Universal Description, Discovery and Integration*). Es un mecanismo para poner en línea un catálogo de los servicios puestos a disposición por empresas y organismos.

Recurso [ENG]

Sitio web de OASIS.

https://www.oasis-open.org/

Otra arquitectura muy extendida es la **arquitectura de microservicios,** una evolución de SOA donde cada servicio es un componente de *software* mucho más pequeño y liviano que está especializado en una única tarea. Esto permite que los microservicios sean fáciles de desarrollar, mantener y reutilizar.

Lectura recomendada

¿Qué son los microservicios?

https://aws.amazon.com/es/microservices/

3.3. Plataformas para el desarrollo en las capas servidor

En esta sección se presentan algunas de las plataformas de la **capa de negocio** y de la **capa de datos** que pueden utilizarse para el desarrollo de una aplicación web. Además, se mencionan las opciones que existen para utilizar plataformas en la nube (*cloud*).

3.3.1. Plataformas en la capa de negocio

Las plataformas en la capa de negocio incluyen el **sistema operativo**, el **servidor web** y la plataforma o *framework* **de desarrollo**.

El **sistema operativo** más usado en entornos servidor es GNU/Linux con sus diferentes distribuciones (Debian, Ubuntu Server, Red Hat, etc.), seguido por Windows Server.

En cuanto a **servidores web**, los más extendidos son **Apache HTTP Server** y **NGINX** (pronunciado *Engine X*), ambos de licencia libre y disponible en diferentes sistemas operativos; e **Internet Information Server** (IIS) que está disponible solo en Windows.

Recursos

Enlaces a los principales servidores web:

Apache HTTP Server: http://httpd.apache.org/

Internet Information Server: https://www.iis.net/

NGINX: http://nginx.org/

En cuanto a las plataformas o *frameworks* **de desarrollo**, existe una diversidad enorme por lo que solo se mencionarán las más importantes:

- **PHP.** Es el lenguaje más utilizado y que emplean multitud de herramientas como, por ejemplo, WordPress o PrestaShop. Creado en 1994 por Rasmus Lerdorf, sus siglas significan *PHP Hypertext Preprocessor*. Es un lenguaje de *script* cuya sintaxis se asemeja a la de C. El código se escribe entre etiquetas embebidas en el lenguaje HTML que son interpretadas por un motor de PHP (*Zend Engine*). A partir de la versión 5 se incorporó al lenguaje el soporte de orientación a objetos.

- **JSP.** Las *Jakarta Server Pages* (JSP) o simplemente *Jakarta Pages*, anteriormente llamadas *Java Server Pages*, son parte de la plataforma **Jakarta EE** (llamada Java EE hasta Java 8, en ese momento Oracle liberó todo el código y lo puso en manos de la fundación Apache). Jakarta EE es un *framework* para la programación de aplicaciones web en servidor que además incluye las tecnologías *Jakarta Faces*, *Jakarta Enterprise Beans*, *Jakarta WebSocket, Jakarta Servlets* y muchas más. JSP consiste en el uso de etiquetas embebidas en el código de los ficheros HTML, de manera similar a PHP. Se pueden emplear sin necesidad de conocer el lenguaje Java. Son una extensión de los *Jakarta Servlets* y para su ejecución es necesario usar un contenedor de *servlets* como **Apache Tomcat**. Para usar toda la tecnología de la plataforma Jakarta EE es necesario un servidor de aplicaciones como **GlashFish** o **WildFly**. Otros *frameworks* basados en Jakarta EE son **Spring** y **Struts**. En la Unidad 4 se usarán algunas de las tecnologías de la plataforma Jakarta EE para crear aplicaciones web en el entorno servidor.

- **ASP.NET**. Originalmente eran simplemente *Active Server Pages* (ASP), pero evolucionaron como parte de la plataforma .NET de Microsoft. Su estructura y funcionamiento es similar al de PHP y JSP.

- **Django**. Esta plataforma de desarrollo escrita en Python sigue el patrón MVC (Modelo-Vista-Controlador). El desarrollo del *framework* se lleva a cabo por la *Django Software Foundation*. Otra plataforma muy empleada en Python es **Flask**.

- **Ruby on Rails**. Es un entorno creado específicamente para el desarrollo de aplicaciones web. Tiene tantos seguidores como detractores. Fue creado en 2003 por David Heinemeier Hanson.

- **Node.js**. Es un entorno basado en JavaScript que se ejecuta sobre la máquina V8 de Chrome. Además, proporciona una librería para que las aplicaciones actúen como servidores web, por lo que no es necesario tener uno específico instalado. Uno de los *frameworks* más empleados para el desarrollo con Node.js es **Express**, que combinado con otras tecnologías da lugar al *stack* **MEAN** (MongoDB, Express, AngularJS y Node.js).

- **Next.js**. Es un *framework* que utiliza la librería **React** utilizada en el lado cliente, JavaScript y Rust para crear aplicaciones web de lado servidor. También utiliza Node.js.

- **Gin**. Es un *framework* para desarrollar aplicaciones web en Go. Otras alternativas bastante extendidas son **Fiber** y **Chi**.

Recursos

Enlaces a las plataformas de desarrollo en la capa de negocio:

PHP: https://secure.php.net/

ASP.NET: http://www.asp.net/

Jakarta EE: https://jakarta.ee/specifications/

Spring: https://spring.io/

Struts: https://struts.apache.org/

Django: https://www.djangoproject.com/

Flask: https://flask.palletsprojects.com

Ruby on Rails: http://rubyonrails.org/

Node.js: https://nodejs.org/en/

Express: https://expressjs.com/

Next.js: https://nextjs.org/

Gin: https://gin-gonic.com/

Fiber: https://gofiber.io/

Chi: https://go-chi.io

3.3.2. Plataformas en la capa de datos

En esta capa nos centraremos en los sistemas gestores de bases de datos (SGBD) más empleados en las arquitecturas web.

- **MySQL** y **MariaDB**. MySQL era uno de los SGBD *open source* más usados en la web. Su compra por parte de Oracle hizo que muchos desarrolladores comenzaran el proyecto MariaDB como una bifurcación de MySQL para mantenerlo *open source*.

- **Oracle Database**. Es el SGBD comercial más potente y extendido.

- **PostgreSQL**. Es un sistema de bases de datos objeto-relacional con una implementación de SQL conforme con el estándar.

- **SQL Server**. El SGBD de Microsoft con una larga historia, ya que la primera versión data de 1989. Existen versiones empresariales de pago y versiones libres **SQL Server Developer** y **SQL Server Express**.

- **MongoDB**. Es una base de datos NoSQL, por lo que no sigue la estructura tradicional de tablas, sino que su estructura está orientada a documentos similar a JSON, llamada BSON. Desde su nacimiento en 2007 ha experimentado un crecimiento muy importante.

Recursos

Enlaces a las principales plataformas en la capa de datos:

MySQL: https://www.mysql.com/

MariaDB: https://mariadb.org/

Oracle Database: https://www.oracle.com/database/

PostgreSQL: http://www.postgresql.org/

SQL Server: https://www.microsoft.com/en-us/sql-server/sql-server-downloads

MongoDB: https://www.mongodb.org/

3.3.3. Plataformas en la nube

La computación en la nube (*cloud computing*) permite ofrecer cualquier recurso informático como un servicio a través de Internet. Existen tres modelos diferentes:

- **Infraestructura como servicio** (IaaS). Este modelo ofrece cómputo y almacenamiento por medio de servicios de virtualización que ponen a disposición servidores, sistemas de almacenamiento, enrutadores y otros dispositivos *hardware*.

- **Plataforma como servicio** (PaaS). Este modelo crea un entorno preparado para el desarrollo de aplicaciones web integrando todos los componentes necesarios para ello.

- *Software* **como servicio** (SaaS). Este modelo consiste en poner a disposición de los clientes el *software* que corre en la infraestructura de la empresa a través de un navegador web.

En esta sección nos centraremos en el modelo PaaS, ya que es en el que se podrían desarrollar las aplicaciones web utilizando los sistemas y recursos puestos a disposición para los programadores. Las plataformas PaaS más importantes son:

- **Google App Engine**. Este servicio de Google permite desarrollar aplicaciones en numerosos lenguajes y entornos (Python, Java, Go, PHP, Django, Spring, etc.), así como diferentes opciones de almacenamiento. El servicio utiliza un sistema de cuotas, comienza siendo gratuito en los primeros niveles y se paga en función del uso que se haga de los recursos.

- **Amazon Web Service (AWS) Elastic Beanstalk**. Soporta aplicaciones sobre Apache HTTP Server con PHP, Python y Ruby, aplicaciones .NET, aplicaciones Java sobre Apache Tomcat, aplicaciones Node.js y contenedores Docker, entre otras muchas opciones.

- **Salesforce**. El servicio PaaS de la empresa Salesforce es uno de los más usados y potentes del mercado. El desarrollo se hace usando Apex y Visualforce, lenguajes exclusivos de esta plataforma.

- **Windows Azure**. Es la plataforma de Microsoft para computación en la nube. Soporta multitud de lenguajes y *frameworks* entre los que se encuentra Python, .NET, Java y Node.js.

- **AppFog**. Este PaaS está basado en *Cloud Foundry* (otro proveedor PaaS) y dispone de entornos de ejecución para aplicaciones Go, Java, Node.js, PHP, Python y Ruby.

La principal ventaja del modelo PaaS es que el programador se olvida del funcionamiento de la infraestructura y su mantenimiento, de las instalaciones y actualizaciones de seguridad y de nuevas versiones de las plataformas de desarrollo y se dedica exclusivamente a programar.

Recursos

Enlaces a los principales recursos de plataformas en la nube:
Google App Engine: https://cloud.google.com/appengine/
AWS: https://aws.amazon.com/es/
Salesforce: http://www.salesforce.com/platform
Windows Azure: http://azure.microsoft.com
AppFog: https://github.com/appfog

3.4. Herramientas de desarrollo orientadas a servidor de aplicaciones web

En las unidades 1 y 2 y en la sección anterior a esta se han ido mencionando numerosas herramientas de desarrollo orientadas a servidor de aplicaciones web, por lo que no se incidirá más en ello.

En las siguientes subsecciones se explican las herramientas empleadas en este libro para configurar un servidor de aplicaciones web y poder crear aplicaciones que se ejecuten en él. No se darán detalles del proceso de instalación y configuración, puesto que es bastante sencillo.

3.4.1. Tipos de herramientas

Las herramientas necesarias son: el **entorno de desarrollo de Java** (JDK) en su versión *Enterprise Edition* (EE) y el **IDE NetBeans** junto con el **servidor GlashFish**. El SGBD que se utilizará es **Java DB** (basado en Apache Derby) que viene integrado en las herramientas que se van a instalar, por lo que no es necesario descargarlo individualmente.

Entorno de desarrollo de Java (JDK)

El *Java Development Kit* (JDK) es necesario para compilar y ejecutar aplicaciones Java. Debe ser instalado antes que el IDE NetBeans. Previamente, deberemos comprobar qué versión del JDK está soportada por la versión de NetBeans que deseamos instalar para no tener problemas.

Recurso
Página de descargas de la plataforma Java SE.
https://www.oracle.com/java/technologies/downloads/

Accederemos a la página de descargas de la plataforma Java SE y elegiremos la última versión del JDK. Se nos mostrará una página con las distintas versiones para el sistema operativo deseado. Una vez descargado el paquete, ejecútelo y siga las instrucciones del instalador hasta finalizar la instalación.

Lectura recomendada
Descargar e instalar Java JDK.
https://oregoom.com/java/java-development-kit/

IDE NetBeans y servidor GlashFish

El siguiente paso es instalar el IDE NetBeans.

Recurso
Página de descargas del IDE NetBeans.
https://netbeans.org/downloads/

Accederemos a la web de descargas y seleccionaremos el paquete que contiene todos los elementos (*All*) de algo más de 200 MB de tamaño. Una vez descargado el fichero, el proceso de instalación requiere de unos pocos minutos. Durante este proceso se nos mostrará la ruta en la que se encuentra la instalación del JDK si se ha realizado el paso anterior correctamente.

Lectura recomendada
Descargar e instalar Apache NetBeans.
https://oregoom.com/java/apache-netbeans/

3.4.2. Extensibilidad. Instalación de módulos

El entorno NetBeans permite añadir funcionalidad a través de un sistema de *plugins*. Al gestor de *plugins* se accede a través del menú *Tools – Plugins*. La ventana muestra cinco pestañas (véase Ilustración 3.2):

- *Updates*. Lista de *plugins* con actualizaciones pendientes de instalar.
- *Available Plugins*. Lista de todos los *plugins* disponibles. Podemos bucear en esta lista o utilizar el buscador para encontrar algún *plugin* que nos pueda interesar.
- *Downloaded*. *Plugins* que han sido descargados.
- *Installed*. *Plugins* que están actualmente instalados. Desde esta pestaña se pueden activar y desactivar estos *plugins*.
- *Settings*. Panel para configurar aquellos *plugins* que necesiten algún parámetro.

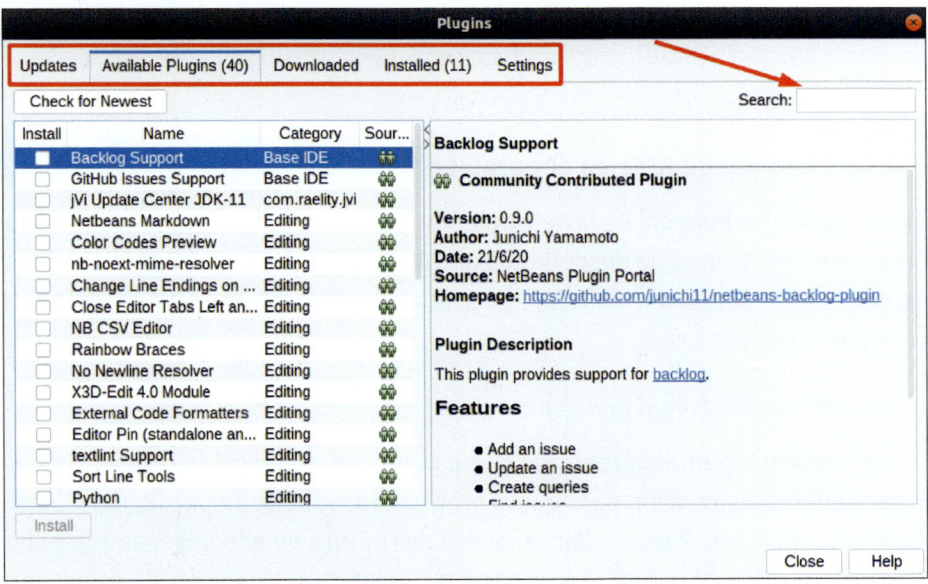

Ilustración 3.2. Ventana para gestionar *plugins* en NetBeans.

3.4.3. Técnicas de configuración de los entornos de desarrollo, preproducción y producción

En entornos de desarrollo reales se utilizan diversos equipos para desarrollar una aplicación web, en general son estos:

- **Equipo del desarrollador**. Cada programador tiene instaladas las herramientas de desarrollo necesarias. Además, es posible que tenga una copia local de los servidores y de la base de datos para hacer sus propias pruebas. Una de las mejores formas de hacer esto para garantizar que todos los desarrolladores tienen el mismo entorno es a través de **contenedores Docker**.

- **Equipo de preproducción**. Este entorno se utiliza durante el desarrollo para hacer todo tipo de pruebas (de integración, de rendimiento, etc).

- **Equipo de producción**. Es el entorno donde la aplicación se ejecuta. Debe estar operativo el mayor tiempo posible, esto es, siempre, por lo que se debe evitar cualquier fallo o manipulación que pueda causar que el equipo se caiga.

El consejo principal es que, para que no surjan problemas de integración, **los entornos de preproducción y producción deben ser idénticos**, es decir, misma versión del sistema operativo, servidores, librerías, etc.

Cualquier actualización de seguridad o cambio de versión del *software* debería hacerse primero en el entorno de preproducción y probarla durante un periodo de tiempo para asegurarnos de que todo funciona adecuadamente antes de aplicar el cambio al entorno de producción.

3.4.4. Funcionalidades de depuración

El **depurador** (*debugger*) es la herramienta más útil de un programador. Facilita enormemente la tarea de descubrir y solucionar errores en el código. El proceso de depuración comienza cuando, tras probar el programa, se obtiene un resultado que no es el esperado.

Puntos de ruptura (*breakpoints*)

Un *breakpoint* o **punto de ruptura** es una marca en el código en el que el depurador detiene la ejecución para que el programador pueda inspeccionar el estado de las variables. Para añadir un punto de ruptura en el código, se hace clic en el editor sobre el número de línea en el que se desea insertar. Se puede eliminar pulsando sobre él nuevamente. La Ilustración 3.3 muestra un punto de ruptura definido en la línea 11 del programa, donde se observa que esa línea está señalada con fondo rojo y un cuadrado del mismo color sobre el número de línea del editor. También se puede añadir el punto de ruptura a través del menú *Debug – New Breakpoint* o con el atajo de teclado CTRL+F8.

Una vez se han establecido los puntos de ruptura deseados en el programa, podemos iniciar el programa en modo depuración a través del menú *Debug – Debug Project* o *Debug – Debug File* como se puede ver en la Ilustración 3.4.

```
10  □    public static void main(String[] args) {
            double x = 0.1d;
12          double total=0d;
13  □        for(int i=1;i<=10;i++){
14              total+=x;
15          }
16          System.out.println("Total: "+total);
17      }
18
```

Ilustración 3.3. Punto de ruptura (*breakpoint*) definido en el IDE NetBeans.

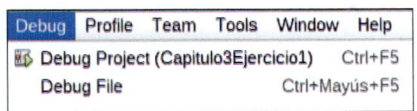

Debug	Profile	Team	Tools	Window	Help

Debug Project (Capitulo3Ejercicio1)   Ctrl+F5
Debug File   Ctrl+Mayús+F5

Ilustración 3.4. Iniciar la ejecución del programa en modo depuración.

El programa se ejecutará hasta llegar al punto de interrupción. En ese momento se podrá inspeccionar el contenido de las variables y continuar con la ejecución paso a paso como se explica más adelante.

Se pueden distinguir varios tipos de puntos de ruptura:

- **Line breakpoint**. El programa se detiene cuando alcanza esta instrucción. Se distingue por el símbolo de un cuadrado de color rojo como el de la Ilustración 3.4.

- **Method breakpoint**. Es un punto de interrupción que se establece en la definición de un método. El programa se detiene cada vez que se invoque el método. Se distingue por el símbolo de un triángulo hacia abajo.

- **Conditional breakpoint**. El programa se detiene cuando alcanza esta instrucción y se cumple una determinada condición. Para establecer esta condición, haremos clic derecho sobre el icono del punto de ruptura en el número de línea y seleccionamos **Breakpoint – Properties** (véase Ilustración 3.5).

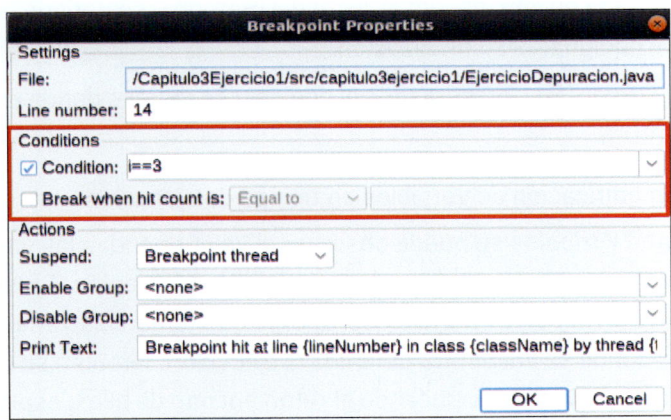

Ilustración 3.5. Estableciendo la condición de un punto de ruptura.

Seguimiento de la ejecución paso a paso

Una vez se han establecido los puntos de ruptura deseados en el código del programa y se ha iniciado la depuración del mismo mediante el menú *Debug – Debug File*, comienza el proceso del programador para tratar de averiguar el fallo que hay en el programa. El IDE se transforma y aparecen nuevas ventanas y barras de herramientas de forma similar a la Ilustración 3.6. Todas estas opciones aparecerán habilitadas también en el menú *Debug*. El IDE adapta las ventanas del entorno mostrando información relativa a la depuración. Si alguna ventana en particular no se visualiza, se puede abrir a través del menú *Window – Debugging*.

En la barra de herramientas se pueden observar tres botones, de izquierda a derecha por ese orden: finalizar la depuración (*finish debugger session*), pausarla (útil cuando se entra en un bucle infinito) y continuar la ejecución hasta el siguiente punto de ruptura o hasta que finalice el programa si no se encuentra ninguno. A continuación están las opciones para avanzar paso a paso en la ejecución del programa:

- *Step Over* (F8). Se ejecuta la línea de código actual (marcada con una franja verde) y se avanza a la siguiente línea de código. Si la línea actual es una llamada a un método, se ejecuta completamente sin detenerse línea a línea en el código del mismo.

- *Step Over Expression* (Shift+F8). Evalúa una expresión que consta de múltiples llamadas a métodos. La ventana *Variables* mostrará los valores pasados y los valores de retorno para cada llamada. Si no hay llamadas a métodos, actúa como *Step Over*.

- *Step Into* (F7). Se ejecuta la línea de código actual entrando en el interior del método para seguir la ejecución paso a paso por el código del mismo.

- *Step Out* (CTRL+F7). Si la línea de código actual está en el interior de un método, esta opción ejecuta el resto del método y se detiene en la primera línea de código tras su finalización.

- *Run to Cursor* (F4). Ejecuta todo el código y se detiene donde está el cursor de escritura.

Examen y modificación de variables en tiempo de ejecución

En la ventana *Variables* se puede observar el valor de todas las variables en el ámbito del programa durante su ejecución. En la Ilustración 3.6 se puede ver esta ventana en la parte inferior y los valores que toman las variables *x* y *total* en el punto donde se encuentra detenida la ejecución. También se puede visualizar el valor de la variable colocando el ratón encima de ella y esperando a que aparezca el mensaje emergente. Esto se puede hacer tanto con variables como con expresiones como muestra la Ilustración 3.7.

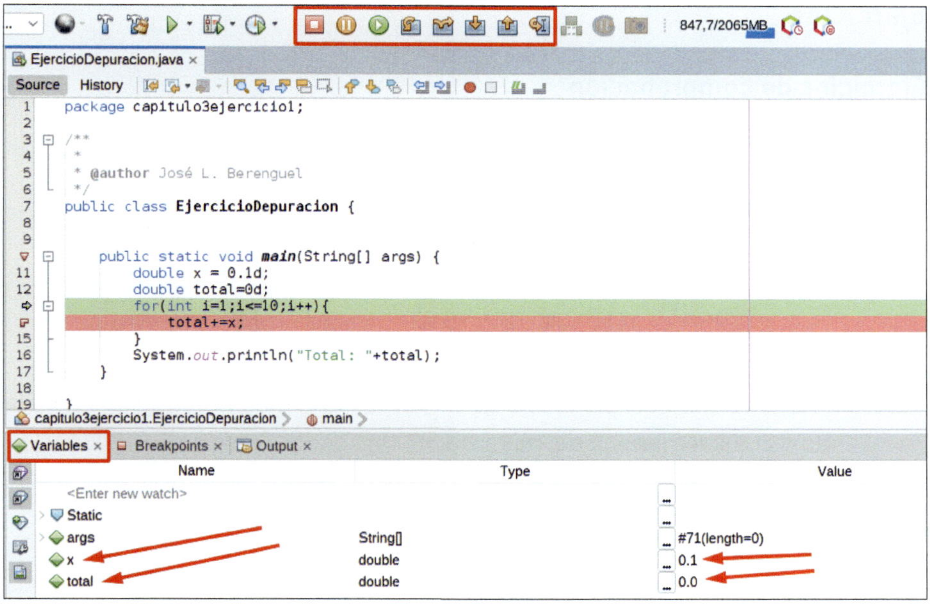

Ilustración 3.6. Aspecto del IDE NetBeans en modo depuración.

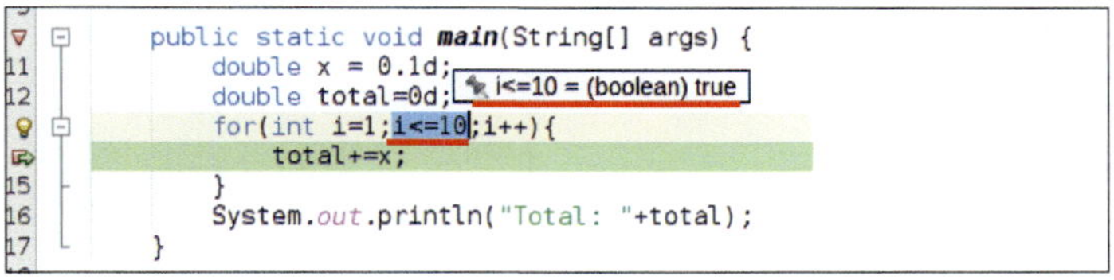

Ilustración 3.7. Evaluando una expresión en tiempo de ejecución.

Para visualizar una expresión de forma continua y no tener que estar seleccionándola constantemente, se hace uso de la vigilancia o inspección de expresiones, llamadas *watches*. Para añadir una expresión, tras seleccionarla vamos al menú *Debug – New Watch* o, haciendo clic derecho sobre la expresión seleccionada y pulsando *New Watch*. Los nuevos *watches* se mostrarán en la ventana *Watches* (si no se muestra durante la depuración, se puede acceder a ella a través del menú *Window – Debugging – Watches*), y en la ventana *Variables* si está marcada la opción "*Show watches inside Variables view*".

Por último, es posible modificar el valor de cualquier variable del programa en tiempo de ejecución. Para ello, en la ventana *Variables* se hace clic sobre la columna *Value* y el valor correspondiente a la variable que queremos modificar, e introducimos el nuevo valor. Todos los *watches* que contengan esa variable se reevaluarán con el nuevo valor introducido y el programa tomará ese valor en las siguientes instrucciones que se ejecuten. Esta acción se puede realizar cuantas veces queramos durante la depuración.

Ejercicios

Ejercicios de comprobación

3.1. ¿Qué organismo fundó Tim Berners Lee?

    a) W3C.

    b) CERN.

    c) HTTP.

    d) HTML.

3.2. ¿En qué versión del protocolo HTTP se hizo una mejor distinción entre la sintaxis y la semántica del mismo?

    a) HTTP/1.

    b) HTTP/1.1.

    c) HTTP/2.

    d) HTTP/3.

3.3. ¿En qué versión del protocolo HTTP se emplea el protocolo QUIC sobre UDP en lugar de TCP?

    a) HTTP/1.

    b) HTTP/1.1.

    c) HTTP/2.

    d) HTTP/3.

3.4. ¿Qué versión de la web es conocida como Web social?

    a) Web 1.0.

    b) Web 2.0.

    c) Web 3.0.

    d) Web3.

3.5. ¿Cómo se conoce a la web que incluye elementos descentralizadores como *blockchain* y *smartcontracts*?

    a) Web 1.0.

    b) Web 2.0.

    c) Web 3.0.

    d) Web3.

3.6. En el modelo de capas, ¿en qué capa se procesan las peticiones de los clientes?

a) En la capa de cliente.

b) En la capa de presentación.

c) En la capa de negocio.

d) En la capa de datos.

3.7. ¿Qué es REST?

a) Un paradigma para construir servicios web escalables empleando las operaciones del protocolo HTTP.

b) Un protocolo estándar que define cómo dos objetos distribuidos pueden intercambiar información entre sí.

c) Un mecanismo para poner en línea un catálogo de los servicios puestos a disposición por empresas y organismos.

d) Un lenguaje basado en XML para definir y describir un servicio web.

3.8. ¿Cuál de las siguientes no es una plataforma de desarrollo en la capa de negocio?

a) Nginx.

b) Jakarta EE.

c) Next.js.

d) Gin.

3.9. ¿Cuál de los siguientes no es un SGBD de la capa de datos?

a) MariaDB.

b) PostgreSQL.

c) MongoDB.

d) Express.

3. 10. Con respecto a las herramientas de depuración, ¿qué es un *watch*?

a) Una expresión que se evalúa constantemente para conocer su valor durante la ejecución.

b) Es una herramienta que ayuda a descubrir y solucionar errores en el código.

c) Es una marca en el código donde se detiene la ejecución del programa para inspeccionar el estado de las variables.

d) Es un punto de interrupción al que se le puede configurar una condición de parada.

Ejercicios de aplicación

3.1. Observe el siguiente programa escrito en Java.

```java
public class EjercicioDepuracion {
  public static void main(String[] args) {
    double x = 0.1d;
    double total=0d;
    for(int i=1;i<=10;i++){
      total+=x;
    }
    System.out.println("Total: "+total);
  }
}
```

- Diga, sin ejecutar el programa, ¿cuál es el resultado que debe mostrarse por pantalla?

- Ahora escriba y ejecute el código, ¿cuál es el resultado que se obtiene?

- Utilice la herramienta de depuración de NetBeans para determinar dónde puede encontrarse el error. Explique en qué consiste y cómo puede solucionarse.

3.2. Observe la siguiente función escrita en Java que calcula la raíz cuadrada de x.

```java
public static double raiz(double x){
    double r = x;
    double t = 0;
    while (t=r){
      t = r;
      r = 0.5 * ( (x/r) + r);
    }
    return r;
}
```

- Corrija los posibles errores de implementación que pueda encontrar usando el IDE y las herramientas de depuración.

- Realice una ejecución paso a paso para la llamada a *raiz(4)* y elabore una tabla que contenga el valor de la inspección de variables en cada uno de los pasos e iteraciones del programa.

3.3. La siguiente función comprueba si el número recibido por parámetro es primo o no, pero su funcionamiento es erróneo. Utilice las herramientas de depuración para detectar y corregir la implementación.

```java
public static boolean esPrimo(int n) {
    boolean tieneDivisor = false;
    if(n >= 2){
        for (int i = 2; i < n || !tieneDivisor; i++) {
            if(n % i == 0){
                tieneDivisor = true;
            }
        }
    }
    else{
        tieneDivisor = true;
    }
    return !tieneDivisor;
}
```

3.4. La siguiente función recibe un número entero por parámetro y devuelve el número con sus cifras invertidas o volteadas. Sin embargo, la implementación no es del todo correcta, utilice las herramientas de depuración para detectar y corregir los errores del mismo.

```java
public static int voltea(int x) {
    if (x < 0) {
        return -voltea(-x);
    }
    int nCifras = nDigitos(x);
    int volteado = 0;
    for(int i = nCifras; i > 0; i--){
        x = x / 10;
        int cifra = x % 10;
        volteado += Math.pow(10, i) * cifra;
    }
    return volteado;
}
```

3.5. Busque e instale los siguientes *plugins* en el IDE NetBeans:

- **Java Web and EE**. Este *plugin* está instalado en el IDE, solo necesita activarlo. Se utilizará en la Unidad 4 para desarrollar aplicaciones web.

- **SonarLint**. Permite analizar la calidad del código, realizando sugerencias y mejoras para evitar errores comunes.

- **PlantUML**. Este *plugin* le permitirá generar diagramas de clases de proyectos ya creados o crear diagramas desde cero.

3.6. Genere el diagrama de clases para el proyecto del ejercicio de aplicación 2.5 de la Unidad 2. Para ello, haga clic con el botón derecho del ratón sobre el proyecto en NetBeans y pulse la opción "*PlantUML from existing source*". Se mostrará una ventana para elegir el paquete donde se encuentran los ficheros de código que se van a analizar. Compare el diagrama generado por este *plugin* con el elaborado por usted en el ejercicio de aplicación 2.8 de la Unidad 2.

3.7. A partir del diagrama UML del ejercicio de aplicación 2.9 de la Unidad 2, utilice alguna de las herramientas de diseño que permita generar el código Java a partir del diagrama de clases. Incluya el código generado en un proyecto NetBeans, inspecciónelo y termine de implementar la aplicación.

3.8. Pruebe el *plugin* **SonarLint** sobre alguno de los proyectos NetBeans que ha creado en esta unidad o en las unidades anteriores y trate de comprender las sugerencias que realiza para mejorar la forma en la que escribe sus programas.

4. Lenguajes de programación de aplicaciones web en el lado servidor

Introducción

A lo largo de este libro se han presentado estrategias, técnicas, herramientas y paradigmas de programación que han posibilitado que el lector adquiera una perspectiva bastante amplia de los recursos disponibles y los conocimientos básicos para escribir aplicaciones *software*.

En este último capítulo se sentarán las bases de este conocimiento escribiendo aplicaciones web sencillas que demuestran el funcionamiento fundamental y las características de este tipo de *software*.

Contenido

4.1. Características de los lenguajes de programación web en servidor

Los lenguajes de programación web en servidor permiten generar páginas dinámicas que se adaptan y cambian automáticamente. Un mismo sitio web puede presentar información diferente a distintos usuarios en función de visitas anteriores, preferencias, intereses, etc. Ese dinamismo no sería posible si el lenguaje de programación en servidor no pudiera componer las páginas que envía al cliente con información almacenada en una base de datos o en otro tipo de recursos.

En los inicios de la web esto no era posible y cualquier cambio en la información debía realizarse manualmente en los ficheros HTML. Por su puesto, la web se mostraba igual para cualquier usuario que la visitara.

Los lenguajes en el lado cliente interaccionan en el navegador de cada usuario sin que la capa de negocio tenga control sobre ello. Esto es interesante en determinadas circunstancias, por ejemplo, si se quiere dotar a la web de animaciones visuales. El elemento adecuado para hacer estas acciones es el navegador del cliente, ya que, de otro modo, el servidor podría consumir sus recursos rápidamente. Los **lenguajes del lado cliente son HTML, CSS y JavaScript**, fundamentalmente. Además, existen numerosas librerías y *frameworks* en el lado cliente que permiten desarrollar interfaces potentes de manera muy sencilla, como por ejemplo **jQuery, Bootstrap, AgularJS y React**.

Sin embargo, en otras ocasiones no se puede dejar el control a la capa de presentación. Por ejemplo, si es necesario solicitar un nombre de usuario y una contraseña, la validación no puede hacerse en el navegador del cliente, ya que en la práctica supondría que la contraseña estuviera en algún lugar del código que recibe el navegador.

Por tanto, los lenguajes de programación web del lado servidor ofrecen **páginas dinámicas**, **centralización del control y de los datos**, **seguridad en el acceso a la información** y **automatización de tareas y procesos**.

4.2. Tipos y características de los lenguajes de uso común

El número de lenguajes de programación que existe es bastante elevado, pero en general se pueden categorizar en alguno de estos tipos:

- **Imperativo**. Un programa imperativo consta de acciones e instrucciones que indican al ordenador cómo solucionar un determinado problema.

- **Orientado a objetos**. Son lenguajes que permiten escribir programas siguiendo este paradigma de programación.

- **Declarativo**. Un programa declarativo está compuesto por reglas, condiciones y restricciones a través de las cuales se consigue la solución a un problema, pero sin que se tenga que explicar el proceso para obtener dicha solución.

- **Distribuido**. Un programa distribuido hace uso de los recursos de diferentes máquinas para obtener la solución a un problema dado.

- **De especificación**. Este tipo de lenguaje permite escribir o representar modelos de sistemas para su validación.

Entre las características comunes más habituales en un lenguaje de programación están:

- **Bajo nivel** o **alto nivel**. Un lenguaje de bajo nivel es aquel cuya sintaxis está próxima al lenguaje máquina, mientras que la sintaxis de un lenguaje de alto nivel se asemeja más a la escritura humana.

- **Compilado** o **interpretado**. El lenguaje compilado se procesa antes de ser ejecutado para que pueda ser leído por la máquina, mientras que el lenguaje interpretado realiza esta traducción al mismo tiempo que está siendo ejecutado.

- **Tipos estáticos** o **dinámicos**. Un lenguaje de tipos estáticos obliga al programador a declarar el tipo de todas las variables y no permite cambiarlo durante la ejecución. En cambio, un lenguaje de tipos dinámicos ofrece flexibilidad al programador y una variable puede almacenar tipos diferentes en cualquier momento de la ejecución.

En cuanto a los lenguajes de programación de servidor, se van a distinguir tres tipos: interpretados orientados a servidor, lenguajes cliente interpretados en servidor y lenguajes compilados. Las siguientes subsecciones detallan cada uno de ellos.

4.2.1. Interpretados orientados a servidor

En la sección «1.8.2. Compiladores y enlazadores» se explicó en qué consistía un lenguaje interpretado y sus diferencias con los lenguajes compilados. En esta misma sección se comentó que también existía la posibilidad de que un lenguaje fuera compilado a un código intermedio que es interpretado por una máquina virtual como Java. Ambos tipos de lenguajes se consideran que son interpretados.

Entre los lenguajes interpretados orientados a servidor encontramos PHP, Java, Python y Ruby.

4.2.2. Lenguajes de cliente interpretados en servidor

No existe un lenguaje cliente interpretado en servidor. Existe una tecnología llamada **AJAX** (*Asynchronous JavaScript And XML*) que permite al cliente enviar y recibir datos al servidor de forma asíncrona. Esto hace posible que se pueda modificar el contenido de una página sin tener que recargarla completamente. AJAX involucra varias tecnologías distintas:

- Un lenguaje cliente interpretado en el navegador como **JavaScript**.

- Un objeto **XMLHttpRequest** disponible en el navegador web y encargado de la comunicación asíncrona con el servidor. Este objeto está siendo remplazado y actualmente se usa mayoritariamente la **API Fetch**.

- **XML** o **JSON** son los posibles formatos en los que cliente y servidor se intercambian los datos.

- El modelo **DOM** (*Document Object Model*) con el que el lenguaje JavaScript interacciona para actualizar la página dinámicamente.

4.2.3. Lenguajes compilados

Los lenguajes compilados, como se explicó en la sección «1.8.2. Compiladores y enlazadores», tienen beneficios en términos de eficiencia con respecto a los lenguajes interpretados.

Dentro de esta categoría, se puede incluir a ASP.NET. Este lenguaje es compilado a un código intermedio, el cual es compilado a código máquina la primera vez que se ejecuta.

El lenguaje **Go** o **Golang** es un lenguaje de reciente creación (2009) desarrollado en Google por dos de los pioneros de la informática, Robert Pike y Ken Thompson, creadores del sistema operativo Unix y del lenguaje de programación C. Es totalmente compilado y el rendimiento que muestra en los test (*benchmarks*) se acerca bastante al de C.

Recursos
Web oficial del lenguaje Go.
https://golang.org/

Las expectativas que ofrece Go son elevadas y cada vez hay más desarrolladores que apuestan por él. Además de la API del lenguaje, existen multitud de librerías desarrolladas por terceros que permiten escribir aplicaciones web de forma más o menos sencilla. Las aplicaciones web hechas en Go no necesitan tener instalado ningún servidor HTTP específico, puesto que los ejecutables llevan incorporado el suyo propio. Algunas de las librerías y plataformas útiles para el desarrollo web en Go ya se han mencionado en la unidad anterior.

4.3. Criterios en la elección de un lenguaje de programación web en servidor. Ventajas e inconvenientes

La decisión de qué lenguaje utilizar en el desarrollo de una aplicación web es difícil y compleja, ya que condiciona el proyecto a largo plazo.

En realidad, esta decisión no solo afecta al lenguaje, sino que también influyen otros criterios como la arquitectura en la que funcionará la aplicación, el sistema operativo, el sistema gestor de bases de datos, las herramientas de desarrollo disponibles, la documentación y los recursos de ayuda *online,* el tamaño de la aplicación que se va a desarrollar y la experiencia del equipo de desarrollo, entre otros.

Dado que es imposible abordar los diferentes lenguajes de programación disponibles, se describirán las ventajas e inconvenientes de escoger entre las tres plataformas más extendidas: tecnologías Java, plataforma .NET y PHP (en la Unidad 3 ya se mencionaron estas y otras plataformas en la capa de negocio).

- **Plataforma Jakarta EE**. Esta plataforma tiene un conjunto amplio y complejo de diferentes tecnologías Java. Su curva de aprendizaje es lenta y puede resultar difícil escribir aplicaciones web pequeñas, pero, una vez que se conoce y se tiene experiencia en ella, se pueden crear aplicaciones complejas con muy poco esfuerzo.

- **Plataforma .NET**. La plataforma .NET era hasta hace poco exclusiva de Microsoft, pero la liberación de la especificación ha permitido que puedan surgir implementaciones libres para plataformas GNU/Linux como el **proyecto Mono**. Existen numerosos recursos y documentación que hacen sencillo el desarrollo en .NET. Además, se puede hacer en cualquiera de los lenguajes de los que dispone, incluso mezclar componentes desarrollados con diferentes tecnologías. Por contra, aunque existen implementaciones libres, estas no son totalmente compatibles o no están implementadas las características de las últimas versiones.

- **Lenguaje PHP**. Este lenguaje permite desarrollar aplicaciones de tamaño medio con relativa facilidad. Su curva de aprendizaje es bastante rápida por lo que un nuevo desarrollador puede aprender el lenguaje con cierta soltura. Además, un gran conjunto de herramientas disponibles en la web están escritas en PHP (Joomla, Drupal, WordPress, PrestaShop, etc.) por lo que conocer este lenguaje facilita la labor en aquellas aplicaciones que requieran de su integración. También dispone de *frameworks* que permiten crear aplicaciones empresariales de mayor envergadura, los más exitosos son **Laravel, Nette, Symfony 2, Yii, Codelgniter** y **Zend Framework 2**.

Este libro ha centrado su atención en el lenguaje Java, por lo que se continuará con esta elección en lo que queda de capítulo. A continuación, se explican características del lenguaje Java que no se habían abordado hasta el momento para continuar y finalizar con el desarrollo de aplicaciones web empleando las tecnologías de **Jakarta EE**.

4.4. Características generales

El lenguaje Java es un lenguaje de alto nivel orientado a objetos. Es habitual demostrar el funcionamiento y la sintaxis de un lenguaje de programación desarrollando un programa de prueba llamado **Hola Mundo**, cuyo objetivo es escribir un mensaje de bienvenida en la pantalla o consola.

El programa Hola Mundo escrito en Java se muestra en el siguiente cuadro de código:

```java
public class HolaMundo{
        public static void main(String[] args){
                System.out.println("Bienvenido a Java");
        }
}
```

En Java, el nombre del fichero debe llamarse igual que el nombre de la clase con la extensión *.java*. La clase se llama *HolaMundo*, por tanto el fichero se llamará *HolaMundo.java*. Java es sensible a mayúsculas y minúsculas, por lo que habrá que escribirlo exactamente igual. El contenido completo de la clase *HolaMundo* está encerrado entre llaves ({}).

El método *main* es un método especial que indica que la clase puede ser ejecutada por la máquina virtual de Java (JVM). La cabecera del método debe ser tal cual está escrita:

```java
public static void main(String [] args)
```

El parámetro que recibe *main* es un *array* de tipo *String* que almacenará los argumentos pasados al programa a través de la línea de comandos.

La línea de código restante consiste en ejecutar el método *println()* del objeto *out*. A *println()* se le pasa por parámetro una cadena de caracteres (un texto
encerrado entre " ") que es la que se mostrará en pantalla. El objeto *out* es un
objeto *static* ya creado y disponible en la clase *System* que representa la salida
estándar, habitualmente el monitor.

Para compilar el programa desde la línea de comandos, utilizamos el programa *javac*.

```
$>javac HolaMundo.java
```

Si el compilador no muestra ningún error, significa que el proceso ha ido bien y
se habrá generado un fichero *HolaMundo.class* con los *bytecodes* ejecutables
por la JVM.

Para ejecutar el programa desde la línea de comandos utilizamos el programa *java*:

```
$>java HolaMundo
```

Nótese que para ejecutar el programa no es necesario poner el nombre del fichero con la extensión *.class*, sino que únicamente se utiliza el nombre de la
clase. Además, recuerde que para ejecutar los programas *javac* y *java* desde
cualquier directorio deben estar configuradas adecuadamente las rutas a estos
programas en la variable de entorno PATH. Lo más sencillo será crear un proyecto en NetBeans y compilar y ejecutar la aplicación a través del mismo.

Algunas cuestiones básicas sobre la sintaxis de Java han de ser tenidas en
cuenta:

- Es **sensible a mayúsculas y minúsculas**. No es lo mismo escribir *public* y
  Public.

- Las **sentencias finalizan con punto y coma** (;).

- Los **bloques de instrucciones se delimitan con llaves** ({ ... }).

- **Comentarios** de una línea, multilínea y Javadoc. Los comentarios de una
  línea en Java van precedidos por los caracteres //, los comentarios multilínea están encerrados entre /* ... */, y los comentarios para generar la documentación Javadoc están encerrados entre /** ... */.

Algunos caracteres en Java no tienen una representación explícita o no pueden
ser utilizados directamente por el hecho de tener un significado especial para
el lenguaje. Veamos por ejemplo el siguiente texto: *Juan me dijo: "la programación es muy sencilla".*

Las comillas dobles tienen un significado especial en Java, el código que encierran definen literales para las cadenas de caracteres. La solución es utilizar **secuencias de escape**: *Juan me dijo: \"la programación es muy sencilla\"*.

Una secuencia de escape está formada por el **carácter** \ (barra invertida) seguido de una letra en el caso de caracteres no imprimibles o del carácter especial que se desee mostrar. La Tabla 4.1 muestra las principales secuencias de escape en Java.

Tabla 4.1. Principales secuencias de escape en Java.

Secuencia de escape	Descripción
\b	Retroceso
\n	Salto de línea
\t	Tabulación horizontal
\\	Barra invertida
\'	Comilla simple
\"	Comilla doble

Declaración de variables

Una **variable** es un espacio físico de la memoria del ordenador donde un programa puede almacenar un dato. El dato en cuestión puede ser de **tipo primitivo** o de **tipo objeto** (véase sección «4.4.1. Tipos de datos»). El formato de la sentencia de declaración de una variable es el siguiente:

```
tipo_dato identificador;
```

El nombre que recibe la variable se denomina **identificador**, que para que sea válido tiene que cumplir las siguientes reglas:

- Solo puede comenzar por un carácter alfabético, el de subrayado (_) o el del dólar ($).

- No pueden contener espacios, signos de puntuación o secuencias de escape.

- No puede coincidir con una palabra reservada.

Se puede declarar más de una variable de un mismo tipo en una única sentencia con la siguiente sintaxis:

```
tipo_dato variable1, variable2, variable 3;
```

Ejemplos de declaraciones de variables correctas e incorrectas:

```
//Declaraciones correctas
int edad, código;
short b1;
char uncaracter;
//Declaraciones incorrectas
boolean 3r;              //no comienza por un carácter válido
int numero primo;       //contiene un espacio
float class;            //utiliza una palabra reservada
```

En el cuadro anterior aparecen diferentes tipos de datos primitivos disponibles en Java. Todos ellos se explican en la siguiente sección.

4.4.1. Tipos de datos

En Java, una variable puede almacenar tanto tipos primitivos como tipos objeto:

- **Tipos primitivos**: las variables que se declaran de un tipo primitivo almacenan el dato real.

- **Tipos objeto**: las variables de tipo objeto no contienen el objeto como tal, sino una referencia al mismo. A través de esta referencia se puede acceder a los datos y métodos que contiene el objeto.

En este apartado se explica también la declaración y manejo de *arrays* en Java.

Tipos primitivos

En Java existen ocho tipos primitivos que permiten representar valores numéricos enteros y decimales, valores lógicos y caracteres. La Tabla 4.2 muestra cuáles son, así como su rango de representación.

Tabla 4.2. Tipos primitivos en Java.

Tipo	Tamaño (bits)	Descripción
boolean	-	Su tamaño depende de la JVM.
char	16	Cualquier símbolo o carácter Unicode.
byte	8	Desde -128 hasta +127.
short	16	Desde -32768 hasta +32767.
int	32	Desde -2147483648 hasta +2147483647.
long	64	Desde -2^{63} hasta $+2^{63}-1$.
float	32	Número en coma flotante utilizando la representación IEEE 754-1985 (revisión del estándar de agosto de 2008).
double	64	Número en coma flotante utilizando la representación IEEE 754-1985 (revisión del estándar de agosto de 2008).

Los valores de los tipos primitivos se escriben con **literales** de dicho tipo. A continuación, se describe cómo escribir literales para cada uno de los tipos primitivos.

Literales de tipo boolean

El tipo *boolean* solo tiene dos posibles literales: *true* y *false*.

Literales de tipo char

Una variable de tipo *char* puede almacenar cualquier carácter *Unicode*. Existen diversas maneras de escribir los literales de tipo *char*. La siguiente porción de código ilustra las distintas posibilidades.

```
char a1 = 'A';          //Carácter entre comillas simples
char a2 = '\115';       //Código octal del carácter entre comillas simples
char a3 = '\u0055';     //Código hexadecimal del carácter entre comillas simples
char a4 = 231;          //Código entero del carácter
```

Literales de tipo byte, short, int y long

Estos cuatro tipos representan valores numéricos enteros. La forma de escribir estos literales es la misma en todos ellos, siempre y cuando el literal que se trate de asignar a la variable en cuestión respete el rango de representación del tipo de la misma.

Un literal numérico entero es cualquier secuencia de dígitos (0-9) que puede llevar delante signo o no, esta es la representación en base decimal. Además, también es posible representarlos en base octal y hexadecimal. La siguiente porción de código ilustra las distintas formas de definir literales numéricos enteros.

```
byte     p=90;          //Literal en base decimal
short    q=01324;       //Se considera octal si comienza por 0 (cero)
int      r=0X5A;        //Se considera hexadecimal si comienza por 0x o 0X
int      s=0x5A;
float    t=0X5a;
double   u=0x5a;
```

Literales de tipo float y double

Estos tipos representan valores numéricos reales. Sus literales contienen una parte entera y otra decimal separada por el carácter punto (.), aunque alguna de ellas puede no estar presente. También se puede emplear la **notación científica** y especificar un exponente con la letra *e* o *E*. Otra manera de representarlos es emplear las letras *f*, *F* o *d*, *D* para indicar que el literal numérico es de tipo *float* o *double*, respectivamente. Si no se especifica ninguna letra, por defecto el literal se considera *double*.

```
float p=3.14;          //Error de compilación, el literal se considera double
float p=3.14f;         //Se emplea el carácter f
double a=.56;          //Se especifica solo la parte decimal
double b=137.;         //Se especifica solo la parte entera
double c=158.4e-3;     //Notación científica
double d=53234D;       //Se emplea el carácter D
```

Tipos objeto

A diferencia de los tipos primitivos, una variable de tipo objeto no almacena el valor del objeto, sino una referencia del lugar de la memoria donde se encuentra almacenado el objeto. Un objeto puede agrupar un conjunto de atributos muy amplio cuyo acceso y manipulación está controlado por los métodos del mismo. La sección «2.3.4. Referencias a objetos» profundiza mucho más en estos detalles, por lo que le recomendamos revisarla.

Para crear una variable de tipo objeto, es necesario llamar al constructor de la clase del objeto en cuestión a través del operador *new*. El siguiente ejemplo muestra cómo el tipo del objeto y el nombre del constructor se llaman de igual manera.

```
MiTipoObjeto variableObjeto = new MiTipoObjeto();
```

Declaración y manejo de *arrays*

Un *array* es un objeto en el que se pueden almacenar datos de un mismo tipo. El tipo del *array* puede ser cualquier tipo primitivo u objeto, pero todos los elementos contenidos en él tienen que ser del mismo tipo. En caso de que el *array* sea de tipo objeto, puede contener objetos de diferentes tipos siempre y cuando sean polimórficos al tipo del *array* (véase sección «2.4.5. Polimorfismo y enlace dinámico (*dynamic binding*)»).

Para declarar una variable de tipo *array* se utilizan los corchetes ([]) antes o después del identificador de la variable (sin importar los espacios que haya entre ellos):

```
tipo [] variable_array;
tipo variable_array[];
```

El tamaño del *array* es fijo, por lo que una vez establecido no se podrá cambiar. Para dimensionar un *array* se utiliza el operador **new** de la siguiente manera:

```
variable_array=new tipo[tamaño];
```

Nótese que en el ejemplo anterior la variable tiene que haber sido declarada previamente. Cuando un *array* se dimensiona, todos sus elementos se inicializan a sus valores por defecto. Ejemplos de declaración y dimensionado de *arrays:*

```
int [] valores;                         //Declaración
char letras[];                          //Declaración
valores=new int[5];                     //Dimensionado
letras=new char[10];                    //Dimensionado
String [] nombres=new String[10];       //Declaración y dimensionado
```

Por último, es posible también declarar, dimensionar e inicializar con datos un *array:*

```
int [] numeros={10,20,30,40};       //Declaración, dimensionado e inicialización
```

Para acceder a una posición del *array,* se utiliza la notación **variable_array[indice]**, donde el valor de la variable **indice** está entre 0 y el número de elementos del *array* menos uno. A través del atributo **length** se puede obtener el número de elementos del *array*. Si tratamos de acceder a una posición del *array* que no existe, el programa abortará generando la excepción **IndexOutOfBoundsException**.

```
int fibonacci = new int[5];
fibonacci[0] = 1;
fibonacci[1] = 1;
fibonacci[2] = 2;
fibonacci[3] = 3;
fibonacci[4] = 5;
fibonacci[5] = 8;    //Lanzaría la excepción IndexOutOfBoundsException
System.out.println("El valor de fib(4) es "+fibonacci[4]);
System.out.println("El número de elementos del array es "+fibonacci.length);
```

Los *arrays* pueden tener más de una dimensión, a los *arrays* de dos dimensiones se les conoce como **matrices**. Para añadir una nueva dimensión al *array* solo hay que añadir una nueva pareja de corchetes. Todo lo explicado para *arrays* de una dimensión es aplicable también para *arrays* multidimensionales.

```
int [][] k = new int[3][5];      //Declaración y dimensionado
k[1][3]=25;                      //Acceder a una posición
k[3][2]=0;                       //Excepción: IndexOutOfBoundsException
k.length;                        //Tamaño de la primera dimensión
k[0].length;                     //Tamaño de la fila 0
int v[][] = {{1,2},{3,4}};       //Declaración, dimensionado e inicialización
```

4.4.2. Clases

Una clase es una estructura propia de los lenguajes orientados a objetos en la que se agrupan atributos que representan cualidades, y métodos que representan comportamientos. En la Unidad 2 se profundiza bastante en las clases y objetos Java, por lo que en esta sección solo se mostrará un esquema general de cómo es la estructura de las clases en Java.

```
public class UnaClase {
        //Declaración de atributos
        //Constructores de la clase
        //Métodos de la clase
}
```

4.4.3. Operadores básicos. Manipulación de cadenas de caracteres

Los operadores básicos del lenguaje permiten realizar ciertas operaciones sobre los datos. Según el tipo de operación que realizan, se pueden clasificar en: **operadores aritméticos, operadores de asignación, operadores condicionales, operadores lógicos** y **operadores a nivel de bits**.

A continuación se describen los diferentes tipos de operadores. En esta sección también se explica la manipulación de cadenas de caracteres en Java.

Operadores aritméticos

Estos operadores solo pueden ser empleados con variables y literales numéricos. La Tabla 4.3 muestra los operadores aritméticos disponibles en Java junto con ejemplos de uso.

Tabla 4.3. Operadores aritméticos en Java.

Operador	Descripción	Ejemplo
+	Suma dos valores numéricos.	int c; c=2+5;
-	Resta dos valores numéricos.	int c; c=2-5;
*	Multiplica dos valores numéricos.	int c; c=2*5;

/	División de dos valores numéricos. Si los dos operandos son enteros, el resultado de la división será de tipo entero.	int a=8, b=5;
		float x,y;
		x=a/b; //El resultado es 1 (entero)
		y=a/3.0f; //El resultado es 2.66

%	Resto de la división entre dos valores numéricos.	int c; c=7%2; //El resultado es 1

Operadores de asignación

Los operadores de asignación se utilizan para sustituir el valor almacenado en una variable por otro nuevo. Los tipos de operadores de asignación disponibles en Java se muestran en la Tabla 4.4.

Tabla 4.4. Operadores de asignación en Java.

Operador	Descripción	Ejemplo
=	Asigna la expresión de la derecha a la variable de la izquierda.	int c; c=8*8;
+=	Suma la expresión de la derecha a la variable situada a la izquierda del operador.	int c=4; c+=5; //Equivale a c=c+5
-=	Resta la expresión de la derecha a la variable situada a la izquierda del operador.	int c=3; c-=2; //Equivale a c=c-2
*=	Multiplica la expresión de la derecha a la variable situada a la izquierda del operador.	int a=8; a*=2; //Equivale a a=a*2
/=	Divide la expresión de la derecha a la variable situada a la izquierda del operador.	int c=7; c/=2; //Equivale a c=c/2 (entera)
%=	Calcula el resto de la división entre la variable situada a la izquierda y la expresión de la derecha.	int c=6; c%=3; //Equivale a c=c%3;
++	Incrementa una variable numérica en una unidad.	int c; c++; //Equivale a c=c+1;
--	Decrementa una variable numérica en una unidad.	int c; c--; //Equivale a c=c-1;

Los operadores ++ y -- pueden aparecer delante de la variable (**prefijo**) o detrás (**posfijo**). Su posición puede condicionar el resultado de la expresión en la que se encuentre:

- **Prefijo**: el incremento/decremento del valor de la variable se realiza antes de que se tome su valor para evaluar la expresión.

- **Posfijo**: el incremento/decremento del valor de la variable se realiza después de que se tome su valor para evaluar la expresión.

```
//PREFIJO
int a=3, b;
b=a++;   //los valores de las variables tras la expresión son: b=3, a=4
//POSFIJO
int c=3, d;
d=++c;   //los valores de las variables tras la expresión son: b=4, a=4
```

Operadores condicionales

Estos operadores se utilizan para evaluar condiciones de igualdad entre los valores de los operandos sobre los que se utilizan. El resultado de esta evaluación siempre será de tipo ***boolean***. Los operadores condicionales (junto con los operadores lógicos) se utilizan en las estructuras de control de flujo. La Tabla 4.5 muestra los operadores condicionales disponibles en Java.

Tabla **4.5**. Operadores condicionales en Java.

Operador	Descripción	Ejemplo
==	Compara dos valores; en caso de que sean iguales, el resultado será *true*.	int a=8, b=5; a==b; //Resultado: *false*
<	Si el operando de la izquierda es menor que el de la derecha, el resultado será *true*.	int a=8, b=5; a<b; //Resultado: *false*
>	Si el operando de la izquierda es mayor que el de la derecha, el resultado será *true*.	int a=8, b=5; a>b; //Resultado: *true*
<=	Si el operando de la izquierda es menor o igual que el de la derecha, el resultado será *true*.	int a=8, b=5; a<=b; //Resultado: *false*
>=	Si el operando de la izquierda es mayor o igual que el de la derecha, el resultado será *true*.	int a=8, b=5; a>=b; //Resultado: *true*
!=	Si el valor de los operandos es diferente, el resultado será *true*.	int a=8, b=5; a!=b; //Resultado: *true*

Los operadores <, >, <= y >= únicamente se pueden aplicar a tipos numéricos y al tipo *char*. Aplicados sobre cualquier otro tipo, resultará en un error de compilación.

Por otro lado, **se debe tener especial precaución con los operadores == y !=, ya que aplicados sobre tipos objeto comparan sus referencias, no el contenido de los mismos,** lo que puede provocar errores en el código. La comparación entre los valores de los objetos se debe hacer por medio del método *equals()*.

```
String a = "Una cadena";
String b = "Una cadena"
a==b;              //Resultado: false
a.equals(b);       //Resultado: true
```

Operadores lógicos

Estos operadores se utilizan para evaluar condiciones lógicas entre los operandos. El resultado de la evaluación será de tipo *boolean*. Los operadores lógicos (junto con los operadores condicionales) se utilizan en las estructuras de control de flujo. La Tabla 4.6 muestra los operadores lógicos de Java.

Tabla 4.6. Operadores lógicos en Java.

Operador	Descripción	Ejemplo

&&	Operador lógico AND. El resultado será *true* si todos los operandos son *true*.	boolean a=true, b=false, c=true;
		a && b && c; //Resultado: false
		a && c; //Resultado: true

||	Operador lógico OR. El resultado será *true* si al menos un operando es *true*.	boolean a=true, b=false, c=true;
		a || b || c; //Resultado: true
		a || c; //Resultado: true

!	Operador lógico NOT. Actúa sobre un único operando, dando como resultado el valor lógico contrario al que tuviera.	boolean a=true, b=false;
		!a; //Resultado: false
		!b; //Resultado: true

Los operadores **&& y ||** funcionan en modo **cortocircuito**, esto significa que si el primer operando determina el resultado de la expresión, el segundo operando no será evaluado. El ejemplo siguiente lo ilustra perfectamente.

```
int p=4, f=2;
if((p>0) || (++f>0)){
        p++;
}
System.out.println("p vale"+p);        //Mostraría: p vale 5
System.out.println("f vale"+f);        //Mostraría: f vale 2
```

Por último, solo queda decir que los operadores lógicos y condicionales se pueden combinar para formar expresiones más complejas.

Operadores a nivel de bits

Estos operadores no suelen ser muy habituales en aplicaciones de gestión, pero tienen bastante importancia en otro tipo de desarrollos. La Tabla 4.7 muestra los más importantes.

Tabla 4.7. Operadores a nivel de bits en Java.

Operador	Descripción
&	Operador lógico AND. Realiza la operación AND entre los operandos bit a bit.
|	Operador lógico OR. Realiza la operación OR entre los operandos bit a bit.
^	Operador lógico OR exclusiva. Realiza la operación OR exclusiva entre los operandos bit a bit.
~	Operador NOT. Invierte el estado de los bits del operando.
<<	Desplazamiento a la izquierda rellenando con ceros los bits que quedan libres a la derecha.
>>	Desplazamiento a la derecha rellenando con el bit mayor (de signo) los bits que quedan libres a la izquierda.
>>>	Desplazamiento a la derecha rellenando con ceros los bits que quedan libres a la izquierda.

Manipulación de cadenas de caracteres

Las cadenas de caracteres en Java se manejan con el tipo objeto *String* fundamentalmente (hay otras clases para manejar cadenas como *StringBuilder* o *StringBuffer,* pero no se van a explicar en este libro).

Los literales de tipo *String* se delimitan por comillas dobles. Aunque es un tipo objeto, Java le proporciona características similares a los tipos primitivos. Por ejemplo, **se pueden inicializar sin necesidad de usar explícitamente el constructor** de la clase.

```
String nombre1 = "Paco Pérez";              //inicialización similar a un tipo básico
String nombre2 = new String("Paco Pérez");  //inicialización con el constructor
```

Otra operación que se puede realizar de manera similar a los tipos básicos es la **concatenación utilizando el operador +.**

```
String nombre = "Paco";
String apellido = "Pérez"
String nombre = nombre+" "+apellido;        //Resultado: "Paco Pérez"
```

El resto de operaciones de manipulación de cadenas de caracteres debe realizarse a través de los métodos de la clase *String*. Algunos de estos métodos son los siguientes:

- **concat()**. Concatena dos cadenas y devuelve el resultado de la misma.
- **substring()**. Devuelve una subcadena.
- **indexOf()**. Devuelve la posición de una subcadena o carácter en la cadena.
- **charAt()**. Devuelve el carácter en una posición indicada.
- **length()**. Devuelve el número de caracteres de la cadena.
- **startsWith()**. Comprueba si la cadena comienza por la subcadena indicada.
- **endsWith()**. Comprueba si la cadena termina por la subcadena indicada.
- **replaceAll()**. Remplaza parte de una cadena por otra.

El siguiente fragmento de código muestra ejemplos de uso de cada uno de estos métodos.

```
String concat = "Hola".concat(" Juan");                  // "Hola Juan"
String substr = "El empleado encargado".substring(3,11); // "empleado"
int posicion = "Erase una vez en una...".indexOf("vez"); // 10
char c = "Empleado".charAt(2);                           // 'p'
int longitud = "Empleado".length();                      // 8
boolean comienza = "Empleado".startsWith("Em");          // true
boolean termina = "Empleado".endsWith("a");              // false
String reemplaza = "El empleado".replaceAll("e","X");    // "El XmplXado"
```

La clase *String* dispone de muchos más métodos que permiten realizar operaciones complejas sobre objetos de este tipo. Consulte la documentación de la clase para obtener más información. Una de las ventajas de emplear un IDE es que se puede acceder a esta información rápidamente, ya que ofrece ayuda en línea conforme se escribe el código.

4.4.4. Estructuras de control. Bucles y condicionales

En la sección «1.4.2. Técnicas de desarrollo de *software*» se presentaron las diferentes estructuras de control de flujo que podían encontrarse en un programa informático y se mostró su funcionamiento mediante diagramas de flujo y pseudocódigo.

En esta sección se explicará la sintaxis en Java de las siguientes estructuras:

- Estructuras condicionales: *if-else* (SI-SI_NO), *switch* (SEGÚN_SEA).

- Estructuras iterativas: *while* (MIENTRAS), *do-while* (HACER-MIENTRAS) y *for* (DESDE).

Estructura condicional *if-else*

Esta estructura tiene la siguiente sintaxis:

```
if(condición){
        sentencias;
} else {
        sentencias;
}
```

La condición debe ser una expresión lógica o condicional cuyo resultado sea de tipo *boolean*. La sección *else* es opcional, por lo que puede no aparecer. Además, el uso de las llaves delimitadoras del bloque se puede omitir cuando solo haya una única sentencia, pero se recomienda usarlas siempre. Por último, esta estructura se puede anidar para formar condiciones más complejas.

```
if(a>b){
        System.out.println("El mayor es "+a);
} else if(a<b){
        System.out.println("El mayor es "+b);
} else{
        System.out.println("Los dos números son iguales");
}
```

Estructura condicional *switch*

Esta estructura es muy útil cuando el número de condiciones en el *if* es alto. La sintaxis general es:

```
switch(expresión){
        case valor1:
                sentencias;
                break;
        case valor2:
                sentencias;
                break;
        default:
                sentencias;
}
```

Hasta la versión 6 de Java, el valor de *expresión* debía ser de tipo numérico entero, pero en la versión 7 se incorporó la posibilidad de utilizar también el tipo *String*. El número de bloques *case* que puede haber dentro del *switch* no está limitado, pero no puede haber dos *case* con el mismo valor. El bloque *default* es opcional y se ejecuta si el resultado de la expresión no coincide con ningún *case*.

```
int estado = 1;
String estadoCivil;
switch (estado) {
  case 0:
    estadoCivil="Soltero";
    break;
  case 2:
    estadoCivil="Casado";
    break;
  case 3:
    estadoCivil="Divorciado";
    break;
  default:
    diaSemana="Desconocido";
    break;
}
System.out.println("Su estado civil es "+estadoCivil);
```

La sentencia *break* se emplea para salir del *switch*; en caso de no encontrarse, se seguiría ejecutando el resto de sentencias hacia abajo aunque pertenezcan a bloques *case* diferentes. En versiones más recientes del JDK se elimina la obligatoriedad de usar el **break**. Para distinguirlo de la versión anterior, en lugar de dos puntos después del *case* se usa el operador flecha (->) y las instrucciones del *case* se encierran entre llaves si hay más de una.

```
switch (nota) {
  case 0, 1, 2, 3, 4 -> {
    System.out.println("Suspenso");
    System.out.println("Ánimo");
  }
  case 5 ->
    System.out.println("Suficiente");
  case 6 ->
    System.out.println("Bien");
  case 7, 8 ->
    System.out.println("Notable");
  case 9, 10 -> {
    System.out.println("Sobresaliente");
    System.out.println("Enhorabuena");
  }
  default ->
    System.out.println("Nota incorrecta");
}
```

Le recomendamos leer el artículo "The evolution of switch statement from Java 7 to Java 17" para conocer todos los cambios y novedades que ha sufrido esta estructura de control condicional.

Lectura recomendada [ENG]

Artículo en *Medium:* "The evolution of switch statement from Java 7 to Java 17".

https://medium.com/@javatechie/the-evolution-of-switch-statement-from-java-7-to-java-17-4b5eee8d29b7

Estructura iterativa *while*

La estructura **while** ejecuta un bloque de instrucciones mientras se cumple una condición. La evaluación de la condición debe dar como resultado un tipo **boolean**.

```
while(condición){
      sentencias;
}
```

La condición se evalúa antes de que comience la iteración, por lo que el bucle puede ejecutarse cero o más veces.

Estructura iterativa *do-while*

Es similar al bucle **while**. La diferencia es que la condición se evalúa al final del bucle, por lo que al menos se ejecutará una vez.

```
do{
        sentencias;
}while(condición);
```

Estructura iterativa *for*

El bucle **for** permite ejecutar un conjunto de sentencias un número determinado de veces.

```
for(inicialización;condición;incremento){
        sentencias;
}
```

Las instrucciones de control (inicialización, condición e incremento) son opcionales, pero los puntos y comas deben aparecer. Por tanto, podría escribirse el bucle de la forma ***for(int i=0;;i++)***, lo que en la práctica supone escribir un bucle infinito, ya que la condición siempre será verdadera, aunque no es lo habitual. Un ejemplo más apropiado se muestra a continuación:

```
//Escribe en pantalla los números del 1 al 10
for(int i=1;i<=10;i++){
        System.out.println("El número es"+i);
}
```

El bucle **for** tiene una construcción particular llamada **for-each** que se emplea para recorrer *arrays* y colecciones. Solo es útil cuando se quiere recorrer el *array* o la colección de principio a fin y siempre para leer su contenido, no para escribir o modificar sus valores. Esta construcción tiene la siguiente sintaxis:

```
for(tipo auxiliar:variable){
        sentencias;
}
```

La primera parte (***tipo auxiliar***) es la declaración de una variable auxiliar del mismo tipo que los elementos del *array* o colección. En ella se irá almacenando el valor leído en cada iteración. La segunda parte tras los dos puntos (***variable***) es la variable de tipo *array* o colección que se va a recorrer. La siguiente porción de código muestra un ejemplo de uso y lo compara con la construcción *for* habitual.

```
int [] nums={4,6,30,15};
//Recorrido con for
for(int i=0;i<nums.length;i++){
        System.out.println(nums[i]);
}
//Recorrido con for-each
for(int n:nums){
        System.out.println(n);
}
```

Se puede observar cómo la construcción ***for-each*** es más apropiada para recorrer el *array,* puesto que la sintaxis es más compacta.

4.4.5. Módulos o paquetes

El JDK dispone de multitud de paquetes que permiten al programador ahorrar mucho tiempo en el desarrollo de *software*. Algunos de los más importantes y usados son:

- ***java.lang***. Contiene las clases principales para escribir programas Java.

- ***java.util***. Contiene clases de utilidad, entre ellas las colecciones, soporte de eventos, manejo de fechas, internacionalización, generación de números aleatorios, etc.

- ***java.io***. Contiene clases para entrada y salida de datos y serialización.

- ***javax.swing***. Contiene clases para escribir aplicaciones gráficas con componentes *Swing*.

- ***javax.net***. Contiene clases para aplicaciones que manejen la red.

- ***java.sql***. Contiene las clases para acceder y procesar datos de una base de datos.

A continuación, se explica cómo usar dos clases que son de bastante utilidad en el desarrollo de nuestros programas, la clase *Scanner* para la lectura de datos por teclado y *ArrayList* para almacenar objetos.

Lectura de datos con la clase *Scanner*

La clase *java.util.Scanner* se emplea para leer datos de un flujo de entrada, que puede ser por ejemplo un fichero de texto o el teclado, ya que el constructor recibe un objeto de tipo *InputStream*. Por ejemplo, para leer datos desde teclado crearíamos el objeto *Scanner* de la siguiente manera:

```
Scanner sc = new Scanner(System.in);      //System.in es la entrada estándar (teclado)
```

El objeto *System.in* hace referencia a la entrada de datos estándar que normalmente es el teclado. Los datos del flujo se leen en *tokens* de cadenas de caracteres. El carácter separador de *token* es por defecto el espacio en blanco y el retorno de carro.

Los métodos más interesantes de la clase *Scanner* para interaccionar con el flujo de entrada son:

- *String next()*: devuelve el siguiente *token* del flujo. Si no hay ninguno espera hasta que lo haya.

- *boolean hasNext()*: comprueba si hay un *token* en el flujo.

- *xxx nextXxx()*: los caracteres *Xxx* representan un tipo básico, como por ejemplo *nextInt()* o *nextFloat()*. Estos métodos devuelven el siguiente *token* convertido al tipo especificado por el método. Si el *casting* no ha sido posible, se lanza la excepción *InputMismatchException*.

- *boolean hasNextXxx()*: comprueba si hay un *token* del tipo *Xxx* en el flujo. Este método debe llamarse antes que *nextXxx()* para evitar cualquier error en el *casting*.

- *void useDelimiter(String d)*: permite modificar nuevos caracteres delimitadores de *tokens*.

Un ejemplo de uso se puede ver en el siguiente bloque de código:

```
public static void main(String[] args) {
    String nombre;
    int edad;
    Scanner sc = new Scanner(System.in);
    System.out.println("Introduzca su nombre:");
    nombre = sc.next();
    System.out.println("Indique su edad [0-100]:");
    do{
            while(!sc.hasNextInt()){
                    sc.next();              //si el token no es int se saca del flujo
            }
            edad = sc.nextInt();            //leemos con seguridad del flujo un valor de tipo int
    }while(edad<0 || edad>100);
    System.out.println("Su nombre es "+nombre+" y tiene "+edad+" años");
}
```

Este ejemplo lee correctamente la edad del usuario sin producir ninguna excepción.

Manejo de colecciones con *ArrayList*

La clase *java.util.ArrayList* es una clase del **API Collections** de Java que permite almacenar cualquier objeto en ella. El número de elementos que se pueden almacenar en la lista es ilimitado, ya que su tamaño crece dinámicamente conforme se añaden nuevos elementos, a diferencia de los *arrays* que son de tamaño fijo.

El tipo de elementos que contendrá el *ArrayList* se define entre < > y solo podrá contener elementos de ese tipo (véase la sección «2.6.1. Concepto de genericidad»). Los métodos principales de esta clase se muestran a continuación (el parámetro *E* indica el tipo genérico para el que está definida la colección y que es sustituido por el compilador):

- *boolean add(E e)*. Inserta el objeto al final de la lista y devuelve el valor *true*.

- *boolean add(int indice, E e)*. Añade el objeto en la posición indicada desplazando el resto de objetos, si los hubiera, una posición hacia la derecha.

- *E get(int indice)*. Obtiene el objeto que se encuentra en la posición indicada en el parámetro, pero no se borra de la lista.

- *E remove(int indice)*. Elimina el objeto que se encuentra en la posición. El método devuelve el objeto eliminado.

- *int size()*. Devuelve el número de elementos en la lista.

- *void clear()*. Elimina todos los elementos de la lista.

```
public static void main(String[] args) {
        ArrayList<String> paises = new ArrayList<String>();
        paises.add("España");
        paises.add("Portugal");
        paises.add("Grecia");
        String unPais = paises.get(1);          //Devuelve: "Portugal"
        paises.del(2);                          //Elimina "Grecia" de la lista
}
```

4.4.6. Herencia

La herencia se explica en profundidad en la sección «2.4. Herencia», por lo que no se mencionará aquí.

4.4.7. Gestión de bibliotecas (*libraries*)

Las librerías o paquetes se explican en profundidad en la sección «2.5. Modularidad» por lo que no se comentará en este capítulo.

4.5. Gestión de la configuración

En esta sección se creará la primera aplicación web llamada *HolaServlet* en donde se explicarán todos los elementos que intervienen en ella.

Para crear el primer proyecto web en NetBeans, accedemos al menú *File – New Project* y seleccionamos la categoría *Java Web*. En el panel *Projects* seleccionamos el primero de ellos, *Web Application*, y pulsamos el botón *Next* (véase Ilustración 4.1).

En *Project Name* escribimos *HolaServlet* y en *Project Location* seleccionamos la carpeta donde deseemos guardar el proyecto y damos a *Next* nuevamente.

En el desplegable *Server* elegimos *Payara Server* si no está seleccionado. También se pueden usar otros servidores de aplicaciones Jakarta EE como *GlassFish Server*. Si no existe ninguno, podemos crearlo pulsando sobre el botón *Add*. Es importante seleccionar en el desplegable la versión que se desea instalar, al menos la 7.0 para *GlassFish* y la 6.2023 para *Payara Server*, que tienen soporte para Jakarta EE 10. Una vez se ha aceptado la licencia de uso, se habilita el botón *Download* para descargar e instalar la instancia del servidor (Ilustración 4.2).

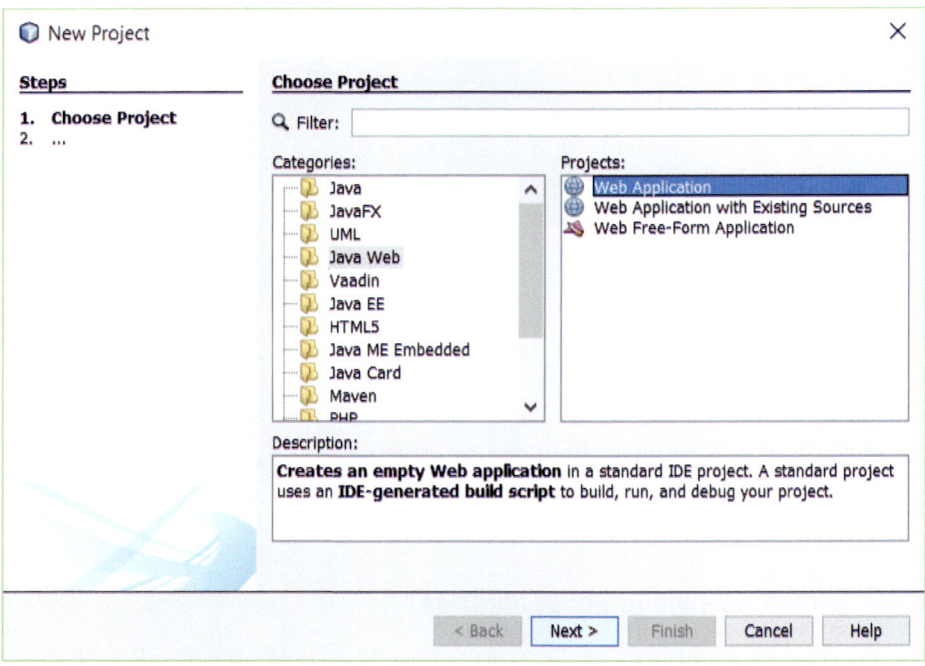

Ilustración 4.1. Ventana de creación de un nuevo proyecto web en NetBeans.

Una vez instalado y seleccionado el servidor de aplicaciones, se debe seleccionar la versión Java EE, se elige **Jakarta EE 10 Web** y, por último, el *Context Path* que es la ruta a través de la cual se accederá a la aplicación web; un ejemplo sería: *http://urlservidor/ContextPath*. Podemos dejar la que aparece por defecto y que coincide con el nombre de la aplicación */HolaServlet* y pulsamos *Finish* (Ilustración 4.3). En la última ventana, donde se pide seleccionar los *frameworks* que se van a usar, no es necesario marcar ninguno.

La Ilustración 4.4 muestra la estructura de un proyecto Jarkarta EE en NetBeans. De momento solo contiene una web estática con un fichero *index.html* con un contenido por defecto.

Ejecutamos el proyecto para comprobar que todo ha ido correctamente pulsando F6 o en el menú *Run – Run Project*. Debería abrirse una ventana del navegador mostrando el mensaje "*TODO write content*" en la URL *http://localhost:8080/HolaServlet* (véase Ilustración 4.5).

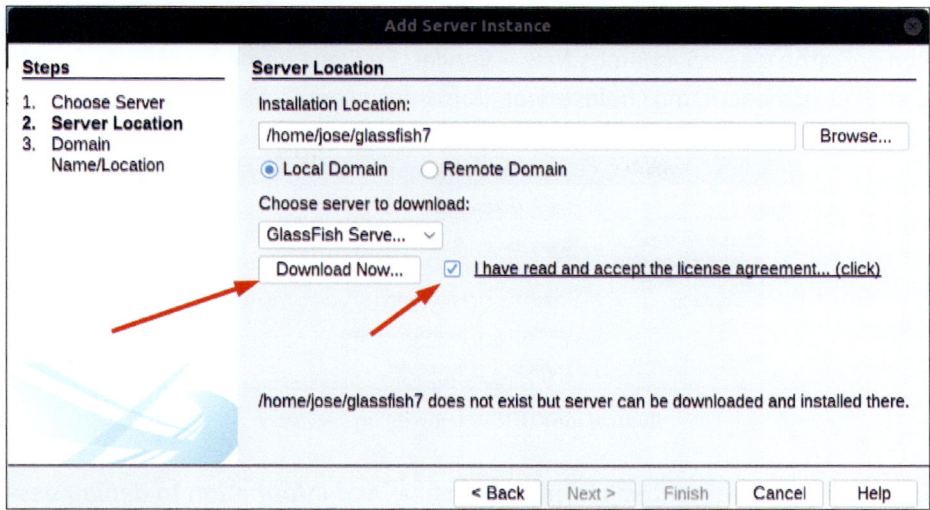

Ilustración 4.2. Instalación de un servidor de aplicaciones Jakarta EE en NetBeans.

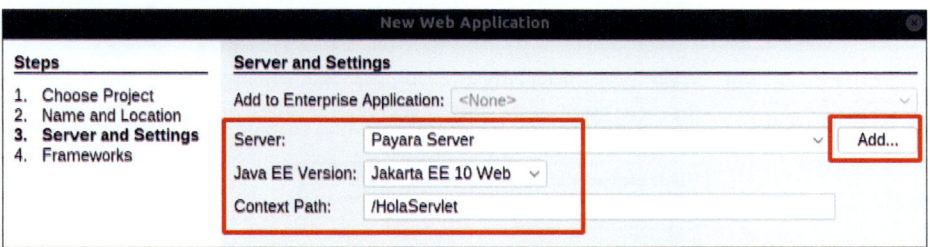

Ilustración 4.3. Configuración de una aplicación web en NetBeans.

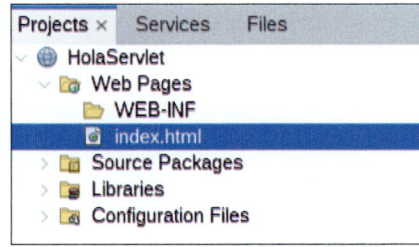

Ilustración 4.4. Estructura
de un proyecto Jakarta EE.

Ilustración 4.5. Resultado de ejecutar
el proyecto HolaServlet.

Creación de un *servlet*

Un **servlet** es una aplicación Java que se ejecuta en el servidor web y es capaz de recibir y enviar peticiones HTTP. En nuestra aplicación de ejemplo crearemos un *servlet* para gestionar los datos enviados por un usuario a través de un formulario web.

Seleccionamos el proyecto en el panel **Project**, hacemos clic con el botón derecho del ratón y seleccionamos **New – Servlet**. En **Class Name** escribimos **Saludo** y en **Package** escribimos **holaservlet**. Pulsamos el botón **Next** (Ilustración 4.6).

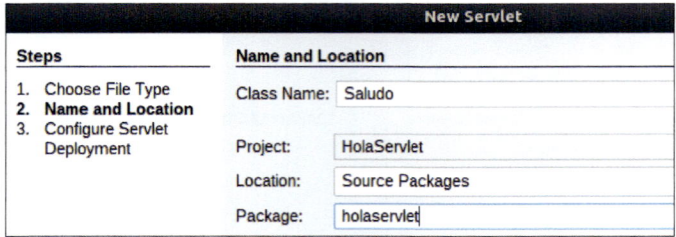

Ilustración 4.6. Creación de un *servlet*.

En la siguiente ventana marcamos la casilla "**Add information to deploy descriptor (web.xml)**" y pulsamos **Finish** (Ilustración 4.7). También se puede configurar la URL en la que el *servlet* estará activo en la aplicación web.

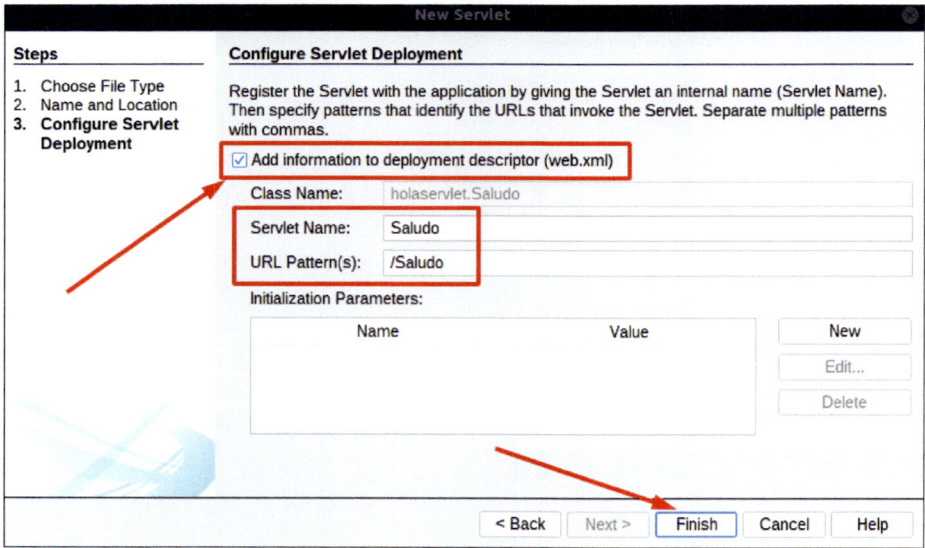

Ilustración 4.7. Configuración del nuevo *servlet*.

El fichero **Saludo.java** se habrá creado en la carpeta **Source Packages** del proyecto. Si el fichero muestra un **error de compilación** "*package javax.servlet does not exist*", se debe comprobar que en la carpeta **Libraries** del proyecto está la librería **Jakarta EE Web 10 API Library**. Si no está, hacemos clic derecho sobre la carpeta **Libraries** del proyecto NetBeans, elegimos la opción **Add Library** y seleccionamos la versión indicada. Borramos las sentencias **import** que causan error y solucionamos los errores con la opción de menú **Source – Fix imports** (CTRL+MAYUS+I). La Ilustración 4.8 muestra el resultado final del proceso descrito.

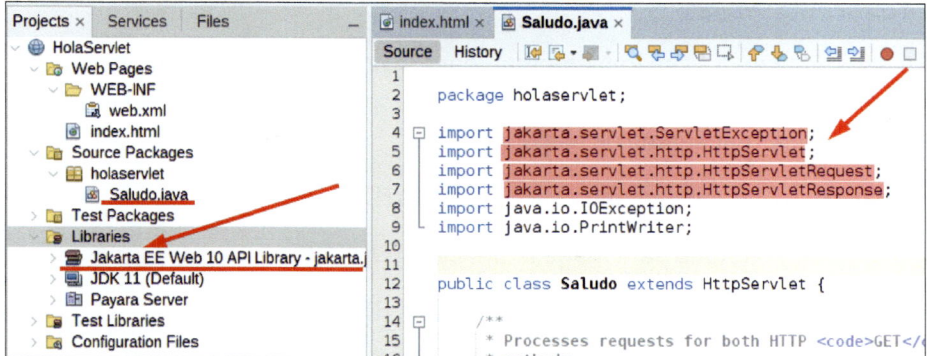

Ilustración 4.8. Sentencias *import* del *servlet* para Jakarta EE.

Probamos a ejecutar nuevamente el proyecto y se mostrará el error "***The modu-le has not been deployed. See the server log for details***". Si miramos el *log* del servidor, veremos una excepción relacionada con el componente CDI.

Para solucionar este problema, se debe crear el fichero ***beans.xml*** en la carpeta WEB-INF con el siguiente contenido:

```
<?xml version="1.0" encoding="UTF-8"?>
<beans xmlns="http://xmlns.jcp.org/xml/ns/javaee"
    xmlns:xsi="http://www.w3.org/2001/XMLSchema-instance"
    xsi:schemaLocation="http://xmlns.jcp.org/xml/ns/javaee http://xmlns.jcp.org/xml
        ns/javaee/beans_2_0.xsd"
    version="2.0" bean-discovery-mode="annotated">
</beans>
```

Para crear el fichero, pulsamos con el botón derecho en la carpeta WEB-INF y seleccionamos **New – Other** y, en la categoría **Other,** elegimos **Empty File**. Le damos el nombre al fichero y, una vez creado, insertamos el contenido mostra-do anteriormente.

A continuación, volvemos a ejecutar la aplicación y, si todo ha ido correcta-mente, podremos ver el contenido del *servlet* en la URL **http://localhost:8080/ HolaServlet/Saludo** mostrando el mensaje "*Servlet Saludo at /HolaServlet*" (véase Ilustración 4.9). La implementación por defecto del *servlet* es la encar-gada de escribir este mensaje. Más adelante se explica cómo funciona.

Ilustración 4.9. Ejecución del *servlet* Saludo.

La clase HttpServlet

En Java, los *servlets* se implementan por medio de la clase abstracta *jakarta.servlet.http.HttpServlet*. Para crear nuestro propio *servlet,* debemos heredar de ella e implementar alguno de estos métodos:

*   *doGet().* Método para manejar peticiones HTTP GET.
*   *doPost().* Método para manejar peticiones HTTP POST.
*   *doPut().* Método para manejar peticiones HTTP PUT.
*   *doDelete().* Método para manejar peticiones HTTP DELETE.

GET, POST, PUT y DELETE son mensajes del protocolo HTTP que pueden enviar los clientes al servidor. Las opciones más habituales son GET y POST, y son las que explicaremos en este libro.

Observando el código de la clase *Saludo* generado por defecto, veremos que hereda de **HttpServlet** y sobrescribe (*override*) los métodos *doGet()* y *doPost().* Los parámetros **HttpServletRequest** y **HttpServletResponse** de estos métodos son objetos donde se recibe la información de la petición HTTP y donde se guarda la respuesta a la misma, respectivamente. En el cuerpo de estos dos métodos se llama a **processRequest()**, por lo que ambas peticiones, tanto GET como POST, se manejan de manera idéntica. A continuación, se muestra el código de estos métodos.

```java
public class Saludo extends HttpServlet {
  protected void processRequest(HttpServletRequest request, HttpServletResponse response)
      throws ServletException, IOException {
    response.setContentType("text/html;charset=UTF-8");
    try (PrintWriter out = response.getWriter()) {
      out.println("<!DOCTYPE html>");
      out.println("<html>");
      out.println("<head>");
      out.println("<title>Servlet Saludo</title>");
      out.println("</head>");
      out.println("<body>");
      out.println("<h1>Servlet Saludo at " + request.getContextPath() + "</h1>");
      out.println("</body>");
      out.println("</html>");
    }
  }
}
```

```
@Override
  protected void doGet(HttpServletRequest request, HttpServletResponse response)
    throws ServletException, IOException {
   processRequest(request, response);
  }
  @Override
  protected void doPost(HttpServletRequest request, HttpServletResponse response)
    throws ServletException, IOException {
   processRequest(request, response);
  }
}
```

En el cuerpo del método *processRequest( )* se obtiene un objeto *PrintWriter* a través del método *getWriter( )* del parámetro *response*. Este objeto representa la salida que se enviará al navegador como respuesta. A través de los métodos *printIn( )* se escribe el contenido en este objeto. Puede observarse cómo el texto que se devuelve en la respuesta del *servlet* es una página HTML. Pruebe a modificar el texto de bienvenida por uno de su gusto. Por ejemplo, algo así:

```
out.printIn("<h1>Bienvenido a Jakarta EE. Hoy es " + Calendar.getInstance().getTime() +
" y ha creado su primer servlet</h1>");
```

Manejo de información enviada al *servlet*

Vamos a continuar con el ejemplo para demostrar cómo se puede enviar información a un *servlet* para que este la procese. Para ello, crearemos una nueva página web *matricula.html* para que muestre el siguiente formulario al cliente.

```
<!DOCTYPE html>
<html>
  <head>
    <title>Sistema de matriculación</title>
    <meta charset="UTF-8">
    <meta name="viewport" content="width=device-width, initial-scale=1.0">
  </head>
  <body>
    <h1>Envío de datos al servlet de matriculación</h1>
        <h2>Desarrollo de Aplicaciones Web en el Entorno Servidor - UF1844</h2>
```

```
    <form name="inscripcion" action="/HolaServlet/Matricular">
      Nombre: <input type="text" name="nombre" value="" /><br>
      Asignaturas:<br>
      <input type="checkbox" name="asignaturas" value="prog" />Programación<br>
      <input type="checkbox" name="asignaturas" value="bd" />Bases de datos<br>
      <input type="checkbox" name="asignaturas" value="lm" />Lenguajes de marcas<br>
      <input type="checkbox" name="asignaturas" value="dwes" />Desarrollo web en entorno
        servidor<br>
      <input type="submit" value="Enviar" name="enviar" />
    </form>
  </body>
</html>
```

El atributo **action** en la etiqueta **form** muestra la dirección del *servlet* al que se enviarán los datos. El método de envío es GET, puesto que es el valor por defecto si no se indica. Si ejecutamos este fichero, se nos mostrará el formulario en el navegador web, como muestra la Ilustración 4.10. Al rellenarlo y enviar los datos, se mostrará un error, ya que aún no se ha programado nada para procesar esta información, pero podremos ver que esta aparece como parámetros en la URL. Esto es debido al método de envío GET, que incluye la información como argumentos a la URL.

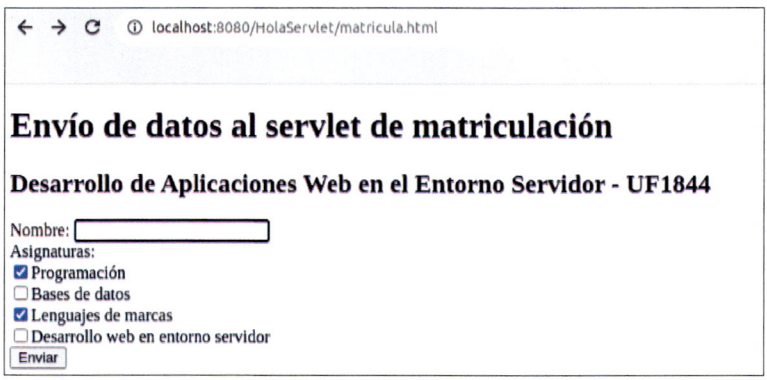

Ilustración 4.10. Formulario de envío de datos a un *servlet*.

Para manejar la petición del formulario, debemos crear un nuevo *servlet* llamado **Matricular**. La información enviada al *servlet* está contenida en el objeto **HttpServletRequest**. Los objetos de esta clase disponen de multitud de métodos para recuperar dicha información. Los más importantes son:

- **Object getAttribute(String name)**. Devuelve el objeto indicado por el parámetro *name* o *null* si no existe.

- *java.util.Enumeration getAttributeNames()*. Devuelve una enumeración con todos los nombres de atributos recibidos en la petición.

- *String getParameter(String name)*. Devuelve el valor del parámetro especificado en *name* o *null* si no existe.

- *String[] getParameterValues(String name)*. Devuelve un *array* de valores para el parámetro especificado en *name* o *null* si no existe.

A continuación, se muestra cómo se han empleado algunos de estos métodos en el *servlet* para procesar la información. Para ello, se ha modificado el código del método *processRequest()*.

```
protected void processRequest(HttpServletRequest request, HttpServletResponse response)
    throws ServletException, IOException {
  response.setContentType("text/html;charset=UTF-8");
  //Obtenemos la información del formulario
  String nombre = request.getParameter("nombre");
  String[] asignaturas = request.getParameterValues("asignaturas");
  StringBuilder formatoLista = new StringBuilder("");
  //Generamos una cadena de salida con la información de registro
  if (asignaturas != null) {
    formatoLista.append("Se ha matriculado en las siguientes asignaturas:<br>");
    for (String s : asignaturas) {
      formatoLista.append(s + "<br />");
    }
    formatoLista.append("Fecha de registro: " + Calendar.getInstance().getTime());
  } else {
    formatoLista.append("Error: Debe elegir al menos una asignatura");
  }
  //Enviamos la información a la salida
  response.setContentType("text/html;charset=UTF-8");
  try (PrintWriter out = response.getWriter()) {
    out.println("<!DOCTYPE html>");
    out.println("<html>");
    out.println("<head>");
    out.println("<title>Servlet Matricular</title>");
    out.println("</head>");
    out.println("<body>");
    out.println("<h1>Bienvenido a Jakarta EE " + nombre + "</h1>");
    out.println(formatoLista);
    out.println("</body>");
    out.println("</html>");
  }
}
```

Si volvemos a ejecutar la aplicación y mandamos los datos del formulario, esta vez el *servlet* procesará la petición y mostrará los datos de los módulos que se han seleccionado. Al enviar los datos del formulario por GET, estos datos se muestran en la URL como se observa en la Ilustración 4.11.

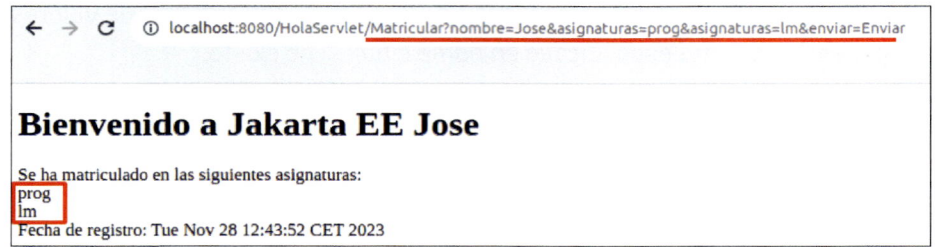

Ilustración 4.11. Gestión de datos enviados al *servlet* **Matricular**.

Puede probar a cambiar el método de envío del formulario añadiendo el atributo **method="post"** a la etiqueta **form**. Ya no deberían mostrarse los datos del formulario en los parámetros de la URL, puesto que se envían en el cuerpo del mensaje HTTP. El *servlet* sigue atendiendo la petición exactamente igual, ya que los métodos **doGet()** y **doPost()** llaman a **processRequest()**.

4.5.1. Configuración de descriptores

Los proyectos Jakarta EE contienen ficheros descriptores donde se indica información de configuración relevante para el servidor. Uno de esos ficheros es **web.xml** que se sitúa dentro del directorio WEB-INF.

El contenido de este fichero puede ser bastante complejo y engorroso de escribir. En el caso de nuestro proyecto **HolaServlet**, encontramos que este fichero ha sido creado automáticamente por el IDE, ahorrándonos bastante trabajo.

```xml
<?xml version="1.0" encoding="UTF-8"?>
<web-app version="6.0" xmlns="https://jakarta.ee/xml/ns/jakartaee" xmlns:xsi="http:/
  www.w3.org/2001/XMLSchema-instance" xsi:schemaLocation="https://jakarta.ee/xml
  ns/jakartaee https://jakarta.ee/xml/ns/jakartaee/web-app_6_0.xsd">
  <servlet>
    <servlet-name>Saludo</servlet-name>
    <servlet-class>holaservlet.Saludo</servlet-class>
  </servlet>
  <servlet-mapping>
    <servlet-name>Saludo</servlet-name>
    <url-pattern>/Saludo</url-pattern>
  </servlet-mapping>
</web-app>
```

Las etiquetas que aparecen en el fichero **web.xml** son:

- **<servlet>**: se establece un nombre para el *servlet* con **<servlet-name>** y la clase Java que ejecuta dicho *servlet* con **<servlet-class>**. Cada nuevo *servlet* o fichero JSP en el proyecto se declara con una nueva etiqueta **<servlet>** **</servlet>**.

- **<servlet-mapping>**: establece cómo se accede al *servlet* a través de la etiqueta **<url-pattern>**. Esta contendrá una URL (o un patrón) a la que el *servlet* atenderá cuando sea accedida por algún cliente.

También es posible que esta descripción no aparezca en el fichero **web.xml** y lo haga en una anotación **@WebServlet** encima de la cabecera de la clase. Esta posibilidad fue añadida en la especificación 3.0 de los *servlets*. Por ejemplo, así es la descripción que habría creado el IDE si no se hubiera marcado la casilla "*Add information to deployment descriptor*" en el proceso de creación del *servlet*. Como se ha podido observar, en el fichero **web.xml** no aparece la descripción del *servlet* **Matricular**, ya que no se seleccionó esta casilla durante su creación. En su lugar se agregaron las anotaciones siguientes:

```
@WebServlet(name = "Matricular", urlPatterns = {"/Matricular"})
public class Matricular extends HttpServlet {
```

A lo largo del la unidad se explican más características de configuración en el descriptor de despliegue.

Lectura recomendada [ENG]

Manual sobre el descriptor de despliegue web.xml en Google Cloud Platform con enlaces interesantes.

https://cloud.google.com/appengine/docs/java/config/webxml

Toda la información sobre *servlets* se encuentra en su especificación. La última versión es la 4.0 de septiembre de 2017 publicada en el JSR369. Los **Java Specification Request** (JSR) son documentos de revisión y publicación de especificaciones y tecnologías. Este proceso de revisión y publicación es controlado por el **Java Community Process**.

Recurso [ENG]

Lista de especificaciones de Java Servlet.

https://cwiki.apache.org/confluence/display/tomcat/Specifications#Java_Servlet_Specifications

4.5.2. Configuración de ficheros

El formato de fichero **WAR** (*Web application ARchive*) se utiliza para distribuir una aplicación web Java, constituida habitualmente por *servlets*, páginas JSP, ficheros HTML, etc. Si además contiene otra tecnología más avanzada de Jakarta EE como *Enterprise Java Beans* (EJB), el formato utilizado para empaquetar toda la aplicación y desplegarla en el servidor es **EAR** (*Enterprise ARchive*).

El directorio raíz del fichero WAR contiene las páginas HTML, imágenes y demás recursos necesarios del lado cliente. Este directorio contiene un subdirectorio llamado WEB-INF que contendrá los ficheros descriptores (**web.xml**), un directorio *classes* conteniendo todas las clases Java usadas en la aplicación y un directorio *lib* con ficheros JAR de las librerías y EJB usados en la aplicación web.

Para crear el fichero WAR a través de NetBeans, seleccionamos el proyecto, clic con el botón derecho del ratón y pinchamos en *Properties*. En la categoría *Packaging* marcamos la opción "*Compress WAR File*". Tras construir el proyecto de nuevo, el fichero *.war* estará dentro de la carpeta *dist*.

Esto será útil si estamos haciendo el despliegue en el servidor manualmente, pero en este manual no nos preocuparemos de ello, ya que NetBeans hace esta tarea automáticamente.

4.6. Gestión de la seguridad

La seguridad es un aspecto de extrema importancia en una aplicación web, sobre todo cuando se maneja información de carácter personal y confidencial. No es extraño encontrarse en los medios de comunicación noticias relacionadas con el robo o sustracción de información de grandes corporaciones, empresas u organismos por parte de ciberdelincuentes.

Las técnicas que utilizan para ello son muy diversas y van desde el uso de *exploits,* que aprovechan fallos de seguridad en el *software*, al robo de contraseñas mediante *phishing*. Aunque debemos conocer estas técnicas y saber en qué consisten, poco tienen que ver con la seguridad de la aplicación web.

Las técnicas para comprometer la seguridad de una aplicación web suelen aprovechar el mal filtrado o saneamiento de la información enviada por parte del cliente. Este es el principal punto débil de toda aplicación web y donde se deben extremar todas las precauciones, si bien hay muchos más tipos de vulnerabilidades que pueden aparecer.

Las principales vulnerabilidades web están catalogados en el **Top 10 del OWASP**. Entre otras, se pueden encontrar:

- **SQL Injection** (SQLi). Permite inyectar consultas construidas de forma maliciosa sobre la base datos para acceder a información sensible. Esta vulnerabilidad aprovecha los parámetros no filtrados adecuadamente para insertar código SQL.

- **Cross-Site Scripting** (XSS). Permite inyectar código de *script* como JavaScript en la web, lo que permite al atacante evitar las políticas de seguridad del sitio web y robar información de la sesión. Esta vulnerabilidad se aprovecha de no validar los datos de entrada o no sanear la salida formateada en HTML.

- **Server-Side Request Forgery** (SSRF). Esta vulnerabilidad ocurre cuando la aplicación web realiza una petición a un recurso remoto sin validar adecuadamente la URL suministrada por el usuario.

- **Local File Inclusion** (LFI), **Remote File Inclusion** (RFI) y **Path Traversal**. Este conjunto de vulnerabilidades permite ver el contenido de ficheros en el servidor e, incluso, llegar a ejecutar código en el mismo.

- **Insecure Direct Object Reference** (IDOR). Esta vulnerabilidad aparece cuando una entrada de usuario es usada para acceder a objetos del servidor (ficheros, recursos, etc.) sin validar los permisos del usuario que realiza la petición.

El número y la cantidad de vulnerabilidades que existen es enorme, por lo que le recomendamos que revise y estudie guías especializadas al respecto, como la **Academia de Seguridad Web de PortSwigger**.

Recurso [ENG]
Academia de Seguridad Web de PortSwigger.
https://portswigger.net/web-security

Para demostrar la vulnerabilidad XSS pruebe a insertar el siguiente texto en el campo **nombre** del formulario creado en la aplicación *HolaServlet*.

```
<iframe src ="http://www.joseberenguel.com" width="100%" height="400"></iframe>
```

Verá cómo se muestra una porción de la página web en la cabecera. Aunque este ejemplo es totalmente inocuo, sirve para demostrar la importancia de validar y sanear todos los datos de entrada de la aplicación web. Este libro no puede afrontar estos aspectos, pero sepa que, para ello, se pueden emplear librerías que hacen más fácil este trabajo, por ejemplo, la librería ESAPI

(*Enterprise Security API*) del OWASP (*Open Web Application Security Project*), una organización sin ánimo de lucro que desarrolla técnicas y proyectos que ayudan a mantener la seguridad en un sitio web. Sin duda, un lugar que debe tener en cuenta cualquier desarrollador.

Recurso

Web de la fundación OWASP.

https://www.owasp.org

4.6.1. Conceptos de identificación, autenticación y autorización

Estos tres conceptos están relacionados con la solicitud y el control de acceso a un sistema.

- La **identificación** es el momento en el que el usuario introduce sus credenciales para acceder al sistema. Los mecanismos de identificación son diversos: usuario y contraseña, tarjeta magnética, certificado digital, control biométrico (huellas dactilares, iris, rostro, voz...) o la identificación de dos pasos (*two factor authentication*).

- La **autenticación** consiste en comprobar las credenciales que ha introducido el usuario para identificarse, el objetivo es asegurarse de que el usuario es quien dice ser. Si la autenticación es correcta el usuario podrá acceder al sistema.

- La **autorización** es el mecanismo por el cual un usuario autenticado accede solo a los recursos para los que tiene permiso. Por ejemplo, un usuario normal no debe poder cambiar la contraseña de otro, solo la suya propia; en cambio, un usuario administrador sí que podría.

4.6.2. Técnicas para la gestión de sesiones

El protocolo HTTP es un protocolo sin estado, lo que significa que no conoce las acciones que el usuario hizo en sus peticiones anteriores. Existen dos mecanismos que permiten paliar esta deficiencia, las **cookies** y las **sesiones**.

HTTP *cookies*

Las *cookies* HTTP o simplemente *cookies* son un mecanismo introducido en el protocolo HTTP para poder recordar información del usuario. La primera especificación data de 1997 en el RFC 2109. Ha sufrido varias actualizaciones en los RFC 2965 y 6265 (actualmente en vigor, desde abril de 2011).

Las *cookies* permiten que la aplicación web almacene información en el ordenador del cliente. La información se almacena como un **par clave-valor de texto**. Cuando el cliente vuelve a visitar el sitio web, el navegador envía al servidor todas las *cookies* que tiene almacenadas de ese sitio web.

Especialmente preocupantes son las llamadas **cookies de terceros**, un mecanismo por el cual se puede hacer un seguimiento de la navegación del usuario por diferentes páginas web.

Las *cookies* también se emplean como mecanismo de autenticación; de esta manera, el usuario, cuando vuelve a visitar un determinado sitio web para el que ha activado este mecanismo, no tiene que volver a introducir la contraseña (distinto de la opción de recordar contraseña del navegador).

 Lectura recomendada

Información de HTTP *cookies* en la documentación para desarrolladores de Mozilla.
https://developer.mozilla.org/es/docs/Web/HTTP/Cookies

Vamos a demostrar el uso y gestión de *cookies* en Java creando una aplicación de ejemplo llamada *EjemploCookie*. Esta aplicación contendrá un formulario HTML con un campo *nombre* que se envía al *servlet* que hemos llamado *ServletCookie*. Este *servlet* comprueba si el cliente tiene alguna *cookie* almacenada para leerla y mostrar su información. El dato que se guarda es la última fecha en la que el usuario visitó la web. Además, el *servlet* actualiza o crea por primera vez la *cookie* con la nueva fecha. La primera vez que se visita la página, el *servlet* solo mostrará el nombre, puesto que la *cookie* no está creada. Al recargar la página y en las sucesivas veces que se visite, se mostrará la fecha de la visita anterior.

El código del formulario HTML se muestra a continuación:

```html
<html>
  <head>
    <title>Ejemplo Cookie</title>
    <meta charset="UTF-8">
    <meta name="viewport" content="width=device-width, initial-scale=1.0">
  </head>
  <body>
    <div>EJEMPLO COOKIE</div>
    <form name="registro" action="ServletCookie">
      Nombre: <input type="text" name="nombre" value="" /><br>
      <input type="submit" value="Enviar" name="enviar" />
    </form>
  </body>
</html>
```

A continuación, se muestra el código del método ***processRequest( )*** de ***Servlet-Cookie***, que es el que se encarga de toda la gestión de las *cookies*.

```
protected void processRequest(HttpServletRequest request, HttpServletResponse response)
    throws ServletException, IOException {
    response.setContentType("text/html;charset=UTF-8");
    //Obtenemos el parámetro y la cookie si existe
    String nombre = request.getParameter("nombre");
    Cookie[] listaCookies = request.getCookies();
    String fecha=null;
    if (listaCookies != null) {
      for (int i = 0; i < listaCookies.length; i++) {
        if(listaCookies[i].getName().equals("fecha")){
          fecha = listaCookies[i].getValue();
        }
      }
    }
    //Creamos la cookie asignando como valor la fecha y hora actual
    //El valor de la cookie no puede contener espacios por lo que se reemplazan
    Cookie cookie = new Cookie("fecha", Calendar.getInstance().getTime().toString().repla-
ceAll(" ","_"));
    cookie.setMaxAge(3600);
    response.addCookie(cookie);
    response.setContentType("text/html;charset=UTF-8");
    try (PrintWriter out = response.getWriter()) {
      out.println("<!DOCTYPE html>");
      out.println("<html>");
      out.println("<head>");
      out.println("<title>Servlet ServletCookie</title>");
      out.println("</head>");
      out.println("<body>");
      out.println("<h1>Servlet que demuestra el manejo de cookies</h1>");
      if(fecha!=null){
        out.println("Bienvenido de nuevo "+nombre+", su última visita fue "+fecha+"<br>");
      } else {
        out.println("Bienvenido "+nombre+"<br>");
      }
      out.println("</body>");
      out.println("</html>");
    }
  }
```

El método **getCookies()** de **HTTPServletRequest** devuelve un *array* de objetos **Cookie** si el cliente envió alguna *cookie* o *null* si no hay ninguna. Es necesario recorrer este *array* para buscar la *cookie* deseada, cuyo nombre es **fecha**. Los métodos **getName()** y **getValue()** de **Cookie** devuelven los valores del par clave-valor, respectivamente.

A continuación, creamos un nuevo objeto **Cookie** con la clave **fecha** y la nueva fecha de hoy. Con el método **setMaxAge()** se establece la duración de la *cookie* en segundos.

Por último, el método **addCookie()** del objeto **HTTPServletResponse** añade la *cookie* a la respuesta que se enviará al usuario. El navegador recibirá la *cookie* y se encargará de almacenarla en el disco duro si la configuración de las preferencias para la gestión de *cookies* del usuario así lo permite. Puede ver el contenido de la *cookie* a través de las herramientas de desarrollador del navegador. En Firefox pulse F12 y vaya al menú **Almacenamiento – Cookies – Localhost** (Ilustración 4.12).

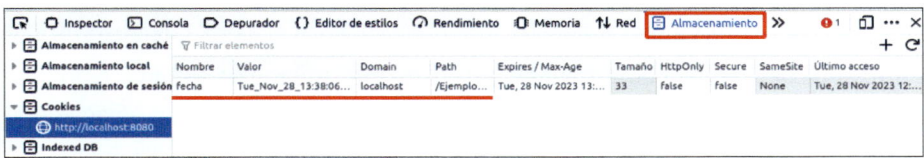

Ilustración 4.12. *Cookie* almacenada en el navegador y enviada al *servlet* al visitar la URL.

Para una mayor información de todos los métodos de la clase **Cookie**, se recomienda revisar su documentación Javadoc.

Recurso [ENG]

Documentación Javadoc de la clase *Cookie*.
https://jakarta.ee/specifications/servlet/4.0/apidocs/javax/servlet/http/cookie

Sesiones

La sesión es un mecanismo por el cual el servidor de aplicaciones puede asociar una sesión a cada usuario. En la sesión se puede almacenar todo tipo de información que puede estar disponible para las páginas de la aplicación web. La información se almacena como pares **clave-valor**, donde la clave es una cadena de texto y el valor puede ser cualquier objeto Java. Si se almacena un objeto como valor, este debe implementar la interfaz **Serializable**. Se debe tener especial cuidado si se emplea la serialización y deserialización de objetos, ya que una vulnerabilidad importante relacionada con estas acciones es la **dese-rialización insegura** (*insecure deserialization*).

Lectura recomendada [ENG]

Artículo de la Academia de Seguridad Web de PortSwigger sobre deserialización insegura.

https://portswigger.net/web-security/deserialization

La sesión de un usuario tiene un tiempo máximo de duración que se establece en el fichero de despliegue *web.xml*. El valor por defecto que establece NetBeans es de 30 minutos.

```
<session-config>
  <session-timeout>
    30
  </session-timeout>
</session-config>
```

Una vez transcurrido este tiempo, los datos asociados a la sesión del usuario son eliminados del servidor automáticamente. Otro mecanismo es eliminar estos datos cuando el usuario cierra la sesión de la aplicación a través de un enlace dedicado a ello, ya que no es posible saber si el usuario ha cerrado el navegador.

Vamos a crear la aplicación *EjemploSession* para explicar el manejo de sesiones en Java y aprovecharemos también para crear la **primera página con tecnología JSP**. El proyecto tendrá los siguientes elementos:

- *index.html*. Este documento contendrá un formulario con dos campos, nombre y contraseña, que se enviarán el *servlet ServletSession*.

- *ServletSession.java*. Este *servlet* comprueba que el nombre y la contraseña recibidos son correctos. Si lo son, crea la sesión del usuario almacenando dos atributos, *login* establecido a *true,* y *nombre* con el valor introducido en este campo del formulario. Se emplea la contraseña *abc123.* como única contraseña válida y definida en el propio *servlet.* Esta no es la forma de proceder habitualmente, ya que normalmente estará almacenada en la base de datos.

- *ServletInvalidar.java*. Este *servlet* se encarga de recibir la información de sesión y destruirla.

- *Reservado.jsp*. Una vez que el usuario se encuentra autenticado, puede acceder a esta página para consultar información reservada solo para usuarios con clave. Si un usuario intenta acceder sin haberse autenticado, se le muestra un mensaje denegándole el acceso.

En primer lugar, se muestra el código del fichero *index.html*.

```html
<html>
  <head>
    <title>EJEMPLO SESIÓN</title>
    <meta charset="UTF-8">
    <meta name="viewport" content="width=device-width, initial-scale=1.0">
  </head>
  <body>
    <div>EJEMPLO SESIONES</div>
    <form name="auth" action="ServletSession">
      Nombre: <input type="text" name="nombre" value="" /><br>
      Contraseña: <input type="password" name="password" value="" /><br>
      <input type="submit" value="Enviar" name="enviar" />
    </form>
  </body>
</html>
```

A continuación, el método *processRequest()* del *servlet ServletSession*.

```java
protected void processRequest(HttpServletRequest request, HttpServletResponse response)
    throws ServletException, IOException {
  HttpSession s = request.getSession();
  String nombre = request.getParameter("nombre");
  String password = request.getParameter("password");
  String mensaje;
  if(password!=null && password.equals("abc123.")){
    s.setAttribute("login", true);
    s.setAttribute("nombre",nombre);
    mensaje = "Se ha autenticado correctamente. <a href=\"Reservado.jsp\" >Ir al área reser-
vada</a> <a href=\"ServletInvalidar\" >Cerrar Sesión</a>";
  } else {
    mensaje = "Contraseña incorrecta. <a href=\"index.html\" >Vuelva a intentarlo</a>";
  }
  response.setContentType("text/html;charset=UTF-8");
  try (PrintWriter out = response.getWriter()) {
    /* TODO output your page here. You may use following sample code. */
    out.println("<!DOCTYPE html>");
    out.println("<html>");
    out.println("<head>");
    out.println("<title>Servlet ServletSession</title>");
    out.println("</head>");
```

```
        out.println("<body>");
        out.println("<h1>Ejemplo de manejo de sesiones</h1>");
        out.println(mensaje+"<br>");
        out.println("</body>");
        out.println("</html>");
    }
}
```

El método *getSession()* del objeto *HttpServletRequest* devuelve un objeto *HttpSession* con los datos de la sesión si existe o crea una nueva si es la primera vez que se llama a este método. Posteriormente se comprueba si el parámetro *password* coincide con la clave correcta; si es así, se guarda en la sesión el *nombre* y el atributo *login* con valor *true*. Al usuario se le muestran en pantalla dos enlaces, uno para acceder al área reservada y otro para cerrar la sesión. Si la autenticación no tiene éxito, se muestra el error junto a un enlace para volver al formulario.

Veamos ahora el código del fichero *Reservado.jsp*.

```
<%@ taglib prefix="c" uri="http://java.sun.com/jsp/jstl/core" %>
<%@page contentType="text/html" pageEncoding="UTF-8"%>
<!DOCTYPE html>
<html>
  <head>
    <meta http-equiv="Content-Type" content="text/html; charset=UTF-8">
    <title>Área Reservada</title>
  </head>
  <body>
    <c:choose>
      <c:when test="${sessionScope.login == true}">
        <h1>Bienvenido al área reservada: ${sessionScope.nombre}</h1>
        Resto de información reservada
      </c:when>
      <c:otherwise>
        <h1>No tiene permiso para acceder a esta información</h1>
      </c:otherwise>
    </c:choose>
  </body>
</html>
```

Las páginas JSP utilizan **JSTL** (*JakartaServerPages Standard Tag Library*) y **EL** (*Expression Language*) para incorporar lógica a la página. Anteriormente se podía incrustar código Java directamente en una página JSP, pero esta práctica ya no se permite. Va más allá de este libro explicar estas dos tecnologías, en la bibliografía encontrará recursos que le pueden ser de utilidad.

Esta página JSP mostrará la información del área reservada si existe un atributo *login* con valor *true* en la sesión del usuario. Por ejemplo, si tratáramos de acceder directamente a la URL donde se encuentra el *servlet*, **http://localhost:8080/EjemploSession/Reservado.jsp**, sin haber introducido la contraseña correctamente, la página mostrará el mensaje *"No tiene permiso para acceder a esta información"*.

Por último, el *ServletInvalidar* elimina la sesión, si existiera, invocando al método *invalidate()* del objeto *HttpSession*. A continuación, se muestra el código del método *processRequest()* que realiza esta tarea.

```
response.setContentType("text/html;charset=UTF-8");
    HttpSession s = request.getSession();
    String mensaje;
    if(s!=null){
        s.invalidate();
        mensaje = "Ha salido correctamente. <a href=\"index.html\" >Ir al login</a>";
    } else {
        mensaje = "No existe ninguna sesión previa. <a href=\"index.html\" >Ir al login</a>";
    }
    try (PrintWriter out = response.getWriter()) {
        /* TODO output your page here. You may use following sample code. */
        out.println("<!DOCTYPE html>");
        out.println("<html>");
        out.println("<head>");
        out.println("<title>Servlet ServletInvalidar</title>");
        out.println("</head>");
        out.println("<body>");
        out.println("<h1>SERVLET INVALIDAR</h1>");
        out.println("<p>"+mensaje+"</p>");
        out.println("</body>");
        out.println("</html>");
    }
```

Como ve, el correcto manejo de las sesiones es importante para mostrar información al usuario en función de su perfil y limitar el acceso a determinadas secciones o recursos de la aplicación web.

4.7. Gestión de errores

La gestión de errores es un aspecto importante en toda aplicación, ya que ofrece al usuario una buena experiencia en el uso de la misma. En esta sección se explicarán los aspectos importantes de la gestión de errores en una aplicación web.

4.7.1. Técnicas de recuperación de errores

En la sección «2.2.3. Gestión de excepciones» se explicó en qué consistían las excepciones y cómo gestionarlas en Java, por lo que no se repetirán esas cuestiones aquí.

En una aplicación Jakarta EE se puede configurar la gestión de errores en el fichero descriptor *web.xml*, de modo que cuando un *servlet* lance una excepción, el control del programa pase a otro *servlet* que gestione dicha excepción. Además de las excepciones, también es posible gestionar los errores del protocolo HTTP. La siguiente sección muestra cómo implementar la gestión de errores y excepciones en una aplicación web construida con Jakarta EE.

Recurso

Códigos de estado del protocolo HTTP.
https://es.wikipedia.org/wiki/Anexo:C%C3%B3digos_de_estado_HTTP

4.7.2. Programación de excepciones

Vamos a crear la aplicación *EjemploExcepcion* para demostrar la gestión de excepciones en Jakarta EE. Esta aplicación implementa un conversor de monedas entre euros y libras. Dispone de un formulario con un cuadro de texto donde se introduce el valor que se quiere convertir y un desplegable para elegir el tipo de conversión, de euros a libras o de libras a euros. Este sería el código del mismo:

```html
<html>
 <head>
  <title>Ejemplo Excepciones</title>
  <meta charset="UTF-8">
  <meta name="viewport" content="width=device-width, initial-scale=1.0">
 </head>
```

```
<body>
  <h1>Conversor Java</h1>
  <form action="Conversor">
    Valor: <input type="text" name="valor" value="" />
    Tipo: <select name="tipo">
      <option>Euros-Libras</option>
      <option>Libras-Euros</option>
    </select><br>
    <input type="submit" value="enviar" />
  </form>
</body>
</html>
```

El formulario envía los datos al *servlet* **Conversor** que los recoge y calcula la conversión. A continuación, se muestra la porción de código del método **process-Request()** del *servlet* **Conversor** que realiza esta tarea.

```
String valor = request.getParameter("valor");
  String tipo = request.getParameter("tipo");
  String mensaje;
  try {
    double moneda = Double.parseDouble(valor);
    double conversion;
    if(tipo!=null && tipo.equals("Euros-Libras")){
      conversion = moneda * 0.72; //1 euro - 0.72 libras
      mensaje = moneda+" euros son "+conversion+" libras";
    } else if(tipo!=null && tipo.equals("Libras-Euros")){
      conversion= moneda * 1.39; //1 libra - 1.39 euros
      mensaje = moneda+" libras son "+conversion+" euros";
    } else {
      mensaje = "El tipo de conversión elegido es erróneo";
    }
  } catch (NumberFormatException|NullPointerException e) {
    mensaje = "Debe introducir un número para realizar la conversión.";
  }
```

Para que la conversión funcione adecuadamente, es necesario que el usuario introduzca un valor numérico en el cuadro de texto, ya que, si no es así, el método **Double.valueOf()** encargado de convertir un **String** a **double** lanza la excepción **NumberFormatException**. Un usuario con conocimientos en HTML puede pensar que esto es sencillo de evitar, cambiando el valor del atributo **type** del campo de texto a "*number*". Lo cual funciona parcialmente, puesto que no evita que el usuario pueda modificar el valor del parámetro a través de la URL. El siguiente paso sería cambiar el método de envío del formulario a *POST* para evitarlo, pero un usuario malicioso podría arreglárselas para enviar una cadena de texto al servidor. La moraleja de todo esto es que **no se puede confiar en los mecanismos de control utilizados en el lado cliente**. Esto no significa que no deban existir, están bien para que el usuario habitual no cometa errores comunes y cause que la aplicación falle, pero un usuario malicioso puede saltárselos sin problemas. Por tanto, la regla de oro es **comprobar siempre los datos introducidos por el usuario en el servidor como si no hubiera ninguna comprobación en el cliente**.

En el código de ejemplo anterior se muestra cómo el bloque *try-catch* se encarga de capturar la excepción *NumberFormatException*. En caso de que ocurra, advierte al usuario del error con un mensaje apropiado. Se ha añadido también la excepción *NullPointerException* que puede ocurrir si se invoca al *servlet* sin pasarle ningún parámetro.

Ahora intente acceder a la siguiente URL: **http://localhost:8080/EjemploExcepcion/Converso**. Existe un error en esa dirección, puesto que no existe ningún *servlet* llamado *Converso*. El servidor de aplicaciones mostrará un mensaje de error predefinido, "*HTTP Status 404 – Not Found*". De hecho, este error se muestra para cualquier URL que no existe en la aplicación web.

Se puede modificar ese comportamiento a través del fichero *web.xml* añadiendo las siguientes líneas:

```
<error-page>
  <error-code>404</error-code>
  <location>/GestorErrores</location>
</error-page>
```

Esto indica al servidor de aplicaciones que el *servlet* **GestorErrores** será invocado cuando el error 404 de HTTP ocurra. Dejamos al lector para que implemente este *servlet* y muestre un mensaje predefinido al usuario. De forma similar también se pueden añadir gestores de excepciones:

```
<error-page>
  <exception-type>
    javax.servlet.ServletException
  </exception-type >
  <location>/GestorExcepciones</location>
</error-page>
```

4.8. Transacciones y persistencia

En esta sección se explica uno de los aspectos más importantes del desarrollo de aplicaciones web en el entorno servidor, el **acceso a datos almacenados en ficheros y bases de datos**.

Va más allá del ámbito de este libro explicar el lenguaje SQL empleado en las consultas a las bases de datos o cómo se realiza la administración de un sistema gestor de bases de datos. Los ejemplos que se verán son lo suficientemente sencillos para poder seguirlos sin tener estos conocimientos.

4.8.1. Acceso a bases de datos. Conectores

En el mercado existen multitud de bases de datos y cada una funciona de manera diferente. Los programadores necesitan de un mecanismo que les permita conectarse y comunicarse con ellas de forma homogénea.

Los **conectores** son creados por los fabricantes de SGBD para permitir al *software* comunicarse con la base de datos. **Un conector de una base de datos es específico para un *driver***, los *drivers* más importantes son JDBC y ODBC, aunque existen muchos otros. La siguiente sección profundiza en las características de los *drivers* de conexión a la base de datos.

Normalmente es necesario descargar el conector si la plataforma de desarrollo no lo trae incorporado. El conector consiste en una librería que se importa en la aplicación para poder trabajar con ella.

4.8.2. Estándares para el acceso a bases de datos

ODBC (*Open DataBase Conectivity*) y **JDBC** (*Java DataBase Conectivity*) son estándares para *drivers* de conexión a una base de datos que permiten al programador escribir aplicaciones totalmente independientes de la base de datos que se utiliza.

Estos estándares consisten en una serie de normas y reglas para que el *software* se comunique con la base de datos. Los fabricantes de bases de datos son los responsables de implementar los *drivers* de manera adecuada y respetando dicho estándar.

La elección entre uno u otro estándar depende de diversos factores, pero está claro que para aplicaciones Java el *driver* elegido será JDBC.

Lo que puede ocurrir también es que la base de datos no tenga conector para JDBC y sí para ODBC. En ese caso es posible realizar la conexión a través de un conector puente JDBC-ODBC. Un ejemplo de ello sería una aplicación Java que se conecta a una base de datos de Microsoft Access.

4.8.3. Gestión de la configuración de acceso a bases de datos

En esta sección se explicarán los diferentes mecanismos que existen para gestionar bases de datos desde un programa Jakarta EE con una aplicación de ejemplo.

El mecanismo más sencillo empleado en una aplicación Java es utilizar JDBC para conectar con la base de datos y ejecutar sentencias sobre ella. Las librerías disponibles están en los paquetes *java.sql* y *javax.sql*. La aplicación de ejemplo utiliza estos elementos.

Además, existe la posibilidad de utilizar motores de persistencia objeto-relacional en lugar de usar bases de datos relacionales. Para ello, Java dispone de dos tecnologías, JDO (*Java Data Objects*) y JPA (*Java Persistence API*), pero con características diferentes que deben ser tenidas en cuenta a la hora de escoger una u otra.

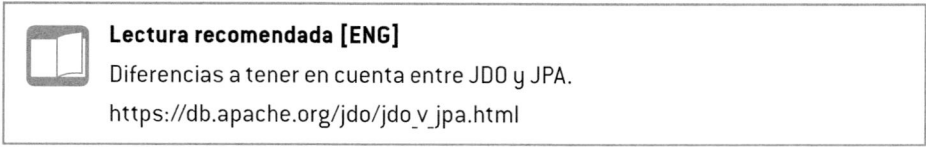

Lectura recomendada [ENG]

Diferencias a tener en cuenta entre JDO y JPA.

https://db.apache.org/jdo/jdo_v_jpa.html

Las tecnologías más avanzadas y recomendadas en aplicaciones Jakarta EE son los objetos *DataSource* que permiten trabajar con **pool de conexiones** (*connection pool*) y transacciones distribuidas. Un *pool* de conexiones permite disponer de más de una conexión simultánea con la base de datos, lo que es un aspecto fundamental en el rendimiento de la misma.

Gestión de bases de datos relacionales con JDBC

Crearemos una aplicación Jakarta EE llamada *EjemploDatabase* para ilustrar cómo realizar una conexión sobre una base de datos relacional y ejecutar sentencias sobre ella. La aplicación consistirá en gestionar una **agenda telefónica**. La base de datos tendrá una única tabla con dos campos, *nombre* y *teléfono*. En este ejemplo deberemos utilizar el servidor de aplicaciones **GlassFish** en lugar de Payara.

A continuación, veremos cómo crear la base de datos desde NetBeans. Vamos a usar **Java Derby** o **Java DB** como SGBD, ya que viene integrada en el entorno de desarrollo y es muy fácil de manejar. Para ello, pincharemos en la pestaña *Services* en el panel lateral del IDE o en la opción de menú *Window – Services* y desplegamos *Databases*. En los ejemplos de este libro se ha empleado la **versión 10.14.2 de Apache Derby** que se ha descargado de la URL indicada en el recuadro de recurso. Descargamos la versión *bin* y descomprimimos la carpeta.

Haciendo clic derecho sobre *Java DB – Properties* en la pestaña *Services,* indicamos la ruta en donde se ha descomprimido el fichero anterior (Ilustración 4.13).

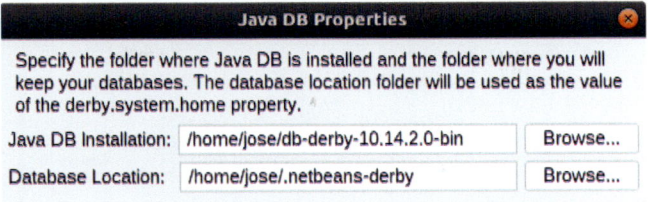

Ilustración 4.13. Configuración del *driver* de Java DB en NetBeans.

Recurso [ENG]

Descarga de Apache Derby.

https://db.apache.org/derby/releases/release-10_14_2_0.cgi

Si tiene algún problema en alguno de los pasos, siga las instrucciones del manual de configuración Java DB en NetBeans.

Lectura recomendada [ENG]

Uso de Java DB (Derby) en NetBeans.

https://netbeans.apache.org/tutorial/main/kb/docs/ide/java-db/

En el explorador de *Databases*, en primer lugar nos aparecerá el SGBD *Java DB* (si tuviéramos más configurados aparecerían aquí), la carpeta *Drivers* con los *drivers* disponibles, y las bases de datos creadas con una cadena del tipo "*jdbc:derby:localhost:1527/NombreBD*". Esta es la cadena de conexión a la base de datos, el puerto en el que corre Java DB es el 1527 y *NombreBD* es el nombre que tiene la base de datos en cuestión.

Ilustración 4.14. Estructura de las bases de datos en NetBeans.

Hacemos clic con el botón derecho sobre Java DB y elegimos la opción *Create Database* que aparecerá habilitada si el servidor está iniciado. El nombre de la base de datos será *AGENDA,* y como usuario y contraseña usaremos *administrador* (Ilustración 4.15).

Create Java DB Database	
Database Name:	AGENDA
User Name:	administrador
Password:	••••••••••••
Confirm Password:	••••••••••••
Database Location: /home/jose/.netbeans-derby	Properties...

OK   Cancel

Ilustración 4.15. Crear base de datos Java DB desde NetBeans.

Aceptamos y, si desplegamos el elemento Java DB, veremos que la base de datos *AGENDA* se encuentra creada. Para conectarnos a ella, haremos clic con el botón derecho del ratón y pulsaremos en *Connect*. Esto mismo lo podemos hacer también desde la cadena de conexión "*jdbc:derby:localhost:1527/AGENDA*" que aparece más abajo.

Ya tenemos creada la base de datos, pero todavía nos falta crear la tabla *TELEFO-NOS* con dos columnas, nombre y teléfono. Para ello, haremos clic con el botón derecho sobre la cadena de conexión de la base de datos y elegiremos *Execute command*. Se abrirá una nueva pestaña en el IDE donde introduciremos la cadena SQL para crear la tabla. Pulsamos sobre el botón *Run SQL* (CTRL+MAYUS+E) y, si hemos escrito bien la sentencia, la tabla se habrá creado correctamente.

```
CREATE TABLE TELEFONOS(
  NOMBRE VARCHAR(100),
  TELEFONO VARCHAR(10)
);
```

Desplegando los elementos de la cadena de conexión llegaremos a la carpeta de tablas donde se muestra esta única tabla. Si hacemos clic derecho sobre este elemento, veremos las opciones disponibles. Si pulsamos sobre *View Data,* se abrirá una pestaña en el IDE mostrando los elementos de la tabla, que inicialmente estará vacía (Ilustración 4.16).

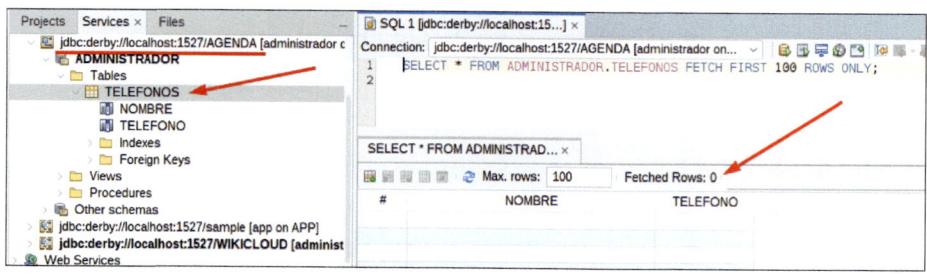

Ilustración 4.16. Consulta de datos en la tabla TELEFONOS de la base de datos AGENDA.

Una vez que la base de datos está preparada, podemos empezar a crear la aplicación *EjemploDatabase*. Dispondrá de un formulario donde se podrán introducir los datos para insertarlos en la base de datos y de otro formulario para solicitar el listado de la agenda. Ambos formularios se crearán en el mismo fichero *index.html*. El código se muestra a continuación.

```html
<!DOCTYPE html>
<html>
  <head>
    <title>Ejemplo Database</title>
    <meta charset="UTF-8">
    <meta name="viewport" content="width=device-width, initial-scale=1.0">
  </head>
  <body>
    <h1>Aplicación de gestión de una Agenda telefónica</h1>
    <form action="ServletAgenda" method="post">
      Nombre: <input type="text" name="nombre" value="" />
      Teléfono: <input type="text" name="telefono" value="" /><br>
      <input type="submit" value="Crear" name="crear" />
    </form>
    <form action="ServletAgenda">
      <input type="submit" value="Listar" name="listar" />
    </form>
  </body>
</html>
```

En el código anterior se puede observar cómo ambos formularios realizan sus peticiones a *ServletAgenda,* pero a través de métodos distintos. El primer formulario se encarga de mandar un nombre y un número de teléfono por **POST**, mientras que el segundo formulario empleado para listar la agenda utiliza el método **GET**. Así, el *servlet* tendrá los métodos *doGet( )* y *doPost( )* implementados de forma diferente.

El *ServletAgenda* es un poco más largo de lo habitual, por lo que mostraremos su código fuente completo primero y a continuación se harán las explicaciones al mismo. Las clases relacionadas con consultas a la base de datos como *Connection*, *DriverManager*, etc., se han importado del paquete *java.sql*.

```java
import jakarta.servlet.RequestDispatcher;
import jakarta.servlet.ServletContext;
import jakarta.servlet.ServletException;
import jakarta.servlet.annotation.WebServlet;
```

```java
import jakarta.servlet.RequestDispatcher;
import jakarta.servlet.ServletContext;
import jakarta.servlet.ServletException;
import jakarta.servlet.annotation.WebServlet;
import jakarta.servlet.http.HttpServlet;
import jakarta.servlet.http.HttpServletRequest;
import jakarta.servlet.http.HttpServletResponse;
import java.io.IOException;
import java.io.PrintWriter;
import java.util.logging.Level;
import java.util.logging.Logger;
import java.sql.Connection;
import java.sql.DriverManager;
import java.sql.PreparedStatement;
import java.sql.ResultSet;
import java.sql.SQLException;
import java.sql.Statement;

public class ServletAgenda extends HttpServlet {
  //atributos privados del servlet
  private Statement sentencia = null;
  private Connection conexion = null;

  @Override
  public void init() {
    try {
      Class.forName("org.apache.derby.jdbc.ClientDriver");
      conexion = DriverManager.getConnection("jdbc:derby://localhost:1527/AGENDA",
"administrador", "administrador");
      sentencia = conexion.createStatement();
    } catch (ClassNotFoundException ex) {
      Logger.getLogger(ServletAgenda.class.getName()).log(Level.SEVERE, "No se
pudo cargar el driver de la base de datos", ex);
    } catch (SQLException ex) {
      Logger.getLogger(ServletAgenda.class.getName()).log(Level.SEVERE, "No se
pudo obtener la conexión a la base de datos", ex);
    }
  }
  @Override
  public void destroy() {
    try {
      sentencia.close();
    } catch (SQLException ex) {
```

```java
        Logger.getLogger(ServletAgenda.class.getName()).log(Level.SEVERE, "No se
pudo cerrar el objeto Statement", ex);
    } finally {
      try {
        conexion.close();
      } catch (SQLException ex) {
        Logger.getLogger(ServletAgenda.class.getName()).log(Level.SEVERE, "No se
pudo cerrar el objeto Conexion", ex);
      }
    }
  }
  @Override
  protected void doGet(HttpServletRequest request, HttpServletResponse response)
      throws ServletException, IOException {
    response.setContentType("text/html;charset=UTF-8");
    try (PrintWriter out = response.getWriter()) {
      out.println("<html>");
      out.println("<head>");
      out.println("<title>Servlet Listar Personas</title>");
      out.println("</head>");
      out.println("<body>");
      out.println("<h1>Datos en la agenda:</h1>");
      out.println("<table>");
      out.println("<tr><td>NOMBRE</td><td>TELÉFONO</td></tr>");
      String query = null;
      query = "select * from TELEFONOS";
      ResultSet resultSet = null;
      try {
        resultSet = sentencia.executeQuery(query);
        while (resultSet.next()) {
          out.println("<tr><td>" + resultSet.getString("NOMBRE") + "</td><td>" + re-
sultSet.getString("TELEFONO") + "</td></tr>");
        }
      } catch (SQLException ex) {
        Logger.getLogger(ServletAgenda.class.getName()).log(Level.SEVERE, null, ex);
      } finally {
        if (resultSet != null) {
          try {
            resultSet.close();
          } catch (SQLException ex) {
            Logger.getLogger(ServletAgenda.class.getName()).log(Level.SEVERE, "No
se pudo cerrar el Resulset", ex);
          }
        }
```

```
        }
        out.println("</table>");
        out.println("<a href=\"index.html\">Volver al inicio</a>");
        out.println("</body>");
        out.println("</html>");
    }
}
@Override
protected void doPost(HttpServletRequest request, HttpServletResponse response)
    throws ServletException, IOException {
  String nombre = request.getParameter("nombre");
  String telefono = request.getParameter("telefono");
  String query = null;
  try {
    query = "insert into TELEFONOS values('" + nombre + "','" + telefono + "')";
    sentencia.executeUpdate(query);
  } catch (SQLException ex) {
      Logger.getLogger(ServletAgenda.class.getName()).log(Level.SEVERE, "No se
pudo ejecutar la inserción", ex);
  }
  ServletContext contexto = request.getServletContext();
  RequestDispatcher redireccion = contexto.getRequestDispatcher("/index.html");
  redireccion.forward(request, response);
  }
}
```

El *servlet* tiene **dos atributos privados,** *sentencia* de tipo *java.sql.Statement* y *conexion* de tipo *java.sql.Connection*, que son necesarios para ejecutar sentencias sobre la base de datos y realizar la conexión sobre la misma, respectivamente. Estos atributos se inicializan en el método *init()*.

El método *init()* es ejecutado por el contenedor de aplicaciones la primera vez que el *servlet* se ejecuta, de este modo se evita tener que realizar una conexión cada vez que se realiza una nueva petición. La llamada al método *Class.forName* carga el *driver* JDBC para la base de datos Derby y el método *DriverManager.getConnection()* devuelve un objeto *Connection* con la conexión a la base de datos. Este método necesita la cadena de conexión a la base de datos y el nombre de usuario y contraseña para acceder a ella. Por último, el método *createStatement()* del objeto *Connection* devuelve un objeto *Statement*, necesario para realizar consultas a la base de datos.

El método *destroy()* del *servlet* se ha sobrescrito para liberar los recursos reservados en *init()*, es decir, la conexión a la base de datos y el objeto *Statement* para las consultas. Este método es llamado por el contenedor de aplicaciones cuando el *servlet* va a ser eliminado de la memoria.

El método *doPost()* obtiene los parámetros *nombre* y *telefono* enviados desde el formulario para insertarlos en la base de datos. Se construye una sentencia INSERT en la variable *query* que se pasa por parámetro al método *executeUpdate()* de *sentencia*. Si todo ha ido bien, los nuevos valores se habrán guardado en la base de datos. El método termina haciendo una redirección a la página inicial para que el usuario pueda seguir añadiendo contactos a la agenda (Ilustración 4.17).

Ilustración 4.17. Estructura de las bases de datos en NetBeans.

El método *doGet()* construye la página de listado de la agenda. Para ello devuelve los elementos de la agenda (nombre y teléfono) en formato de tabla HTML. Para obtener los datos de la base de datos, se construye una sentencia SELECT almacenada en la variable *query*, posteriormente se pasa esa consulta al método *executeQuery()* de *sentencia* que devuelve un objeto *ResultSet*. El objeto *ResultSet* contiene el conjunto de elementos devueltos por la sentencia de consulta, que es recorrido en un bucle *while* para mostrar todos sus datos (Ilustración 4.18).

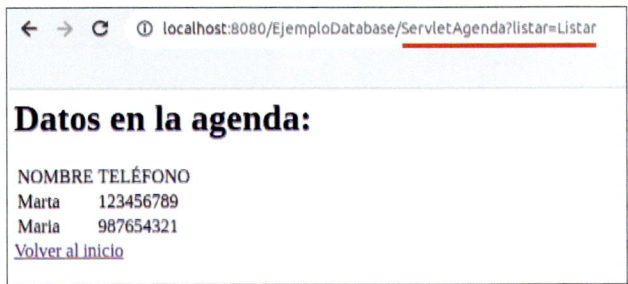

Ilustración 4.18. Listado de teléfonos almacenados en la agenda.

Este ejemplo muestra cómo no deben hacerse las cosas, puesto que se incrustan los datos recibidos por el usuario sin filtrar en la sentencia SQL lo que puede permitir que un usuario malicioso haga un ataque de inyección SQL (*SQL Injection*). La manera adecuada es utilizar **consultas preparadas** o parametrizadas, la siguiente sección mostrará cómo hacerlo. Puede usar este ejemplo para investigar cómo podría atacar la aplicación mediante SQLi.

4.8.4. Programación de transacciones

El ejemplo anterior funciona perfectamente en un escenario sencillo, donde un usuario accede a la aplicación y consulta e inserta los datos en la base de datos a través del formulario web. La realidad es bien distinta, puesto que puede haber decenas, cientos, miles de usuarios accediendo en el mismo momento a una aplicación web. Esto significa que se deben tener en cuenta los accesos concurrentes a la información y establecer unos criterios de funcionamiento.

Por ejemplo, imagine un **sistema de venta de entradas** *online* en el que se ponen a la venta un número determinado de entradas. Puede ocurrir que un usuario tenga una entrada reservada y esté pendiente de compra. ¿Cómo se mostraría este asiento al resto de usuarios que estén consultando las entradas disponibles? Las soluciones son complejas y diversas, pero lo que está claro es que **el sistema no debe permitir vender una misma localidad a dos personas diferentes,** y esto se consigue por medio de **transacciones**. Un tipo de vulnerabilidad relacionada con esta funcionalidad son las **condiciones de carrera** (*race conditions*), que se producen cuando no hay una adecuada gestión de peticiones concurrentes por parte de la aplicación web.

Lectura recomendada [ENG]
Artículo de la Academia de Seguridad Web de PortSwigger sobre condiciones de carrera.
https://portswigger.net/web-security/race-conditions

Las transacciones permiten ejecutar un conjunto de sentencias en la base de datos de manera atómica, como si fuera una única sentencia y, si hubo un error durante la ejecución de la transacción, volver al estado anterior.

Los métodos necesarios para programar una transacción se acceden a través del objeto *Connection* que contiene la conexión a la base de datos:

- *setAutoCommit(boolean)*. Este método se llama antes de ejecutar cualquier sentencia sobre la base de datos. Se le pasa el parámetro *false* para desactivar el modo automático, es decir, que no ejecute las sentencias una a una. Se vuelve a llamar pasándole el valor *true* para recuperar el estado habitual.

- **commit()**. Este método envía a la base de datos el bloque de sentencias ejecutadas hasta el momento.

- **rollback()**. Con este método se vuelve a la situación previa antes del *commit*.

El siguiente bloque de código muestra cómo quedaría el método *doPost()* del *servlet ServletAgenda* que realiza la inserción en la base de datos utilizando **transacciones** y **consultas preparadas**.

```java
@Override
protected void doPost(HttpServletRequest request, HttpServletResponse response)
    throws ServletException, IOException {
  String nombre = request.getParameter("nombre");
  String telefono = request.getParameter("telefono");
  //para la consulta preparada
  PreparedStatement updatePS = null;
  String query = "insert into TELEFONOS (NOMBRE, TELEFONO) values (? ,?)";
  try {
    conexion.setAutoCommit(false);
    updatePS = conexion.prepareStatement(query);
    updatePS.setString(1, nombre);
    updatePS.setString(2, telefono);
    updatePS.executeUpdate();
    conexion.commit();
  } catch (SQLException ex) {
     Logger.getLogger(ServletAgenda.class.getName()).log(Level.SEVERE, "No se
pudo ejecutar la inserción", ex);
    if (conexion != null) {
      try {
        System.err.println("La transacción no se ha finalizado con éxito");
        conexion.rollback();
      } catch (SQLException excep) {
        Logger.getLogger(ServletAgenda.class.getName()).log(Level.SEVERE, "No se
pudo ejecutar la inserción", excep);
      }
    }
  } finally{
    if(updatePS!=null){
      try {
```

```
        updatePS.close();
      } catch (SQLException ex) {
        Logger.getLogger(ServletAgenda.class.getName()).log(Level.SEVERE, null, ex);
      }
    }
    try {
      conexion.setAutoCommit(true);
    } catch (SQLException ex) {
      Logger.getLogger(ServletAgenda.class.getName()).log(Level.SEVERE, null, ex);
    }
  }
  ServletContext contexto = request.getServletContext();
  RequestDispatcher redireccion = contexto.getRequestDispatcher("/index.html");
  redireccion.forward(request, response);
}
```

La clase *java.sql.PreparedStatement* permite crear una consulta en la que los valores que son externos a la consulta están parametrizados con una interrogración (?). En el ejemplo, se indica qué variable sustituye a cada parámetro con un método *setString(indice, variable)*. Existen métodos *set* para cada tipo de dato.

Recordemos que se ha mostrado el uso de JDBC por motivos académicos y que las aplicaciones Jakarta EE profesionales deben gestionar la conexión a la base de datos a través de un *pool* de conexiones.

4.8.5. Acceso a directorios y otras fuentes de datos

Java dispone de numerosas clases para trabajar con flujos (*stream*) de datos. El lenguaje Java maneja los ficheros a través del concepto de flujo de igual modo que lo hacen los sistemas operativos Unix.

El acceso al flujo se puede hacer de dos modos: **binario** o **texto**. Las clases que trabajan en modo binario (orientadas a *bytes*) llevan en sus nombres la palabra *Stream*, mientras que las que trabajan en modo texto (orientadas a caracteres) llevan en sus nombres las palabras *Reader* o *Writer*, en función de si son de lectura o escritura, respectivamente.

En esta sección se explicará cómo **leer y escribir datos en ficheros binarios, en ficheros de texto** y cómo hacer la **serialización de objetos**. En los ejemplos de código se ha obviado la gestión de excepciones por simplicidad.

La clase *File*

La clase *File* permite definir una ruta hacia un fichero o directorio para consultar todo tipo de información del mismo. La construcción del objeto no implica que el fichero o directorio existan. Se pueden crear a través de los métodos *mkdir( )* y *createNewFile( )*.

```java
File fichero1 = new File("datos");
fichero1.mkdir();                           //Crea el directorio "datos"
File fichero2 = new File(fichero1,"info.txt"); //Crea info.txt en el directorio
fichero2.createNewFile();
```

A continuación, se muestra una porción de código que ilustra cómo se puede usar esta clase.

```java
File file1 = new File("fichero.txt");
System.out.println("Archivo: " + file1.getName() + (file1.isFile() ? " es un archivo" : " es una plantilla"));
System.out.println("Archivo: " + file1.getName() + (file1.isDirectory()?" es un directorio" : " no es un directorio"));
System.out.println("Tamaño: " + file1.length());
System.out.println("Vía de acceso: " + file1.getPath());
System.out.println("Vía de acceso absoluta:\n\t" + file1.getAbsolutePath());
if (file1.exists()){
  boolean borrado=file1.delete();
  if (borrado)
    System.out.println("El fichero ha sido borrado correctamente");
  else
    System.out.println("No se pudo borrar el fichero. ");
}else
    System.out.println("El fichero no existe, y por tanto no pudo ser borrado.");
```

Lectura y escritura en ficheros binarios

Se usan dos clases para la lectura en ficheros binarios: *FileInputStream* y *BufferedInputStream*. La clase que implementa el *buffer* se utiliza para optimizar las lecturas. El siguiente bloque de código es un ejemplo que lee datos de un fichero binario y los muestra por pantalla.

```
BufferedInputStream bf = new BufferedInputStream(new FileInputStream("datos.dat"));
byte [] byteArray = new byte[50];
int tam;
while((tam=bf.read(byteArray))!=-1){
        System.out.println(new String(byteArray,0,tam));
}
bf.close();
```

La escritura de ficheros binarios también emplea dos clases: *FileOutputStream* y *BufferedOutputStream*. El método *write()* convierte los datos en *bytes* y los escribe en el flujo.

```
byte [] data = "Cadena de texto a guardar".getBytes();
BufferedOutputStream bf = new BufferedOutputStream(new
FileOutputStream("datos.dat"));
bf.write(data);
bf.flush();
bf.close();
```

Lectura y escritura en ficheros de texto

Para la lectura se dispone de dos clases: *FileReader* y *BufferedReader*. Se recomienda usar siempre un *buffer* para optimizar la lectura de datos. El siguiente código ilustra cómo leer las líneas de un fichero:

```
File f = new File("datos");
if(f.exist()){
        BufferedReader bf = new BufferedReader(new FileReader(f));
        String cad;
        while((cad=bf.readLine())!=null){
                System.out.println(cad);
        }
} else {
        System.out.println("El fichero no existe");
}
```

Las clases para escribir en ficheros de texto son: *FileWriter* y *PrintWriter*, además de *BufferedWriter* para crear un *buffer* que optimice las escrituras. El objeto *PrintWriter* permite escribir en fichero del mismo modo que lo hacemos por pantalla (el objeto *System.out* es de tipo *PrintWriter*).

```
String [] nombres = {"Paco", "Roxana", "Joaquín", "Marcos"};
PrintWriter salida = new PrintWriter("datos.txt");
for(String s: nombres){
        salida.println(s);
}
salida.flush();
salida.close();
```

Serialización de objetos

La serialización de objetos en Java se hace a través de dos clases: *ObjectInput-Stream* y *ObjectOutputStream*. Para que un objeto sea serializable, es necesario que la clase implemente la interfaz *Serializable* (esta interfaz no contiene ningún método).

```
public class Contacto implements Serializable {
        //atributos y métodos de la clase.
}
```

Al serializar un objeto también se serializan todos los objetos que lo contengan, siempre que sean también serializables. Las variables de clase (*static*) no se serializan, por lo que hay que guardarlas en el fichero manualmente. A continuación, se muestra una porción de código que ilustra cómo serializar un objeto de la clase *Contacto*:

```
ObjectOutputStream os = new ObjectOutputStream(new FileOutputStream("datos.obj"));
os.writeObject(new Contacto("Maria","666778899"));
os.flush();
os.close();
```

Y el siguiente código muestra cómo deserializar o leer ese objeto:

```
ObjectInputStream is = new ObjectInputStream(new FileInputStream("datos.obj"));
Contacto c = (Contacto) is.readObject();
is.close();
```

Si se dispone de una colección de objetos, por ejemplo, varios objetos *Contacto* almacenados en un *ArrayList<Contacto>*, es posible serializar este objeto completamente, en vez de serializar uno por uno todos los objetos de la colección.

4.9. Componentes en servidor. Ventajas e inconvenientes en el uso de contenedores de componentes

Los componentes en servidor permiten crear auténticas aplicaciones de *software* accesibles por todo el mundo a través de Internet. Además, los componentes creados pueden ser reutilizados en numerosos proyectos dada la cualidad de encapsulación y empaquetado en librerías de los programas orientados a objetos, lo que permite rentabilizar al máximo el desarrollo de *software*. Por otro lado, también es posible ofrecer los componentes creados como servicio (SaaS) a terceros. Los contenedores de componentes permiten crear aplicaciones web dinámicas cuyo contenido cambia con la interacción del usuario y los datos almacenados en la base de datos.

El único aspecto negativo es que su desarrollo puede ser complejo y requiere conocer diferentes tecnologías de programación.

4.10. Modelos de desarrollo. El modelo vista controlador

El **modelo-vista-controlador** (MVC) es un patrón de diseño para construir aplicaciones en las que las distintas capas estén independizadas. Esto facilita que cada capa pueda ser cambiada o actualizada sin afectar al código del resto de las capas, lo que lleva a que el proyecto sea más fácil de mantener. Las capas a las que hace referencia el modelo son:

- El **modelo** es el responsable de acceder y controlar el acceso a la capa de datos. Esta abstracción permite que la aplicación no sea consciente de cuál es la estructura de almacenamiento, podría ser un fichero, una base de datos o cualquier otra.

- La **vista** es la capa de presentación donde se muestra al usuario la interfaz de la misma. La vista recibe los datos del modelo y los presenta al usuario de la forma más adecuada para este.

- El **controlador** forma parte de la lógica de negocio y es el intermediario entre la vista y el modelo. Se encarga de comunicar las peticiones de la vista al modelo y de responder a eventos del usuario. También puede comunicarse con la vista para cambiar aspectos de la misma.

Este patrón de diseño se puede emplear tanto en aplicaciones de escritorio como en aplicaciones web. Ya se han mencionado multitud de *frameworks* de desarrollo disponibles para la plataforma Jakarta EE que siguen este patrón, como **Spring**, **Struts** o **Jakarta Faces**.

En las siguientes subsecciones se explicará el uso del patrón MVC en aplicaciones de escritorio en Java con componentes **Swing**. Estas aplicaciones se pueden distribuir a través de la web y ejecutar por el cliente en su equipo utilizando el protocolo **JNLP** (*Java Network Launching Protocol*) y un servidor **Java Web Start**.

JavaFX es una API gráfica novedosa para desarrollar aplicaciones GUI de escritorio y móviles, y que también pueden ejecutarse como aplicaciones web a través del navegador.

Recurso [ENG]
Página oficial del framework JavaFX.
https://openjfx.io/

Otra alternativa es emplear **Java Applet**. Un *applet* es una aplicación desarrollada en Java que se distribuye a través de un servidor web cualquiera y que está incrustada en el código HTML, ejecutándose desde el propio navegador. Los *applets* fueron muy utilizados décadas atrás, pero los graves problemas de seguridad que acarrean han hecho que prácticamente todos los navegadores web tengan desactivado por defecto su ejecución. **Flash** es otra tecnología del lado cliente incrustada en el navegador web que está en desaparición. La tendencia actual es emplear HTML 5, CSS 3 y JavaScript para crear aplicaciones solo del lado cliente que se ejecuten en el navegador. **Ruffle** es un emulador libre de Flash desarrollado en Rust y WASM que permite volver a la vida a todas las aplicaciones desarrolladas con esta tecnología evitando los errores de seguridad que llevaron a su abandono.

Recurso [ENG]
Sitio web oficial de Ruffle.
https://ruffle.rs/

Por último, es posible crear aplicaciones web enteramente en Java, abstrayéndose completamente del protocolo HTTP y del diseño web (HTML+CSS) por medio del *framework* **Vaadin**. Este *framework* funciona sobre la plataforma Java (ejecuta *servlets* y necesita un servidor de componentes) y la librería GWT (*Google Web Toolkit*). El resultado son aplicaciones web similares a las aplicaciones de escritorio *Swing*.

Recurso [ENG]
Página oficial del *framework* Vaadin.
https://vaadin.com/

4.10.1. Modelo: programación de acceso a datos

Se va a crear una aplicación **Swing** llamada *EjemploMVC* para **gestionar los datos de contacto de una agenda telefónica,** de forma similar a la aplicación web desarrollada en apartados anteriores.

El **modelo de la aplicación consta de tres clases**:

- Clase *Contacto*. Encapsula en una clase Java los datos de un contacto: nombre y teléfono.

```java
public class Contacto {
  private String nombre;
  private String telefono;
  public Contacto(String nombre, String telefono) {
    this.nombre = nombre;
    this.telefono = telefono;
  }
  public String getNombre() {
    return nombre;
  }
  public String getTelefono() {
    return telefono;
  }
  public void setNombre(String nombre) {
    this.nombre = nombre;
  }
  public void setTelefono(String telefono) {
    this.telefono = telefono;
  }
  @Override
  public String toString() {
    return this.nombre+" - "+this.telefono;
  }
}
```

- Clase *Modelo*. Se encarga de realizar las tareas sobre los datos, obtener, eliminar y servir los datos de contacto de la Agenda. Esta clase emplea un *ArrayList<Contacto>*, pero podría utilizar cualquier otra estructura.

```java
public class Modelo {
  private ArrayList<Contacto> listaContactos;
  public Modelo(){
    this.listaContactos = new ArrayList<>();
```

```
  }
  public void add(Contacto c){
    this.listaContactos.add(c);
  }
  public boolean del(int indice){
    boolean exito = false;
    if(indice>=0 && indice<elementos()){
      this.listaContactos.remove(indice);
      exito = true;
    }
    return exito;
  }
  public Contacto get(int indice){
    Contacto c = null;
    if(indice>=0 && indice<elementos()){
      c=this.listaContactos.get(indice);
    }
    return c;
  }
  public int elementos(){
    return this.listaContactos.size();
  }
}
```

- Clase *ModeloLista*. Este modelo encapsula el modelo de datos para poder ser utilizado en un un componente *JList*. Hereda de *AbstractListModel* e implementa la funcionalidad necesaria para que los datos puedan ser visualizados en la interfaz gráfica. Si en lugar de utilizar *JList*, se utilizara otro componente como *JTable*, simplemente se tendría que cambiar la implementación de esta clase.

```
public class ModeloLista extends AbstractListModel<Contacto> {
  private Modelo m;
  public ModeloLista(){
    m = new Modelo();
  }
  @Override
  public int getSize() {
    return m.elementos();
  }
  @Override
  public Contacto getElementAt(int index) {
    return m.get(index);
  }
```

```
   public void add(Contacto c){
     m.add(c);
   }
   public boolean del(int indice){
     return m.del(indice);
   }
}
```

4.10.2. Vista: desarrollo de aplicaciones en cliente. Eventos e interfaz de usuario

El diseño de la vista de la aplicación se ha hecho con los componentes **Swing** de Java. El resultado se muestra en la Ilustración 4.19. Los componentes que se han utilizado son:

- *JLabel*. Almacena una cadena de texto que se puede mostrar en la interfaz.

- *JTextField*. Son los cuadros de texto donde el usuario introduce el nombre y el teléfono del contacto.

- *JButton*. Se utilizan para las acciones de añadir y eliminar contactos de la agenda.

- *JList*. En este componente se visualizan los datos de los contactos.

Para crear una ventana gráfica en **Swing** es necesario crear una clase que herede de *JFrame*. Lo hemos hecho en el IDE haciendo clic con el botón derecho del ratón sobre el proyecto, y seleccionando **New – Java Frame Form**. A la clase la hemos llamado **Agenda** y el diseño se ha hecho utilizando la herramienta visual del IDE, arrastrando y soltando componentes de la paleta sobre la ventana.

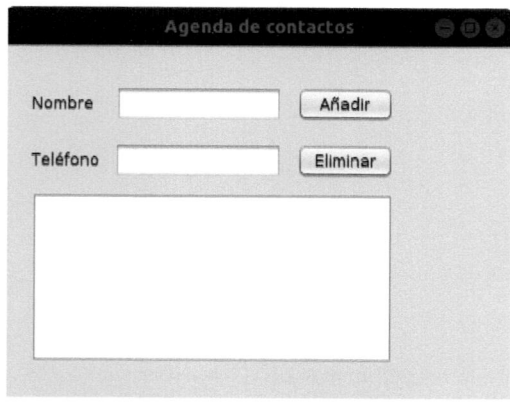

Ilustración 4.19. Interfaz gráfica con Swing de la aplicación Agenda.

En una interfaz gráfica se puede responder a multitud de eventos. No hay posibilidad de explicarlos todos en este libro, pero el funcionamiento de todos ellos es similar. Para responder a un evento es necesario registrar un escuchador (*listener*) de ese evento. De este modo, cuando el sistema detecta un evento busca si existe algún *listener* registrado para informarle del suceso.

En el caso de esta aplicación será necesario gestionar los eventos de pulsación de los botones *Añadir* y *Eliminar*. Estos eventos se gestionan a través de la interfaz *ActionListener* que tiene un único método llamado *actionPerformed()*. Hay muchas formas de implementar esta interfaz, dependiendo de cada situación cada una de ellas será mas apropiada. En este caso se ha hecho a través de una **clase interna privada** (*private inner class*). El código resultante se muestra en el siguiente bloque.

```
botonEliminar.addActionListener(new java.awt.event.ActionListener() {
  public void actionPerformed(java.awt.event.ActionEvent evt) {
    botonEliminarActionPerformed(evt);
  }
});
```

El método *botonEliminarActionPerfomed()* es el encargado de realizar las acciones oportunas cuando el botón *Eliminar* es pulsado. De forma similar se crea un escuchador para el botón *Añadir*. La siguiente sección muestra el código del controlador de la aplicación.

4.10.3. Programación del controlador

El código del controlador se ha creado en el interior de la clase *Agenda*. Se mostrarán las partes fundamentales obviando aquellas que forman parte del diseño y visualización de los componentes en la ventana de la aplicación y que genera el IDE de manera automática.

```
public class Agenda extends javax.swing.JFrame {
  private ModeloLista modeloAgenda;
  public Agenda() {
    initComponents();
    modeloAgenda = new ModeloLista();
    this.listaAgenda.setModel(modeloAgenda);
  }
```

```
private void botonAddActionPerformed(java.awt.event.ActionEvent evt) {
    Contacto c = new Contacto(this.tfNombre.getText(), this.tfTelefono.getText());
    modeloAgenda.add(c);
    listaAgenda.updateUI();
}
private void botonEliminarActionPerformed(java.awt.event.ActionEvent evt) {
    int indice = listaAgenda.getSelectedIndex();
    if(indice>=0 && indice<modeloAgenda.getSize()){
        modeloAgenda.del(indice);
        listaAgenda.updateUI();
    } else {
        JOptionPane.showMessageDialog(rootPane, "Debe seleccionar un elemento",
"Error", JOptionPane.ERROR_MESSAGE);
    }
}
}
```

La clase tiene un atributo privado *modeloAgenda* de la clase *ModeloLista* que se inicializa en el constructor. Esta clase se añade como modelo del *JList* (*listaAgenda*) a través del método *setModel()* de este componente. El método *initComponents()* es un método que genera y gestiona de manera automática el IDE y cuyo contenido se ha obviado. En él se encuentra todo el código de inicialización y posicionamiento de los elementos visuales.

El método *botonAddActionPerfomed()* es el método que se ejecuta cuando sucede el evento de pulsación sobre el botón añadir. Se construye un objeto *Contacto* que es añadido al modelo con el método *add()*. La lista se actualiza gráficamente con el método *updateUI()*.

Por último, el método *botonEliminarActionPerformed()* es el encargado de gestionar la pulsación sobre el botón *Eliminar*. Comprueba el índice del elemento seleccionado en la lista. Si el valor concuerda con el número de elementos que hay en ella se pasa al método *del()* del modelo para eliminar ese contacto y a continuación actualizar la interfaz con *updateUI()*. Si no hay ningún elemento seleccionado, se muestra una ventana de error informando de ello al usuario.

4.10.4. Documentación del *software*. Inclusión en código fuente. Generadores de documentación

La documentación del *software* es tan importante como el *software* en sí. Sin una buena documentación el código se hace difícil de mantener, sobre todo cuanto más tiempo ha pasado sin que se haya revisado. Además, es importante documentar lo que uno hace como programador, puesto que puede ser otro el encargado de revisarlo y mantenerlo en el futuro.

Al inicio de la unidad se explicaron las diferentes opciones de añadir comentarios al código fuente. Estos comentarios son internos y ayudan en el mantenimiento del mismo. Además, en Java también es posible crear documentación de los paquetes, clases y métodos de un proyecto, de modo que pueda ser utilizado para conocer el funcionamiento de estos elementos, esto se hace a través de **Javadoc**.

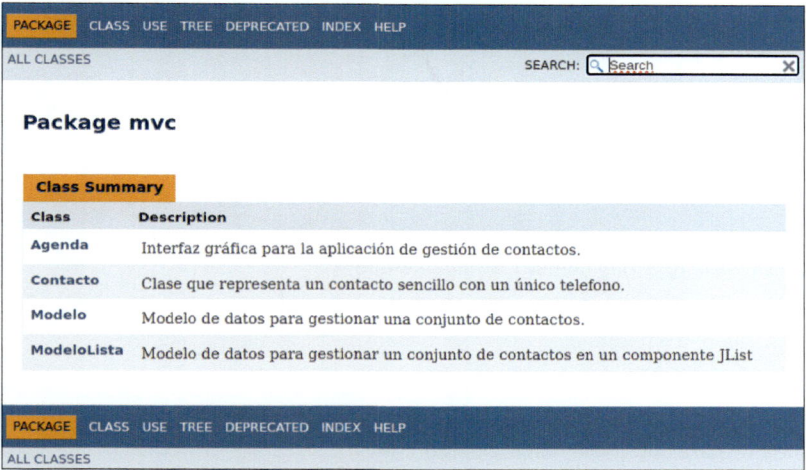

Ilustración 4.20. Documentación Javadoc generada para el proyecto EjemploMVC.

La Ilustración 4.20 muestra una captura de cómo queda la documentación **Javadoc** del proyecto desarrollado en este apartado. La documentación se puede generar desde el IDE en el menú *Run – Generate Javadoc*.

La documentación **Javadoc** se incrusta en el código fuente entre comentarios /** ....*/. Hay numerosas etiquetas con diferentes significados, algunas de ellas se muestran en la Tabla 4.8.

Tabla 4.8. Algunas de las etiquetas disponibles en Javadoc.

Etiqueta	Significado
@author	Nombre del desarrollador.
@version	Versión de la clase.
@param	Se indica para describir los parámetros de un método.
@return	Se indica para describir el valor de retorno de un método.
@throws	Indica la excepción lanzada por un método.

Para demostrar mejor su uso, se muestra a continuación la clase *Contacto* completamente comentada.

```java
/**
 * Clase que representa un contacto sencillo con un único teléfono.
 * @author José Luis Berenguel Gómez
 * @version 1.0
 */
public class Contacto {
  private String nombre;
  private String telefono;
  /**
   * Constructor de la clase.
   * @param nombre El nombre del contacto
   * @param telefono El teléfono del contacto
   */
  public Contacto(String nombre, String telefono) {
    this.nombre = nombre;
    this.telefono = telefono;
  }
  /**
   * Método para obtener el nombre del contacto.
   * @return Devuelve el nombre del contacto
   */
  public String getNombre() {
    return nombre;
  }
  /**
   * Método para obtener el teléfono del contacto.
   * @return Devuelve el teléfono del contacto
   */
  public String getTelefono() {
    return telefono;
  }
  /**
   * Modifica el nombre del contacto por el indicado en el parámetro.
   * @param nombre El nuevo nombre del contacto
   */
  public void setNombre(String nombre) {
    this.nombre = nombre;
  }
```

```java
    /**
     * Modifica el teléfono del contacto por el indicado en el parámetro.
     * @param telefono El nuevo teléfono del contacto
     */
    public void setTelefono(String telefono) {
      this.telefono = telefono;
    }
    /**
     * Este método devuelve la representación en cadena de caracteres del contacto.
     * @return Devuelve la representación en cadena de caracteres del contacto.
     */
    @Override
    public String toString() {
      return this.nombre+" - "+this.telefono;
    }
}
```

Existen más etiquetas y elementos que el lector puede investigar y estudiar que permiten enriquecer y documentar mucho mejor nuestros proyectos.

Lectura recomendada [ENG]

Artículo técnico de Oracle Tech sobre cómo escribir código Javadoc.

https://www.oracle.com/technical-resources/articles/java/javadoc-tool.html

Ejercicios

Ejercicios de comprobación

4.1. ¿Cuál de las siguientes tecnologías no forma parte de AJAX (*Asynchronous JavaScript And XML*)?

   a) XMLHttpRequest.

   b) JavaScript.

   c) API Fetch.

   d) jQuery.

4.2. ¿Cuál de los siguientes identificadores no es válido en Java?

a) _variable.

b) Numero.

c) 1esLogico.

d) $caracter.

4.3. ¿Cuál es el orden de menor a mayor rango de representación de los tipos numéricos enteros en Java?

a) byte, short, int, long.

b) long, int, short, byte.

c) short, byte, int, long.

d) byte, int, short, long.

4.4. ¿Cuál de los siguientes ejemplos no es una declaración válida de una variable de tipo char en Java?

a) char a1 = '\118';

b) char a2 = '\u0066';

c) char a3 = 333;

d) char a4 = "B";

4.5. ¿Cuál de los siguientes ejemplos no es una declaración válida de una variable de tipo float en Java?

a) float f1 = 137.1F;

b) float f2 = .66f;

c) float f3 = 13.33;

d) float f4 = 158.4e-3f;

4.6. ¿Qué tipo de excepción no marcada se produce cuando se trata de acceder una variable de tipo objeto que no está correctamente inicializada?

a) InputMismatchException.

b) NullPointerException.

c) IllegalArgumentException.

d) ClassCastException.

4.7. ¿Qué método de la clase String devuelve la posición de una subcadena?

a) substring().

b) indexOf().

c) charAt().

d) startsWith().

4.8. ¿De qué clase hereda la clase *servlet* en Java?

a) *HttpServlet*.

b) *ProccessRequest*.

c) *HttpServletRequest*.

d) *HttpServletResponse*.

4.9. ¿Qué formato de archivo se emplea para distribuir aplicaciones web empresariales de Java?

a) JAR.

b) WAR.

c) EAR.

d) WAR y EAR.

4. 10. ¿Cómo se llama la vulnerabilidad que ocurre cuando se pueden realizar peticiones remotas desde el servidor o aplicación web?

a) *Cross-Site Scripting* (XSS).

b) *Server-Side Request Forgery* (SSRF).

c) *Remote File Inclusion* (RFI).

d) *Insecure Direct Object Reference* (IDOR).

Ejercicios de aplicación

4.1. Modifique el proyecto *HolaServlet* de modo que incorpore la siguiente funcionalidad:

- El formulario muestre un desplegable con los turnos disponibles: mañana y tarde. El *servlet* **Saludo** debe acceder a esta nueva información y mostrarla en el mensaje de bienvenida.

- Añada la gestión de *cookies* necesaria para que la aplicación recuerde los últimos datos introducidos por el usuario. El *servlet* **Saludo** mostrará la anterior selección de asignaturas, así como la nueva.

4.2. Modifique el proyecto *EjemploDatabase* para que incorpore la siguiente funcionalidad:

- Se puedan modificar los campos de nombre y teléfono de contacto.

- Se puedan eliminar los datos de contacto de una persona.

- El acceso a los datos requiera que el usuario se autentifique primero. Para ello se creará una nueva tabla en la base de datos con un nombre de usuario y contraseña válidos. Se deben manejar sesiones de modo que el usuario autenticado pueda realizar todas las acciones de la aplicación mientras que un usuario no autenticado tendrá el acceso prohibido.

4.3. Modifique el proyecto *EjemploMVC* para que incorpore la siguiente funcionalidad:

- Visualice los datos de la agenda en un componente *JTable* en lugar de *JList*.

- Añada serialización de objetos, de modo que se pueda guardar la lista de contactos en disco y se pueda recuperar en cualquier momento.

4.4. Cree un nuevo proyecto *AgendaDBSwing*, basada en el proyecto *EjemploMVC*, para que, en lugar de almacenar la información en disco, se conecte a la base de datos *Agenda* creada en el proyecto *EjemploDatabase*. Hágalo de dos formas, utilizando la conexión JDBC y empleando la librería JPA.

4.5. Cree un nuevo proyecto *AgendaDBJavaFX*, donde se implemente la aplicación de la agenda utilizando la librería gráfica de JavaFX.

4.6. Elija cinco ejercicios de aplicación de la Unidad 1 y cree sus aplicaciones gráficas de escritorio con Swing o JavaFX.

4.7. Elija cinco ejercicios de aplicación de la Unidad 1 y cree sus aplicaciones web empleando servlets y Jakarta EE.

4.8. Cree el proyecto web *WikiCloud* e impleméntelo con tecnologías Jakarta EE para que cumpla las siguientes especificaciones:

- La aplicación web *WikiCloud* tendrá dos tipos de usuarios: **editores** y **administradores**. Un usuario se caracteriza por su nombre de usuario, contraseña, nombre completo e *email*.

  — **Editores**. Pueden crear nuevas entradas y editar entradas de cualquier usuario, pero solo pueden borrar las entradas que ellos han publicado.

  — **Administradores**. Pueden crear, editar y borrar cualquier entrada. Además, pueden crear nuevos usuarios (editores y administradores).

- Las **entradas** son publicaciones con un título, un texto, una fecha de creación y una fecha de modificación. Se debe poder identificar quién fue el usuario que creó la entrada.

- Cualquier usuario puede leer las entradas publicadas, pero solo los usuarios debidamente autenticados pueden crear y editar las entradas.

- La aplicación accederá a una **base de datos** creada para que cumpla las especificaciones mencionadas anteriormente.

- Deberá diseñar las páginas HTML y formularios e implementar los *servlets* que sean necesarios para que el proyecto cumpla con los requisitos descritos.

4.9. Basándose en el ejercicio de aplicación 2.3 de la Unidad 2, diseñe e implemente una aplicación web con tecnologías Jakarta EE que simule la **gestión de una biblioteca**. Diseñe las clases y la estructura de la base de datos.

4.10. A partir del diagrama de clases elaborado en el ejercicio de aplicación 2.9 de la Unidad 2, implemente la aplicación web de **gestión de un kiosco** con tecnologías Jakarta EE.

Bibliografía

A lo largo de todo el texto se han mencionado numerosos enlaces a recursos y documentos para completar y/o complementar la información aquí explicada. Además de a todos ellos, también puede acudir a los siguientes textos:

- *Academia de seguridad web de PortSwigger.* https://portswigger.net/web-security.

- *Aprende a programar con Java.* Alfonso Jiménez Marín y Francisco Manuel Pérez Montes. Editorial Paraninfo.

- Guías y tutoriales de desarrollo para Spring Boot. https://spring.io/guides. [ENG]

- *Hacking ético.* José L. Berenguel y Pablo Esteban. Editorial Paraninfo.

- *Ingeniería del* software. *Un enfoque práctico.* Roger S. Pressman. 7. ª edición. McGraw-Hill.

- Jakarta EE Resources. https://jakarta.ee/resources/. [ENG]

- *Java EE 7 Development with NetBeans 8.* David R. Heffelfinger. Packt Publishing. [ENG]

- Java Practices. http://www.javapractices.com.

- OmniFish Blog. https://omnifish.ee/blog/. [ENG]

- *Piensa en Java.* Bruce Eckel. 4. ª edición. Prentice Hall.

- *Tutoriales de tecnologías web de W3 Schools.* https://www.w3schools.com/.

- *UML y patrones.* Craig Larman. 2. ª edición. Prentice Hall.